Beck'sche Reihe
BsR 1029

Dieses Buch stellt achtzehn häufig angebotene Methoden der Körpererfahrung vor: Kum Nye, Tai Chi Chuan, Qi Gong, Yoga, Autogenes Training, Progressive Entspannung, Zen-, Alexander-Technik, Bioenergetik, Eutonie, Feldenkrais-Methode, Hakomi, Zilgrei, Akupressur, Do In, Fußreflexzonenmassage, Shiatsu und – in einem Überblick – Atemarbeit. Kurze, übersichtliche und leicht verständliche Erläuterungen informieren über die kulturellen Hintergründe, die Ziele und die Praxis der verschiedenen Methoden. Allen gemeinsam ist die Förderung einer intensiven und verfeinerten Körperwahrnehmung, die Entwicklung und Steigerung von körperlichem und seelischem Wohlbefinden – ohne gleich Therapie zu sein. Das Buch ist eine Orientierungshilfe, sowohl für Interessenten, die ein ihnen entsprechendes Angebot wahrnehmen möchten, als auch für diejenigen, die die Angebote planen und durchführen. Ein Ratgeber im besten Sinne des Wortes für den streßgeplagten Menschen.

Ursula Schneider-Wohlfart, geb. 1954, ist Diplomsoziologin. *Otto Georg Wack,* geb. 1938, ist Diplompädagoge. Beide sind Referatsleiter in der Abteilung Weiterbildung des Landesinstituts für Schule und Weiterbildung, Soest.

Entspannt sein – Energie haben

Achtzehn
Methoden der Körpererfahrung

Herausgegeben von
Ursula Schneider-Wohlfart und Otto Georg Wack

VERLAG C.H.BECK MÜNCHEN

Die Deutsche Bibliothek – CIP-Einheitsaufnahme

Entspannt sein – Energie haben : achtzehn Methoden der
Körpererfahrung / hrsg. von Ursula Schneider-Wohlfart ;
Otto Georg Wack. – Orig.-Ausg. – München : Beck, 1994
  (Beck'sche Reihe ; 1029)
  ISBN 3 406 37419 0
NE: Schneider-Wohlfart, Ursula [Hrsg.]; GT

Originalausgabe
ISBN 3 406 37419 0

Umschlagentwurf: Uwe Göbel, München
Umschlagabbildung: Sofortbild Uwe Göbel
© C.H.Beck'sche Verlagsbuchhandlung (Oscar Beck), München 1994
Gesamtherstellung: C.H.Beck'sche Buchdruckerei, Nördlingen
Gedruckt auf säurefreiem, aus chlorfrei gebleichtem
Zellstoff hergestelltem Papier
Printed in Germany

Inhalt

Methoden der Körpererfahrung

1. Meditation und Entspannung in der Bewegung

4. Massage

5. Atemarbeit

Vorwort

Allen Menschen ist gemeinsam, daß sie in ihrem Alltag immer wieder kleineren und größeren Belastungen ausgesetzt sind. Diese wirken sich oft in überhöhter Anspannung, innerer Unruhe und übersteigerter Empfindlichkeit gegenüber äußeren Ansprüchen – oder dem was als solche wahrgenommen wird – aus. Streß und Hektik gehören – leider schon zu selbstverständlich – zum Tagesprogramm des heutigen Menschen. Psychosomatische Erkrankungen sind immer häufiger die Folge. Es leidet der ganze Mensch, es leiden Körper, Seele und Geist gleichermaßen. Der Körper macht Anspannung und Leiden sichtbar. So wie die Lebensgeschichte sich in der Leibesgeschichte verkörpert, so spiegelt der Körper innere Vorgänge, Erfahrungen und Gefühle in vielfältiger Weise wider. Er macht sie für den betroffenen Menschen gleichzeitig auch fühl- und empfindbar.

Kann es da verwundern, wenn sich heute viele Menschen Methoden der Körpererfahrung zuwenden? Viele mögen mit Hilfe dieser Methoden Entspannung, innere Ruhe, körperliches und seelisches Wohlbefinden suchen. Manche hoffen dabei, zu ihrer Gesundheit oder Gesundung beizutragen. Andere verbinden mit diesen Methoden die Suche nach dem eigenen Rhythmus, nach neuer Orientierung – vielleicht sogar nach dem „inneren Kompaß". Für diese Menschen sind derartige Methoden Wege entdeckenden Lernens, der Selbsterfahrung und der Selbsterkenntnis – Wege, die erlebbar machen, was einzelnen abhanden gekommen ist, nämlich die Erfahrung der Einheit von Körper, Seele und Geist und damit ihrer Ganzheitlichkeit.

Positive Auswirkungen können die Wiederentdeckung und Stärkung eigener Fähigkeiten sein, so daß man etwa mit der Zeit oder mit den Anforderungen und Belastungen im Alltag anders beziehungsweise besser umgehen kann. Ist die Folge auch, wie

Kritiker meinen, der Rückzug in die Innerlichkeit, ins Private und damit ein unpolitisches und unsolidarisches Verhalten? Diese Möglichkeit ist gegeben, aber auch die andere, daß sich die Betreffenden mit den hinzugewonnenen oder erweiterten Fähigkeiten stärker für ihre Mit- oder Umwelt engagieren. Dies ist letztlich eine Frage der Werte, die das Verhalten der einzelnen bestimmen.

Das Bedürfnis einer in den letzten Jahren stark gewachsenen Anzahl von Menschen nach neuen Möglichkeiten von Streßabbau und bewußterem Körpererleben hat zu einer erheblichen Zunahme sowohl der Anzahl als auch der Vielfalt der Angebote geführt. Wurden lange Zeit nur etwa Joga und Autogenes Training im Programm von Erwachsenenbildungseinrichtungen angeboten, so ist das Spektrum der Methoden und Ansätze inzwischen sehr viel breiter. Es fehlt aber sowohl auf seiten derjenigen, die entsprechende Angebote planen, als auch auf seiten derjenigen, die entsprechende Angebote wahrnehmen möchten, das orientierende Wissen, um eine fundierte Entscheidung für die eine oder andere Methode treffen zu können. Der hier vorgelegte Band trägt diesem Interesse Rechnung.

Danken möchte ich Ursula Schneider-Wohlfart, Otto Georg Wack, Elisabeth Risse-Engels und Rainer Wolf, die im Rahmen einer Entwicklungsgruppe des Landesinstituts für Schule und Weiterbildung, Soest, diesen Band konzipiert und die Texte redaktionell bearbeitet haben. Danken möchte ich insbesondere den Autorinnen und Autoren, die die einzelnen Methoden vorgestellt und auf diese Weise das Buch ermöglicht haben.

Last but not least danke ich Frau Dr. Ingrid Lent, Lektorin des Verlages C.H. Beck, für die sorgfältige Betreuung des Manuskripts.

Arthur Frischkopf
Landesinstitut für Schule und Weiterbildung, Soest

Ursula Schneider-Wohlfart, Elisabeth Risse-Engels,
Otto Georg Wack, Rainer Wolf

Einleitung

In den letzten Jahren hat das Gesundheitsbewußtsein in der Bevölkerung deutlich zugenommen. Immer mehr Menschen möchten heute wissen, was sie für ihre Gesundheit tun können, und suchen neue Wege zu einem gesundheitsförderlichen Lebensstil. So treiben immer mehr Menschen Sport, versuchen, sich bewußter zu ernähren und wenden sich wieder natürlichen Heilverfahren zu.

Neben sportlichen Aktivitäten haben in den letzten Jahren insbesondere auch Methoden der Körpererfahrung mehr Interesse gefunden, die vorwiegend aus dem fernöstlichen Lebens- und Kulturraum (zum Beispiel China, Japan, Indien, Tibet) kommen.

Einrichtungen der Erwachsenenbildung, Krankenkassen und auch private Institute bieten immer häufiger solche Methoden an, die schon mit den fremd klingenden Namen wie etwa Tai Chi, Qi Gong, Kum Nye, Do In deutlich machen, daß es hier um eine andersartige Körpererfahrungskultur geht.

Was ist das Besondere an den Methoden der Körpererfahrung?

Die in diesem Buch vorgestellten Methoden der Körpererfahrung haben zum Ziel, sowohl das körperliche als auch das seelische Wohlbefinden gleichermaßen zu fördern. Der Mensch wird als eine Ganzheit im Sinne des Eins-Seins von Körper, Geist und Seele und seiner existentiellen Vernetzung mit der ihn umgebenden Welt begriffen. Es wird betont, daß alle seelischen, geistigen und körperlichen Vorgänge Ausdrucksformen eines und desselben Lebensprozesses sind, als untrennbar miteinander verbunden begriffen werden müssen und in ständiger Wechselwirkung stehen. So nimmt man an, daß das Bewußtsein nicht ein vom Körper losgelöster oder ein übergeordneter geistiger Prozeß ist, sondern Körpererleben und Bewußtsein in einem kontinuierlichen Wechselspiel zueinander stehen.

Ausgangspunkt aller Methoden der Körpererfahrung ist die Auffassung, daß sich unsere Person als ganzes und die Summe unserer Lebenserfahrungen in unserem Körper offenbart. Die grundlegenden Einstellungen, Werte und Anschauungen eines Menschen haben Auswirkungen auf seinen Körper und werden durch diesen ausgedrückt. Betont wird die enge Verbindung von (aktueller) psychischer Befindlichkeit und Körperstruktur. Erfahrungen und Gefühle sind im Körper gespeichert und werden durch Körperhaltungen und -bewegungen ausgedrückt.

Wenn ein enges Zusammenspiel zwischen körperlichen, geistigen und seelischen Prozessen im Körper des Menschen besteht, muß die Arbeit mit dem Körper immer auch Auswirkungen auf die Psyche und den Intellekt haben und umgekehrt. Jegliche Arbeit mit dem Körper wirkt also auch auf die psychische und geistige Befindlichkeit des Menschen, denn Körper, Geist und Seele sind nur verschiedene Aspekte der Einheit Mensch.

Was möchten Methoden der Körpererfahrung bewirken?

Die hier vorgestellten Methoden zielen auf intensive und verfeinerte Körperwahrnehmung, auf bewußteres Körpererleben, auf die Aktivierung von Körperbewußtsein und die Entwicklung und Steigerung von körperlichem und seelischem Wohlbefinden ab. Sie wollen Menschen durch Bewegungen, Berührungen und Worte Möglichkeiten eröffnen, mit sich selbst zu experimentieren und sich selbst neu zu erfahren, zu orientieren und wieder neu zu empfinden. Sie eröffnen dabei neue Chancen im Umgang mit sich selbst.

Der Abbau körperlicher und seelischer Spannungen, das Finden innerer Ruhe, die Entwicklung eines konstruktiveren Umgangs mit Streß und die Förderung der Selbstheilungskräfte des Menschen sind Ziele, die bei manchen Methoden der Körpererfahrung besonders betont werden.

Man kann voraussetzen, daß Menschen ihre Gefühle und inneren Haltungen besonders gut mit Hilfe ihres Körpers verstehen können. Deshalb kann diese Art der Körperarbeit dazu beitragen, daß Menschen gezielter in Kontakt zu ihren Gefühlen und inneren Haltungen kommen, daß sie lernen, diese sensibler wahrzunehmen und mehr Bewußtsein über ihre emotionalen Erlebnisinhalte und Befindlichkeiten zu gewinnen.

Körperarbeit kann Menschen also zu mehr Selbsterfahrung und mehr Selbsterkenntnis verhelfen und dadurch die Persönlichkeitsentwicklung und das individuelle Wachstum fördern. Sie will Menschen helfen, wieder stärkeres Vertrauen in die eigenen Fähigkeiten zu entwickeln und neuen Mut für die Auseinandersetzung mit den Belastungen durch ihre Um- und Mitwelt zu schöpfen.

Lernprozesse in Kursen zur Körperselbsterfahrung beziehen sich nicht nur auf die körperliche Ebene, indem die Teilnehmer zum Beispiel mehr Geschmeidigkeit und Leichtigkeit in ihren Bewegungen entwickeln und Fähigkeiten erlernen, sich körperlich zu entspannen. Sie beziehen sich auch auf die seelische und geistige Ebene. Bewußtseinserweiterung und neue Erfahrungen, eingeleitet und ausgelöst auf der körperlichen Ebene, können also auch das Denken, das Fühlen, das Verhalten und das Handeln verändern. Zum Beispiel können sich sowohl festgefahrene Einstellungen und Denkgewohnheiten als auch Verhaltensmuster verändern. Im Zuge der Entwicklung von mehr körperlicher Bewegungsfähigkeit können Menschen so mehr innere Beweglichkeit entwickeln.

Was deutlich wird, ist folgendes: Ein durch Körperarbeit angeleiteter Lern- und Entwicklungsprozeß kann dazu beitragen, alte körperliche und seelische Grenzen wahrzunehmen, diese zu überschreiten und neue Möglichkeiten zu entdecken. Er lädt ein zur Erforschung neuer und zur Wiederentdeckung verges-

sener Möglichkeiten körperlicher und seelischer Bewegungs-
räume.

Körperorientierte Methoden können also ein Weg zur Ich-
Stärkung und eine Chance zum Gewinn von mehr Selbstvertrauen, Selbstwertgefühl und seelischer Stabilität sein. Sie sind
insbesondere für diejenigen Menschen hilfreich, die an körperlichem und seelischem Wohlbefinden sowie persönlichem
Wachstum interessiert sind.

Warum wir dieses Buch geschrieben haben

Jede Methode der Körpererfahrung betont bestimmte Ziele und
hat eigene Schwerpunkte und Übungswege. Sowohl für die
Teilnehmer an Veranstaltungen zu Methoden der Körpererfahrung als auch für ihre Anbieter ist es schwierig, sich auf dem
Markt dieser Angebote zu orientieren. Das hängt damit zusammen, daß viele Methoden aus anderen Kulturkreisen kommen
und in unserer Gesellschaft noch wenig bekannt sind. Interessenten, die Veranstaltungen zur Körpererfahrung besuchen
möchten, stehen vor der Frage, welche Methode wohl für sie
„die richtige" sein könnte. Aus den Kursankündigungen in den
Programmen der Weiterbildungseinrichtungen, Krankenkassen
und privaten Anbieter wird häufig nicht ausreichend deutlich,
worum es bei den einzelnen Angeboten geht, wie deren Praxis
aussieht, in welcher Art und Weise sie dem einzelnen nutzen
können und wie sie sich voneinander unterscheiden. An solchen
Angeboten Interessierte wünschen sich – so zeigen unsere Erfahrungen – kurze, übersichtliche und leicht verständliche Erläuterungen, die sie über die Vielzahl der unterschiedlichen körperorientierten Methoden informieren.

Dieses Interesse verfolgen nicht nur die (potentiellen) Teilnehmer an Veranstaltungen zur Körperarbeit, sondern auch die
Programmplaner im Bereich der Gesundheitsförderung und
-bildung. Sie müssen entscheiden, welche körperorientierten
Methoden sie in ihr Veranstaltungsprogramm aufnehmen, und
sie stehen vor der Aufgabe, qualifizierte und verantwortungsbe-

wußte Kursleiter und Kursleiterinnen auswählen zu müssen. Auch bei den Programmplanern besteht also der Wunsch nach Orientierungshilfen. Sie sind auch deshalb sehr gefragt, weil die Texte, mit denen die Kursleiter zu Methoden der Körpererfahrung einladen, manchmal noch in unseriöser Art und Weise sensationelle Versprechungen im Hinblick auf Veränderungen an Körper und Geist geben sowie unrealistische Erwartungen auf mehr Lebensglück, Bewußtseinserweiterung und Konfliktlösungsmöglichkeiten zu wecken versuchen.

Dieses Buch möchte deshalb in verständlicher und anschaulicher Art und Weise Methoden der Körpererfahrung vorstellen, die zur Zeit im Rahmen von Gesundheitsbildung immer häufiger angeboten werden. Die Autorinnen und Autoren der Beiträge sind Kursleiter und zum Teil Ausbilder für die vorgestellten körperorientierten Angebote. Sie verfügen über die entsprechende Ausbildung sowie langjährige praktische Erfahrungen insbesondere in der Arbeit mit Erwachsenen.

Mit einigen der körperorientierten Methoden wie zum Beispiel Bioenergetik, Hakomi und der Fußreflexzonenmassage wird auch im therapeutischen Bereich gearbeitet. Wir stellen hier aber Methoden der Körpererfahrung in erster Linie mit ihren Zielsetzungen und ihrer Praxis für die Gesundheitsförderung vor.

Welche Beiträge sind in diesem Buch enthalten?

Die Mehrzahl der Methoden zur Körpererfahrung, die wir vorstellen, geht von einer ganzheitlichen Sichtweise des Menschen aus. Deshalb haben wir für interessierte Leser den Beitrag „Zur ganzheitlichen Sichtweise von Mensch, Gesundheit und Krankheit" aufgenommen, der das Verstehen der theoretischen und philosophischen Hintergründe der Methoden zur Körpererfahrung erleichtern soll.

Die in diesem Buch vorgestellten Methoden zur Körpererfahrung haben wir folgenden Schwerpunkten zugeordnet:

1. Meditation und Entspannung in der Bewegung
2. Meditation und Entspannung in der Ruhe
3. Körperorientierte Selbsterfahrung
4. Massage
5. Atemarbeit

Im deutschsprachigen Raum gibt es verschiedene Atemschulen. Techniken und Methoden sind so unterschiedlich wie ihre Begründer. Es hätte den Rahmen dieses Buches gesprengt, wollten wir auch nur die wichtigsten Atemschulen vorstellen. Deshalb werden in einem Beitrag die Bedeutung des Atmens für die Gesundheit hervorgehoben, die verschiedenen Atemschulen genannt und auf den „Funktionellen Atem" näher eingegangen.

Die Beiträge haben im allgemeinen folgenden Aufbau:
– Kurzcharakteristik der Methode zur Körpererfahrung
– Entstehungsgeschichte, theoretische Annahmen, kulturelle Hintergründe

Um Methoden der Körpererfahrung verstehen und einordnen zu können, ist es wichtig, sich mit ihren kulturellen und philosophischen Hintergründen auseinanderzusetzen. Deshalb enthält jeder Beitrag in diesem Buch einen Abschnitt über den kulturellen und philosophischen Hintergrund der jeweiligen Methode. Natürlich kann diese kurze Einführung nur jeweils sehr begrenzt darüber informieren.

Insbesondere bei den Methoden der Körpererfahrung aus dem fernöstlichen Kulturkreis (Kum Nye, Tai Chi Chuan, Qi Gong, Yoga, Zen-Meditation, Akupressur, Do In, Shiatsu) wird immer wieder die Frage gestellt, inwieweit eine jahrtausendealte Praxis aus ihrem historischen und kulturellen Zusammenhang herausgelöst und in unsere westliche Welt übertragen werden kann.

Erfahrungen zeigen, daß die Ausübung fernöstlicher Methoden der Körpererfahrung auch dann zur Steigerung des körperlichen und seelischen Wohlbefindens beitragen, wenn die Übenden nur wenig mit den kulturellen, philosophischen und religiösen Hintergründen vertraut sind.

Wenn es ihnen aber um religiöse oder spirituelle Wege und Zielsetzungen geht, ist die Übertragung fernöstlicher Methoden zur Körpererfahrung sicher kritischer zu betrachten. Jeder, der einen solchen Weg beschreiten will, sollte sich intensiv mit den kulturellen, philosophischen und religiösen Hintergründen dieser Methoden auseinandersetzen und sensibel prüfen, ob und inwieweit er die Grundannahmen, Lebensanschauungen und religiösen Vorstellungen dieser körperorientierten Übungswege akzeptieren und in sein Leben integrieren kann und will.

– Ziele in der Gesundheitsförderung
Hier geht es darum, die Ziele zu verdeutlichen, die diese körperorientierten Verfahren verfolgen, wenn sie im Rahmen von Gesundheitsförderung und -bildung angeboten werden. Im Rahmen von Therapie geht es um weitere und andere Zielsetzungen.

– Die Praxis

– Voraussetzungen für die Kursteilnahme

– Qualifikationen der Kursleitung

– Literaturangaben zur intensiveren Auseinandersetzung mit den einzelnen Methoden zur Körpererfahrung

Ursula Schneider-Wohlfart, Elisabeth Risse-Engels,
Otto Georg Wack, Rainer Wolf

Zur ganzheitlichen Sichtweise von Mensch, Gesundheit und Krankheit

Die Methoden der Körpererfahrung, die wir in diesem Buch vorstellen, beruhen auf einer ganzheitlichen Sichtweise der Wirklichkeit. Insbesondere die Verfahren der Körpererfahrung aus dem fernöstlichen Bereich basieren auf ganzheitlichen Weltbildern, die den Menschen als ein integriertes Lebewesen begreifen, das in soziale, ökonomische, ökologische und kosmische Zusammenhänge eingebunden ist. Ferner betonen sie die wechselseitige Abhängigkeit aller Aspekte der Wirklichkeit und die nicht lineare Natur ihrer Verknüpfung. Als Beispiel ist hier das taoistische Weltbild des alten China zu nennen.

Auch im westeuropäischen Kulturraum wird insbesondere von Wissenschaftlern, aber zunehmend auch von gesellschaftskritisch denkenden Menschen, immer wieder auf die Notwendigkeit hingewiesen, eine ganzheitliche Sicht der Wirklichkeit zu entwickeln und im Hinblick darauf das individuelle und gesellschaftliche Handeln zu verändern, um dem Überleben der Menschheit auf diesem Planeten eine Chance zu geben. Gefordert wird die Ablösung des mechanistischen Weltbildes der herrschenden Naturwissenschaft durch eine ganzheitliche, ökologische Betrachtungsweise der Wirklichkeit, die unsere Wertvorstellungen grundlegend verändern könnte.

Ziel dieses Paradigmenwechsels ist es, das in unserer Kultur vorherrschende einseitige, rationale, mechanistische, dualistische und analytische Denken durch „ein umfassenderes, Subjektivität und Intuition einbeziehendes, systematisches, ganzheitliches, die Dinge in ihren Wechselwirkungen und Zusammenhängen betrachtendes Denken und Handeln zu ergänzen" (Helmut Milz, 1991, S. 215).

Da wir vermuten, daß viele unserer Leserinnen und Leser sich bisher kaum mit ganzheitlichen Sichtweisen und Weltanschauungen auseinandergesetzt haben, möchten wir in diesem Beitrag *ein* für uns schlüssiges Denkmodell für die ganzheitliche Sichtweise von Wirklichkeit und Mensch vorstellen, weil dies unseres Erachtens das Verständnis der Methoden zur Körpererfahrung wesentlich erleichtern kann. Dabei sind wir uns der Schwierigkeit bewußt, den weithin verwendeten alltagssprachlichen Begriff „Ganzheitlichkeit" zu erklären.

Heute bestehen verschiedene Philosophien und Auffassungen von Ganzheitlichkeit nebeneinander. Außerdem ist der Begriff der „Ganzheitlichkeit" dem Wandel der Welt und der Wissenschaft unterworfen und ist zudem abhängig vom Standpunkt desjenigen, der Ganzheitlichkeit definiert (vgl. Liliane Juchli, 1990, S. 32). Es ist Renate Jäckle zuzustimmen, die zu der aktuellen Diskussion um Ganzheitlichkeit sagt: „Wer anfängt, nach der Bedeutung des Wortes ‚Ganzheit' zu suchen, landet in einem Gewirr aus psycho(-sozialen), politischen und mythischen Vorstellungen..." (Renate Jäckle, 1985, S. 62). Hier orientieren wir uns an der Systemlehre, die eine ganzheitliche Sichtweise der Wirklichkeit entfaltet hat.

Im folgenden stellen wir das ganzheitliche Denk- und Weltbild der Systemlehre dar. Diese wurde in erster Linie von Physikern entwickelt. Wir orientieren uns vor allem an Fritjof Capra (Physiker an der University of California/Berkeley), weil sein Ansatz weit über die Grenzen der Physik hinausreicht. Er zeichnet ein Weltbild, in dem die wechselseitige Verknüpfung und Abhängigkeit aller Phänomene betont wird, alle Lebewesen und Gesellschaften als in die zyklischen Vorgänge der Natur eingebettet begriffen werden und der menschliche Organismus als sich selbst organisierendes System betrachtet wird. Capra war einer der ersten, der sich explizit dem Thema „Ganzheit und Gesundheit" zugewandt und Konsequenzen für die notwendige Veränderung der medizinischen Praxis, der Pflege erkrankter Menschen und der öffentlichen Gesundheitsförderung entwickelt hat.

Methoden der Körpererfahrung werden heute zunehmend als neue Wege zur Förderung und Stärkung der Gesundheit propagiert. Insbesondere in der alternativen Gesundheitsbewegung findet zur Zeit eine kritische Auseinandersetzung mit dem vorherrschenden Verständnis von Gesundheit und Krankheit, mit der modernen Medizin und dem Gesundheitswesen statt. Es wird die Notwendigkeit einer ganzheitlichen Sichtweise von Gesundheit und Krankheit betont, die einschneidende Konsequenzen für die Neugestaltung des Gesundheitssystems, der Gesundheitsförderung haben und einen veränderten Umgang mit Krankheit nach sich ziehen muß. Dabei geht es um die Frage, wie sich der menschliche Organismus (und damit auch seine Gesundung und Erkrankung) in der wechselseitigen Beeinflussung und Abhängigkeit von körperlichen, psychischen, geistigen und transzendenten Aspekten der Person sowie in der Interaktion mit den ihn umgebenden natürlichen und gesellschaftlichen Systemen entwickelt.

Auch auf die ganzheitliche Sichtweise von Gesundheit und Krankheit möchten wir in diesem Beitrag eingehen. Wir hoffen damit deutlich zu machen, daß die Methoden der Körpererfahrung ein Weg zur Gesundheitserhaltung und -stärkung sein können, der seinen berechtigten Platz in neuen Ansätzen der Gesundheitsförderung hat.

Der Mensch im systemischen Weltbild

Der menschliche Organismus ist eine psycho-biologische Einheit

Wir begreifen den menschlichen Organismus als eine psychobiologische Einheit. Er hat physische (Körper), psychische (Gefühle und Empfindungen), geistige (Verstand und logisches Denken), kulturelle und transzendente (übersinnliche) Seinsweisen, die miteinander in enger Wechselwirkung stehen, voneinander abhängig sind und sich gegenseitig beeinflussen. Unter der transzendenten (übersinnlichen) Seinsweise verstehen wir alle religiösen, spirituellen und meditativen Formen unseres Lebens.

Wir setzen voraus, daß eine Interaktion zwischen psychischer Aktivität und physiologischen Prozessen im Körper besteht. So beeinflussen Geist und Psyche den menschlichen Körper, seine Organe, Gewebe und Zellen, und umgekehrt beeinflussen körperliche Prozesse auch Geist und Psyche. In Anlehnung an Viktor E. Frankl (1974) verstehen wir Ganzheit hier also als eine „Leib-seelisch-geistige Einheit".

Mit dieser Sichtweise widerspricht das systematische Weltbild entschieden der traditionellen mechanisch-materialistischen Weltauffassung, die einen Dualismus von Körper und Seele annimmt und eine wechselseitige Beeinflussung beziehungsweise ein Zusammenspiel von physischen, psychischen, geistigen, kulturellen und transzendenten Seinsweisen nur wenig beachtete.

Der menschliche Organismus ist ein lebendes System

Im systemischen Weltbild wird der menschliche Organismus als ein lebendes System begriffen. "System" ist der zentrale Begriff dieses Weltbildes (das „Systembild des Lebens" ist insbesondere bei Fritjof Capra, 1984, entfaltet worden). Alles, was ist, wird in Systeme eingeteilt und unterschieden in lebende (natürliche) Systeme und geschaffene (künstliche) Systeme.

Lebende Systeme sind zum Beispiel Organismen (Bakterien, Pflanzen, Tiere, Menschen und so weiter), aber auch verschiedene Organe eines tierischen oder menschlichen Körpers. Auch unsere natürliche Umwelt (so etwa Erde, Luft, Wasser, Flora, Fauna), unser Sonnensystem, die Atmosphäre und der Kosmos sind natürliche Systeme.

Geschaffene Systeme sind zum Beispiel die Gesellschaft mit ihren zahlreichen Teilsystemen, wie etwa das Arbeitsleben, die Politik, die Landwirtschaft, Institutionen und so weiter. Die geschaffenen Systeme benötigen für ihre Existenz als Voraussetzung die natürlichen oder organischen Systeme. Sie sind von diesen abhängig.

Natürliche wie geschaffene Systeme stehen in ständiger Wechselwirkung. Zum Beispiel können die geschaffenen Systeme die Entwicklung der natürlichen Systeme fördern, hemmen oder stören. Unser Wirtschaftssystem als geschaffenes System mit dem Ziel uneingeschränkten Wachstums führt heute nachweislich dazu, die natürlichen Systeme zu schädigen und zu zerstören (zum Beispiel Verschmutzung in Luft und Wasser, Verseuchung von Wäldern und Böden).

Sowohl die lebenden wie die geschaffenen Systeme sind voneinander abhängig und durchdringen sich gegenseitig, stehen also in ständiger Wechselwirkung miteinander. Die Systemlehre geht von der Erkenntnis aus, „daß alle Phänomene – physikalische, biologische, psychische, gesellschaftliche und kulturelle – grundsätzlich miteinander verbunden und voneinander abhängig sind" (Fritjof Capra, 1984, S. 293).

Die natürlichen Systeme, wie Boden, Atmosphäre, Meer, Tiere, Pflanzen und Menschen, brauchen einander, damit Leben bestehen kann. Das Ausfallen eines oder mehrerer Systeme (beispielsweise der sauberen Luft) würde sowohl die Lebensfähigkeit der anderen Systeme beeinträchtigen oder verhindern als auch die Lebensfähigkeit des Ganzen, des Planeten Erde, in Frage stellen.

Aufgrund dieser Verbundenheit und gegenseitigen Abhängigkeit aller Phänomene kann jeder Versuch einer Analyse bestimmter Erscheinungsformen unserer Welt uns nie die ganze Realität erschließen.

Diese Verbundenheit und gegenseitige Beeinflussung entzieht sich allerdings noch weitgehend unserem Bewußtsein und Wissen. Wir können die Welt nicht als untrennbare Ganzheit erkennen, sondern wir nehmen sie als aus isolierten Einzelteilen bestehend wahr. „Die Dinge scheinen uns getrennt und nicht miteinander verbunden. Das ist jedoch eine Illusion und Verzerrung der allem zugrundeliegenden und nicht so offensichtlichen Einheit und Verbundenheit, die eine fundamentale Eigenschaft der Welt ist" (Larry Dossey, 1987, S. 154).

Der menschliche Organismus – und die Art und Weise des Lebens von Menschen überhaupt – entwickelt sich in wechselseitiger Beeinflussung und Abhängigkeit von körperlichen, psychischen, geistigen, kulturellen und transzendenten Aspekten der Person sowie der Interaktion mit den ihn umgebenden natürlichen und geschaffenen Systemen. Unter dieser Interaktion verstehen wir die ständige Wechselwirkung des menschlichen Organismus mit seiner physischen, kulturellen, ökonomischen, ökologischen und sozialen Umwelt, von der er permanent beeinflußt wird, auf die er aber auch einwirkt und die er auch verändern kann. Aufgrund dieser Wechselbezüge wird der menschliche Organismus in der Systemlehre als ein integraler Bestandteil umfassender Systeme (natürliche, kulturelle, soziale, politische Umwelt) begriffen – als integrierte Ganzheit. Wenn wir hier von Ganzheit sprechen, meinen wir nicht nur die „leib-seelisch-geistige Einheit" des Menschen, sondern ebenso die wechselseitige Abhängigkeit von menschlichem Organismus und Umwelt.

Der menschliche Organismus ist autonom und abhängig zugleich

Der menschliche Organismus ist nicht nur interdependent, das heißt, er steht in ständiger Wechselwirkung mit allen anderen Systemen, sondern er ist auch weitgehend autonom. Diese Autonomie beruht darauf, daß lebende Systeme nach dem Prinzip der Selbstorganisation funktionieren. Das bedeutet, daß ihnen nicht nur ein Ordnungsprinzip durch die Umwelt auferlegt wird, sondern dieses im System selbst enthalten ist und von ihm autonom organisiert wird. Lebende Systeme, wie der Mensch, erneuern sich selbst. So ersetzt der menschliche Organismus zum Beispiel innerhalb weniger Jahre alle seine Zellen, die des Gehirns ausgenommen. Auch wenn die Selbsterneuerung ein wichtiges Phänomen der Selbstorganisation von lebenden Systemen ist, sind diese dennoch stabil in dem Sinne, daß trotz fortlaufenden Wandels und der Erneuerung der Bestandteile des Systems die Gesamtstruktur des Systems erhalten bleibt.

Die gleichzeitige Autonomie und Interdependenz des menschlichen Organismus bedeutet, daß er sich niemals völlig selbst genügen kann noch völlig abhängig von anderen Systemen (zum Beispiel von anderen Menschen, der Umwelt) ist.

Dadurch, daß der menschliche Organismus in ständiger Wechselbeziehung mit anderen Systemen steht, ist er ständiger Veränderung und Anpassung an wechselnde Bedingungen unterworfen. Die aktive Anpassung ist also eine seiner permanenten Funktionen.

Wird es sehr heiß, beginnt der Mensch zu schwitzen, um die für die Erhaltung des Lebens notwendige Körpertemperatur aufrechtzuerhalten. Hier wird deutlich, daß der menschliche Organismus autonom funktioniert, um sein Gleichgewicht – in diesem Falle eine bestimmte lebensnotwendige Temperatur – wiederherzustellen oder beizubehalten. Er verfügt also über ein hohes Maß an Flexibilität und Gestaltungsfähigkeit, um sein notwendiges inneres Gleichgewicht durch Selbstregulation zu erreichen.

Der menschliche Organismus befindet sich in einem fortlaufenden Entwicklungsprozeß. Dieser erfolgt nicht nur durch Außeneinflüsse und durch die Wechselwirkung mit anderen Systemen, sondern auch durch seine eigene Entwicklung. Er durchläuft einen Lebenszyklus in verschiedenen Phasen (zum Beispiel Kindheit, Jugend, Erwachsensein, Alter), der immer wieder verlangt, sich aufgrund von neuen Anforderungen in verschiedenen Lebensphasen zu verändern.

Der menschliche Organismus ist nur als integrierte Ganzheit zu begreifen

Die Systemlehre basiert auf der Annahme, daß die Strukturen und die Funktionen des menschlichen Organismus nicht allein durch die Beschreibung und Erklärung seiner kleinstmöglichen Teile (Moleküle, Atome und so weiter) erkannt werden können. Systeme werden als integrierte Ganzheiten begriffen, deren Eigenschaften sich nicht auf kleine Einheiten reduzieren lassen.

Zwar werden in jedem System Einzelteile unterschieden, aber es darf nicht außer acht gelassen werden, daß die Wechselbeziehungen zwischen den Teilen des Systems mit betrachtet werden müssen, will man die Struktur und das Funktionieren des Ganzen erklären. Das Ganze ist jedoch immer mehr als die Summe seiner Teile – so lautet ein Grundgedanke dieser Lehre. Dieser Gedanke kann am Beispiel eines Puzzles verdeutlicht werden. Alle einzelnen Teile eines Puzzles ergeben noch nicht das Bild, welches dieses Puzzle darstellen soll. Erst wenn alle Teile in einer bestimmten Art und Weise zusammengesetzt sind, erkennen wir das Ganze – das Bild.

Systeme sind also Ganzheiten, deren spezifische Strukturen und deren Funktionieren nur durch die Analyse der Wechselbeziehungen und der gegenseitigen Abhängigkeiten ihrer Teile erklärt werden können.

Das Funktionieren des menschlichen Organismus in ein komplexes, vernetztes Geschehen

Will man das Funktionieren des menschlichen Organismus verstehen und beschreiben, ist es notwendig, sowohl seine körperlichen, psychischen, geistigen, kulturellen und transzendenten Dimensionen in ihrer Wechselwirkung als auch seine Interaktion mit Umwelt und Gesellschaft zu betrachten und zu analysieren.

In der – die abendländische Medizin noch weitgehend bestimmenden – mechanistisch-materialistischen Weltanschauung, die ihre Ursprünge im 17. Jahrhundert hat und wesentlich durch Galilei, Descartes und Newton geprägt wurde, nimmt man an, daß das Funktionieren lebender Organismen allein durch das Studium der Eigenschaften und Verhaltensweisen ihrer kleinsten Bestandteile (zum Beispiel der Zellen, Gene, Moleküle) und die Mechanismen ihres Zusammenwirkens begriffen werden kann. Dem liegt die Vorstellung zugrunde, daß der lebende Organismus als mechanisches System wie eine Maschine funktioniert.

Hier wird somit die Tatsache der integrativen Aktivitäten des lebenden Organismus (Wechselwirkungen zwischen physischen, psychischen, geistigen, kulturellen und transzendenten

Lebensweisen) und seiner Wechselbeziehungen zur Umwelt, seine Interdependenz, ausgespart – jene Aspekte, die, wie noch zu zeigen sein wird, für die Gesundheit des menschlichen Organismus von besonderer Bedeutung sind.

Gesundheit und Krankheit, ganzheitlich gesehen

Gesundheit bedeutet ein dynamisches Gleichgewicht

Wir haben ausgeführt, daß sich der menschliche Organismus, beeinflußt durch eine sich ständig wandelnde natürliche und gesellschaftliche Umwelt und seine eigene Entwicklung (Lebenszyklus), laufend verändern und anpassen muß, um sein Gleichgewicht immer wiederherzustellen. Erreicht er dieses Gleichgewicht, sprechen wir von Gesundheit. Es ist ein dynamisches Gleichgewicht, weil der Organismus aufgrund seiner Flexibilität, einer großen Anzahl von Optionen für das Zusammenwirken mit seiner Umwelt (vgl. Fritjof Capra, 1984, S. 361), permanent schöpferisch auf Umweltbedingungen und die Herausforderungen durch seinen Entwicklungsprozeß (zum Beispiel den Alterungs- und Reifungsprozeß) reagiert und es so immer wieder neu ausbalanciert. Dabei bedeutet der Begriff „dynamisches Gleichgewicht" auch, „daß in jedem lebenden Organismus Heilungskräfte vorhanden sind und daß der Organismus eine angeborene Tendenz hat, in einen Gleichgewichtszustand zurückzukehren, wenn dieser gestört ist" (Fritjof Capra, 1984, S. 361).

Es wird deutlich, daß Gesundheit also immer die mehr oder weniger geglückte Auseinandersetzung jedes einzelnen mit sich, seinem Körper, seiner Umwelt, seiner Kultur und seinen Mitmenschen ist (vgl. Helmut Hildebrandt, 1990, S. 31). Dabei wird die Erfahrung von Gesundheit und Erkrankung stark von der Kultur bestimmt, in der Menschen leben. Was als gesund und krank definiert wird, variiert von Kultur zu Kultur.

Wir wissen aus eigener Erfahrung, daß Gesundheit nichts Statisches ist. Wir fühlen uns nicht jeden Tag gleich wohl.

Manchmal haben wir Kopfschmerzen, mal fühlen wir uns müde und zerschlagen. Damit bezeichnen wir uns jedoch noch nicht als krank, aber vielleicht als „leicht angeschlagen". Unsere Gesundheit ist dann zeitweise nicht von so guter Qualität wie an anderen Tagen, da wir keine Kopfschmerzen haben oder uns sehr gut ausgeruht fühlen. Es wird deutlich, daß Gesundheit auch eine subjektive Erfahrung ist.

Gesundheit ist genauso wie Krankheit ein fortlaufendes Geschehen (Fritjof Capra, 1984, S. 360), ein sich ständig verändernder und entwickelnder Prozeß. Diese Auffassung von Gesundheit setzt sich deutlich von der Definition der Weltgesundheitsorganisation ab, die Gesundheit als einen Zustand (des völligen körperlichen, psychischen und sozialen Wohlbefindens) bestimmt.

Gesundheit und Krankheit sind verschiedene Aspekte ein und derselben Wirklichkeit

Im Sinne des systemischen Weltbildes können Gesundheit und Krankheit nicht als eindeutig trennbare Phänomene begriffen werden. Gesundheit und Krankheit sind also nicht zwei sich ausschließende Gegenpole, sondern in ihrer Existenz aufeinander angewiesen (ohne Gesundheit gäbe es keine Krankheit und umgekehrt).

Es gibt keinen festen Nullpunkt, auf den wir uns beziehen können, um genau zu sagen, wo Gesundheit aufhört und Krankheit anfängt oder umgekehrt. Sie treten sich nicht als ausschließende Gegensätze gegenüber, sondern sind im Leben der Individuen immer miteinander verbunden. „Niemand ist – solange er lebt – je ganz ‚krank' oder ganz ‚gesund' –, und dann, wenn wir uns die eine Seite anschauen, leuchtet die andere bereits auf" (Annelie Keil, 1987, S. 99). Deshalb kann Gesundheit auch nicht wie in unserem herrschenden Medizinsystem als Abwesenheit von Krankheit begriffen werden.

Gesundheit und Krankheit sind Ausdruck von Leben. Das Leben eines Menschen bewegt sich zwischen Gesundheit und Krankheit.

In der chinesischen Philosophie nimmt man an, daß das Wechselspiel zwischen zwei Polen oder zwei Gegensätzen dem Wesen aller Lebenserscheinungen entspricht. Dieses Wechselspiel wird als Rhythmus bezeichnet. Rhythmus, verstanden als Spannungsausgleich oder als Integration der Gegensätze, ist in dieser Philosophie das Grundmuster allen Lebens.

Die Polaritäten – die gegensätzlichen Kräfte, die vor über 4000 Jahren in der chinesischen Philosophie als Yin und Yang bezeichnet wurden – sind sowohl autonom als auch gleichzeitig voneinander abhängig. Beide Pole (zum Beispiel Tag und Nacht, oben und unten, Ruhe und Bewegung, Einatmen und Ausatmen, Wachsein und Schlafen, männlich und weiblich, gesund und krank) sind lediglich verschiedene Aspekte ein und derselben Wirklichkeit beziehungsweise Einheit.

In der Regel können wir die Einheit in ihrer Gleichzeitigkeit der Gegensatzpaare aber nicht wahrnehmen. Zum Beispiel erleben wir den Tag und darauf folgend die Nacht, aber nie Tag und Nacht gleichzeitig. Wir könnten die Gleichzeitigkeit von Tag und Nacht zum Beispiel sinnlich wahrnehmen, wenn wir von einem Raumschiff im All auf die Erde blicken würden. Wir würden sehen, daß die eine Halbkugel im Dunkeln, in der Nacht, und die andere im Hellen, im Tageslicht liegt.

Über den Umweg der Zeit erleben wir also immer wieder, wie ein Pol durch die Nachfolge seines Gegenpols abgelöst wird (zum Beispiel Tag und Nacht, Einatmen – Ausatmen, Wachsein – Schlafen). Aus unserer Erfahrung mit Tag und Nacht wissen wir, daß es unklare Übergänge zwischen beiden Polen gibt. In der abendlichen Dämmerung ist es daher schwer zu sagen, ob es schon Nacht ist oder noch Tag. Die Übergänge zwischen Tag und Nacht sind also fließend. Diese fließenden Übergänge sind typisch für den Wechsel zwischen zwei Polen.

Dies zeigt auch Gesundheit und Krankheit. Gesundheit und Krankheit bilden die „Prinzipien der Bewegung" eines Gegensatzpaares. Sie sind eins, eine Einheit (vgl. Larry Dossey, 1987, S. 262).

Wie für den menschlichen Organismus, so ist auch für Gesundheit und Krankheit das Zusammenspiel von körperlichen, psychischen, geistigen, kulturellen und transzendenten Aspekten der Person sowie der sie umgebenden natürlichen und gesellschaftlichen Systeme bedeutsam. Wir wissen inzwischen, daß bei der Entwicklung von Gesundheit und Krankheit folgende Faktoren eine Rolle spielen (können):

- die Beschaffenheit des menschlichen Körpers (zum Beispiel Organe, Gelenke, Muskeln, Blut) und körperliche Vorgänge (wie etwa Verdauung),
- die psychische Befindlichkeit des Individuums (zum Beispiel Trauer, Ärger, Freude, Streß),
- die Lebensweise der Menschen (zum Beispiel Ernährung, Bewegung, Entspannung),
- die berufliche und private Umwelt (zum Beispiel der Arbeitsplatz, das Wohnumfeld),
- die Beziehungen zu anderen Menschen (zum Beispiel Liebeskummer),
- belastende Lebensereignisse und kritische Übergänge im Lebenszyklus (zum Beispiel Verlust eines nahestehenden Angehörigen, die Wechseljahre, Eintritt in den Ruhestand).

Besonders deutlich zeigen sich negative Einflüsse auf die Gesundheit durch die sozialen und psychischen Folgen von Arbeitslosigkeit, Obdachlosigkeit und Verarmung, was Untersuchungen immer wieder nachgewiesen haben. Und es ist nicht mehr zu übersehen, daß die ökologische Krise (zum Beispiel Verschmutzung von Wasser, Luft und Boden, krankmachende „Lebens"mittel, die drohende Klimakatastrophe) mehr und mehr die Gesundheit aller Menschen bedroht.

Die vielfältigen Bedingungszusammenhänge von Gesundheit und Krankheit machen es also unmöglich, Gesundheit und Krankheit jeweils auf eine Ursache zurückzuführen. „Die Wirklichkeit der Gesundheit ist ein vielschichtiges Gewebe, dessen Erkenntnis aus der Betrachtung der Zusammenhänge und nicht der Details resultiert" (Annelie Keil, 1987, S. 101).

Was wir noch nicht genau wissen und was auch in der medizinischen Forschung erst in Ansätzen erkannt wurde, ist die Art und Weise, wie das Zusammenspiel dieser Faktoren für Gesundheit und Krankheit vor sich geht.

Folgende Definitionen, die die individuellen, sozialen und ökologischen Dimensionen von Gesundheit berücksichtigen, machen deutlich, daß Gesundheit (und so auch Krankheit) nie nur körperlicher Natur sein kann, sondern daß der Mensch als Leib-Seele-Geist-Ganzheit immer nur „als Ganzes" gesund oder krank ist:

„Gesundheit ist ein Gefühl des Wohlbefindens als Ergebnis dynamischer Ausgeglichenheit der physischen und psychischen Aspekte des Organismus sowie seines Zusammenwirkens mit seiner natürlichen und gesellschaftlichen Umwelt" (Fritjof Capra, 1984, S. 361).

„Gesundheit ... ist das dynamische und harmonische Gleichgewicht aller Elemente und Kräfte, die einen Menschen ausmachen und ihn umgeben" (Andrew Weil, 1988, S. 69).

Was Fritjof Capra und Andrew Weil in ihren Definitionen betonen, ist das subjektive Moment von Gesundheit/Krankheit (Gesundsein/Kranksein als Ausdruck der Befindlichkeit), das Nicht-Statische, Prozeßhafte von Gesundheit/Krankheit (Gesundheit und Krankheit als dynamische Größen) und die vielfältigen in Wechselbeziehung stehenden Bedingungszusammenhänge von Gesundheit/Krankheit (Gesundheit und Krankheit als mehrdimensionale Phänomene).

Krankheit ist ein Anzeichen für ein Ungleichgewicht im menschlichen Organismus

Im Sinne des systemischen Weltbildes ist eine Erkrankung eine Reaktion des menschlichen Organismus als lebendes System auf ein Ungleichgewicht, auf eine Störung der Harmonie im menschlichen Organismus oder in der Beziehung zu den ihn umgebenden Systemen.

Krankheiten können sich auf verschiedenen Ebenen des Organismus als physische und psychische Symptome äußern.

Krankheit ist aber immer ein Ungleichgewicht im gesamten Organismus/Menschen, und deshalb muß auch immer das ganze System – der ganze Mensch – behandelt werden.

In der abendländischen Medizin richten die Ärzte ihr Augenmerk bisher immer noch vorrangig auf einzelne Fehlfunktionen im menschlichen Organismus auf der körperlichen Ebene (soweit es sich nicht um eindeutig diagnostizierte psychische Erkrankungen handelt) und versuchen, diese mit Medikamenten oder Operationen zu beheben. Sie betrachten und behandeln in erster Linie einzelne Teile des Körpers wie Organe, Zellen oder Molekülstrukturen und nicht den Patienten als ganzen Menschen.

Krankheitsursachen müssen mehr als bisher in der natürlichen und gesellschaftlichen Umwelt gesucht werden

Die vielfältigen Faktoren, die mit ihren Wechselbeziehungen für Gesundheit und Krankheit bedeutsam sind, verweisen auf das psychosoziale Bedingungsgefüge vieler Krankheiten.

In unserem Gesundheitssystem wird versucht, bestimmte eindeutige Ursachen für das Entstehen von Krankheiten aufzufinden und zu benennen. Krankheitsursachen werden immer noch vorwiegend in individuellen Lebensgewohnheiten gesehen. Rauchen, Alkoholgenuß, Übergewicht und falsche Ernährung werden zum Beispiel immer wieder als Krankheitsursachen genannt und als „Risikofaktoren" bezeichnet. Dementsprechend konzentriert sich die Gesundheitsaufklärung und -förderung noch weitgehend auf Kampagnen zur Beseitigung dieser Risikofaktoren.

Im Sinne einer systemischen Betrachtung gibt es aber keine isolierbaren Ursachen für eine Krankheit, sondern nur Wechselwirkungen zwischen verschiedenen Faktoren, die für das Entstehen von Krankheit bedeutsam sind. Erkrankt zum Beispiel ein Raucher an der Lunge, wird die Mehrzahl der Mediziner im Sinne mechanistisch-kausalen Denkens in erster Linie das Rauchen als Krankheitsursache annehmen. Dabei geraten andere Faktoren aus dem Blick, die für das Entstehen der Er-

krankung genauso bedeutsam sein können wie das Rauchen. Sie können in den Lebensbedingungen und der Lebensweise des Individuums gesucht werden, zum Beispiel
– in den belastenden Arbeitsbedingungen,
– in einer Beziehungskrise, die über einen längeren Zeitraum anhielt,
– in der Verschmutzung der Luft im Wohnort, die durch eine nahe Fabrik erzeugt wurde.

Deutlich wird: Alle Faktoren (zum Beispiel Umweltbedingungen, Arbeitsbedingungen, persönliche Krisen, körperliche und psychische Konstitution und so weiter) und ihre Wechselwirkungen sollten bei der Beurteilung einer Erkrankung berücksichtigt werden.

Eine systemische Betrachtungsweise fordert also dazu heraus, Krankheitsursachen nicht nur in individuellen Lebensgewohnheiten zu sehen, sondern mehr als bisher die natürliche und soziale Umwelt des Menschen, mit der er in einem kontinuierlichen Austauschprozeß steht, miteinzubeziehen. Es gilt auch zu fragen, wie die Lebens- und Umweltbedingungen auf den Menschen einwirken.

Ansatzweise geschieht dies in unserem Gesundheitssystem auch in der Sozialmedizin, die zum Beispiel den Zusammenhang von Krankheiten und Arbeitsplätzen betrachtet. Aber insgesamt gesehen, konzentriert sich die Medizin noch viel zu wenig auf unsere krankmachenden Lebensbedingungen. Das hängt auch damit zusammen, daß die Mehrzahl der Ärzte und medizinischen Forscher weniger danach fragt, warum eine Krankheit auftritt, als in erster Linie daran interessiert ist, die Mechanismen zu verstehen, nach welchen eine Krankheit abläuft, um entsprechend therapieren zu können.

Krankheiten sind sowohl körperlich wie seelisch bedingt

Wenn es gilt, Gesundheit und Krankheit als mehrdimensionale Phänomene zu betrachten, sind Positionen wie die von Dethlefsen kritisch zu beurteilen, die die Ursachen von physischen wie psychischen Krankheiten vorrangig im Verlust des innerseeli-

schen Gleichgewichts sehen und versuchen, dieses wiederherzustellen.

Thorwald Dethlefsen (vgl. Thorwald Dethlefsen/Rüdiger
Dahlke, 1983, S. 87) betrachtet Krankheit vorrangig als symbolischen Ausdruck eines verdrängten psychischen Inhalts. Damit
verweist er zwar auf das untrennbare Zusammenspiel von Seele-
Geist und Körper. Aber er sucht die Ursachen von Krankheiten
letztendlich nur im Individuum und vernachlässigt die Auswirkungen der Lebensweise (Ernährung, Bewegung, Entspannung
und so weiter) und der sozialen und ökologischen Umwelt auf
Gesundheit und Krankheit der Menschen. Aus diesem Grunde
ist seine Sichtweise von Gesundheit und Krankheit für uns
nicht als ganzheitliche Sichtweise zu charakterisieren.

Allerdings ist es das Verdienst von Dethlefsen und anderen,
eine Auffassung von Krankheit zu vertreten, die in unserem
Medizinsystem noch viel zu kurz kommt. Wir meinen die
Sichtweise, nach der körperliche Krankheiten oft einen Versuch
darstellen, eine seelische Verletzung auszugleichen, einen inneren Verlust zu reparieren oder einen unbewußten Konflikt zu
lösen (vgl. Dieter Beck, 1985, S. 11).

Beginnt ein Individuum, sich mit einem seelischen Konflikt
auseinanderzusetzen (zum Beispiel durch Therapie), der als
Symptom auf der körperlichen oder seelischen Ebene erkennbar geworden ist, kann dies zur weiteren Persönlichkeitsentwicklung und zu individuellem Wachstum beitragen. Somit ist
es möglich, Krankheit nicht nur als etwas Negatives zu sehen,
sondern auch als Chance zu begreifen, um Anstöße für die
Auseinandersetzung mit sich selbst und den unbewältigten, oftmals unbewußten und verdrängten Lebensweisen, Problemen
und Konflikten zu bekommen.

Heute befaßt sich insbesondere die psychosomatische Medizin mit der Erforschung der Zusammenhänge zwischen den
körperlichen und psychischen Aspekten der Gesundheit. Immer mehr Forscher und Ärzte nehmen an, daß nicht nur Störungen, für die sich keine eindeutig diagnostizierten Ursachen
feststellen lassen, psychosomatisch bedingt sind, sondern daß
alle Störungen psychosomatisch bedingt sind, weil bei ihrer

Verursachung, Entwicklung und Heilung das ständige Zusammenspiel von Geist und Körper eine Rolle spielt (vgl. Fritjof Capra, 1984, S. 367).

Folgerungen für einen veränderten Umgang mit Gesundheit und Krankheit in unserem Gesundheitssystem

Die Behandlungsweise der heutigen Schulmedizin und Psychologie konzentriert sich meistens entweder nur auf den Körper oder nur auf die Seele. Krankheiten auf der körperlichen Ebene werden heute in der Regel durch eine medikamentöse Therapie oder durch operative Eingriffe behandelt. Dabei wird der Körper nicht wie ein System gesehen, sondern eher wie eine Maschine repariert. Zeigen sich Krankheiten auf der psychischen Ebene, wird in der Regel versucht, die psychische Störung in einem verbalen Prozeß zu behandeln (Psychotherapie).

Beide, Schulmedizin wie Psychologie, setzen sich noch zu wenig mit der Einheit von Körper und Geist-Seele auseinander. Sie berücksichtigen also noch zu wenig, daß der Mensch als Leib-Seele-Geist-Einheit immer nur „als Ganzes" gesund oder krank sein kann. Die Unterteilung in physische und psychische Krankheiten ist deshalb in Frage zu stellen. Es gibt allerdings auch Richtungen in der Medizin, wie etwa die psychosomatische Medizin und die Sozialmedizin, die das Zusammenspiel von Geist-Seele und Körper und Umweltbedingungen sowohl in der Erforschung der Ursachen von Krankheiten als auch im Hinblick auf die Behandlungsmethoden zunehmend berücksichtigen.

Aus unserer Sicht sind Veränderungen in unserem Gesundheitsbewußtsein und in unserem Gesundheitssystem zukünftig unerläßlich. Folgende möchten wir besonders betonen:
- Eine ganzheitliche Betrachtung von Gesundheit und Krankheit sollte zur Folge haben, daß der Blick mehr als bisher auf die sozialen und ökologischen Lebensbedingungen gerichtet wird. Da der menschliche Organismus in ständiger, prozeßhafter Wechselwirkung mit seiner sozialen und ökologi-

schen Umwelt steht, müssen die Umweltfaktoren für die Analyse von Krankheiten, die Entwicklung von Behandlungsstrategien und die Gesundheitsförderung weit mehr Gewicht bekommen als bisher.

– Das Zusammenspiel von Geist, Seele, Körper und Umwelt mit ihren Wechselbeziehungen untereinander sollte sowohl in der Erforschung von Krankheiten als auch im Hinblick auf die Behandlungsstrategien und -methoden mehr berücksichtigt werden. Nur so können mehr Aufschlüsse über die Genese von Gesundheit und Krankheit gewonnen werden und wirkungsvolle Strategien für die Gesundheitsförderung und Bewältigung von Krankheiten entwickelt werden. Dabei ist es wichtig, Krankheit mehr als bisher auch als symbolischen Ausdruck eines verdrängten psychischen Inhalts zu begreifen und anzuerkennen, daß der Mensch immer nur „als Ganzes" gesund oder krank ist.

– Der Schwerpunkt der Gesundheitsförderung sollte zukünftig nicht nur das Ziel der Veränderung individueller Lebensweisen verfolgen, sondern mehr als bisher die Entwicklung sozial-ökologisch verträglicher Lebensperspektiven vorantreiben und die Gestaltung gesundheitsverträglicher Arbeits- und Lebensbedingungen unterstützen.

– Gesundheitsförderung sollte Menschen mehr als bisher befähigen, selbst Entscheidungen in bezug auf persönliches Gesundheitshandeln treffen und umsetzen zu können und so die Eigenverantwortlichkeit für die Entwicklung gesundheitsförderlicher Lebensweisen stärken. Dabei ist es einerseits notwendig, Selbsthilfeaktivitäten und Möglichkeiten der öffentlichen Teilnahme und Mitwirkung an Gesundheitsbelangen zu fördern, andererseits gilt es, die persönlichen Kompetenzen und Fähigkeiten von Menschen zu stärken, die es den einzelnen ermöglichen, ihren Lebensalltag gesundheitsförderlicher zu gestalten.

– Alternative Heilmethoden und Wege der Gesundheitsförderung, die von der Existenz des Menschen als psycho-biologischer Einheit ausgehen und, auf dieser Erkenntnis aufbauend, ihre Therapien und Strategien entwickeln, sollten mehr als bisher in unser Gesundheitssystem integriert werden. Die Methoden der Körpererfahrung sind ein Beispiel für solche Wege der Gesundheitsförderung.

Literaturhinweise

Beck, Dieter: Krankheit als Selbstheilung, Frankfurt/M. 1981.

Berkeley Holistic Health Center (Hrsg.): Das Buch der ganzheitlichen Gesundheit, Bern/München/Wien 1982.

Capra, Fritjof: Wendezeit – Bausteine für ein neues Weltbild, Bern/München/Wien 1984.

Capra, Fritjof: Krise und Wandel in Wissenschaft und Gesellschaft, in: Schaeffer, Michael/Bachmann, Anita (Hrsg.): Neues Bewußtsein – Neues Leben, München 1988.

Dethlefsen, Thorwald/Dahlke, Rüdiger: Krankheit als Weg, München 1983.

Dossey, Larry: Die Medizin von Raum und Zeit – ein Gesundheitsmodell, Reinbek bei Hamburg 1987.

Frankl, Viktor E.: Der unbewußte Gott, München 1974.

Fuhr, Reinhard/Gremmler-Fuhr, Martina: Faszination Lernen. Transformative Lernprozesse im Grenzbereich von Pädagogik und Psychotherapie, Köln 1988.

Gesundheitsakademie – Forum für sozialökologische Gesundheitspolitik und Lebenskultur e. V.: Ist Gesundheit mach(t)bar? Perspektiven einer sozialökologischen Gesundheitspolitik. Beiträge der Autoren/Autorinnen für die Jahrestagung der Gesundheitsakademie vom 18.–21. 10. 1990 in Soest, Bremen 1990.

Göpel, Eberhard: Überlegungen zur politisch-kulturellen Bedeutung des Gesundheitsmotivs, in: Jahrbuch für kritische Medizin Bd. 11, Argument-Sonderband AS 131, Berlin 1986.

Göpel, Eberhard: Wie lebt das Leben? Lebensmodelle und ihre methodischen Konsequenzen für die Gesundheitsbildung, in: Sperling, Heide (Bearb.): Gesundheit – Berufsfelderweiterung für Pädagoginnen und Pädagogen, Band 2, Oldenburg 1990.

Hildebrandt, Helmut: Eröffnungsvortrag für die Tagung des Landesverbandes der Volkshochschulen Niedersachsens e. V. vom 13.–14. 2. 1990 in Hannover, in: Landesverband der Volkshochschulen Niedersachsens e. V. (Hrsg.): Gesundheitsschule VHS – Wie läßt sich die Gesundheitsförderung in der Erwachsenenbildung verwirklichen?, Hannover 1990.

Jäckle, Renate: Gegen den Mythos Ganzheitliche Medizin, Hamburg 1985.

Juchli, Liliane: Heilen durch Wiederentdecken der Ganzheit, Stuttgart 1990.

Keil, Annelie: Sinnlich Wissen schaffen – Gesundheit als konkrete Utopie, in: Forschungs- und Entwicklungsgruppe „Gesundheitswissenschaften" des Oberstufen-Kollegs an der Universität Bielefeld (Hrsg.): Gesundheitswissenschaften – Beiträge zur Diskussion, Bielefeld 1987.

Keil, Annelie: Gezeiten – Leben zwischen Gesundheit und Krankheit, Kassel 1988.

Milz, Helmut: Der wiederentdeckte Körper – Vom schöpferischen Umgang mit sich selbst, München 1992.

Olbricht, Ingrid: Alles Psychisch? Der Einfluß der Seele auf unsere Gesundheit, München 1989.

De Roeck, Bruno/van den Abeele, Paul: Leben lernen, statt gelebt werden, Offenbach 1988.

Schäffter, Ortfried: Einheit oder Vollständigkeit? Deutungsmuster von „Ganzheitlichkeit" in integrativen Konzepten in der Erwachsenenbildung, Landesverband der Volkshochschulen Niedersachsens e.V. (Hrsg.), Hannover o.J.

Teegen, Frauke: Ganzheitliche Gesundheit, Reinbek bei Hamburg 1983.

Vester, Frederic: Abkehr vom mechanistischen Denken als Chance zur Lösung gesellschaftlicher und ökologischer Probleme, in: Bachmann, Anita/Scheffter, Michael: Neue Wege – neue Ziele. Denkanstöße und Orientierungshilfen in einer Wendezeit, München 1990.

Weil, Andrew: Heilung und Selbstheilung – Über konventionelle und alternative Medizin, Weinheim/Basel 1988.

Methoden der Körpererfahrung

1. Meditation und Entspannung in der Bewegung

Matthias Steurich

Kum Nye

Tiefe Entspannung bei geistiger Wachheit und Vitalität

Einführung

Kum Nye (gesprochen: Kum Nje) ist ein aus der tibetischen Medizin stammendes, für die Lebensbedingungen westlicher Menschen überarbeitetes und relativ einfach erlernbares Verfahren zur tiefen Entspannung bei gesteigerter Wachheit und Vitalität. Durch eine Intensivierung der Körperwahrnehmung und eine umfassende Beruhigung des Nervensystems kann man lernen, konstruktiver mit Streß umzugehen. Die größere Bewußtheit für körperliche und geistige Spannungen ermöglicht eine innere Distanz zu problematischen Situationen, was zur Lösung von Blockierungen und zu einer Auflockerung verfestigter Verhaltens- und Denkmuster führen kann.

Einige Psychotherapeuten und Ärzte setzen Kum Nye erfolgreich bei psychosomatischen Störungen und Streßsymptomen aller Art ein. Forschungsprojekte und Pilotstudien (vgl. Peter Machemer, 1989) bestätigen die positive Wirkung von Kum Nye bei der Psychotherapie und der Rehabilitation etwa von Herzinfarktpatienten.

Wegen der Einfachheit der Übungen ist es möglich, sie auch außerhalb einer Gruppensituation individuell täglich zu Hause durchzuführen.

Kultureller Hintergrund und Theorie

Alle Menschen sehnen sich nach einem Zustand des Erfüllt-
seins, der Zufriedenheit und inneren Ruhe sowie nach Gesundheit. Sie versuchen auf unterschiedliche Weise, diese Ziele zu erreichen. Vergleicht man die Zeiten im Leben, in denen
wir uns wirklich erfüllt fühlen, mit jenen, die wir mit Zuständen des inneren Ungleichgewichts wie Unruhe, Unzufriedenheit, Wünschen, Ängsten, Zweifeln und so weiter verbringen,
kann man sich allerdings fragen, ob wir mit diesem Bemühen
sehr erfolgreich sind. Selbst in Augenblicken, in denen wir
uns glücklich und zufrieden fühlen und keine körperlichen
Beschwerden spüren, ist uns bewußt, daß früher oder später
wieder körperliche und emotionale Probleme auftauchen werden. Es ist schwer, einen Ausweg aus diesem Dilemma zu erkennen.

Nach Ansicht der geistigen Tradition Tibets, der Kum Nye
entstammt, ist aber ein Ausweg möglich. Sie sagt, das Haupt-
hindernis für ein wirklich erfülltes Leben bestehe darin, daß
die Methoden, mit denen wir nach Erfüllung suchen, häufig
im Widerspruch zu dem erstrebten Ziel stehen. Im allgemeinen machen wir Glück und Zufriedenheit von einer bestimmten Situation oder einem Besitz abhängig: zum Beispiel vom
Erfolg im Beruf, von einem eigenen Haus, dem idealen Le-
benspartner, gesunden Kindern, dem Traumurlaub und so
weiter. Glück und Zufriedenheit gründen sich aber nicht nur
auf bestimmte äußere Situationen, sondern sind auch das Ergebnis einer inneren Einstellung zu uns und unserer Umwelt.
Macht man daher Befriedigung allein abhängig von äußeren
Dingen oder anderen Menschen, ist das Erreichte keine dauerhafte Lösung. Es ist eine Art Ersatzbefriedigung, die zwar
einen zeitweiligen Glückszustand zuläßt, aber nach einiger
Zeit tauchen wieder Probleme auf. Dann beginnt die Suche
von neuem, oft noch zwanghafter und hektischer als vorher
und daher auch immer disharmonischer. Weil Geist und Kör-

per eine Einheit bilden, führt die geistige Disharmonie auch zu körperlicher Disharmonie, zum Beispiel Krankheit.

Nach der Tradition Tibets besteht der grundsätzliche Irrtum im Leben der meisten Menschen darin, daß sie die natürlichen Gesetzmäßigkeiten allen Seins nicht klar und umfassend genug erkennen. Eines der grundlegendsten der natürlichen Gesetze besagt, daß es nichts Absolutes und Unveränderbares gibt. Wohin wir auch blicken – alles ist ununterbrochen in Veränderung. Wir können nichts erkennen, was von diesem allgemeinen Gesetz ausgenommen wäre. Sobald wir daher unser Glück und Erfülltsein von einer Situation abhängig machen, die wir als endgültig und unveränderlich ansehen, befinden wir uns im Widerspruch zu den Gesetzen der Materie wie des Geistes.

Auch Erfahrungen sind veränderlich. Meist aber halten wir an Erfahrungen fest. Wir suchen nach „guten Gründen", warum uns etwas widerfahren ist, das wir als angenehm oder unangenehm empfinden. Darauf bauen wir Strategien auf, wie wir unser Leben gestalten wollen. So verlieren wir eine offene Haltung und geraten immer tiefer in eine Welt von Sachzwängen und Sehnsüchten. Dann ist es schwer, einen überzeugenden Ausweg zu erkennen.

Ein wichtiger Begriff im Kum Nye ist der der Energie. Er beruht auf einer Erfahrungstatsache, die immer wieder beim Üben gemacht werden kann. Versucht man, die gegenwärtige Erfahrung nicht zu einem „Ding" oder „Besitz" zu machen, sie also weder mit Gedanken noch Worten zu beschreiben, zu erklären oder vergleichend zu bewerten, wird sie allmählich feiner und vielschichtiger. Die Erfahrung fließt durch den Körper, erfüllt ihn und kann sich deutlich wahrnehmbar sogar noch über die Grenzen des physischen Körpers hinaus strahlenartig ausdehnen. Dann fühlt sie sich an wie ein subtiler, gleichzeitig aber intensiver Fluß von Lebensenergie, der als solcher Gefühle der inneren Ruhe, Freude und des Heilseins (Ganzheit) auslöst. Dies wird in der Tradition Tibets als der natürliche Zustand des menschlichen Bewußtseins bezeichnet.

Im Körper manifestieren sich festgehaltene Erfahrungen als Verspannungen der Muskulatur und als Energieblockaden. Im

Bewußtsein zeigen sich Erfahrungen, deren natürlicher Fluß durch Festhalten unterbrochen wurde, als sich zwanghaft wiederholende Gedanken und Emotionen. Auf ihnen bauen Annahmen, Vorurteile, Projektionen und so weiter auf, die bis in die tiefsten Schichten des Bewußtseins reichen. In beiden Fällen, körperlich wie geistig, wird der natürliche Fluß der Lebensenergie entweder völlig unterbrochen oder zumindest behindert und verformt.

Diese Erkenntnis ist weit umfassender als ein bloßes intellektuelles Verständnis. Sie muß gelebt werden, sich in unserem Leben ausdrücken und im Leben Form annehmen. Mit anderen Worten, sie führt nur dann zu praktischen Konsequenzen, wenn wir sie verkörpern. Und da der Körper eine Verkörperung unseres Bewußtseins ist, kann umgekehrt auch das Bewußtsein durch Körperübungen geformt werden.

Ziele in der Gesundheitsbildung

Kum Nye versucht, die oft völlig unbewußten und sich in Sekundenbruchteilen abspielenden Prozesse des körperlichen wie geistigen Festhaltens an alten Erfahrungen bewußt zu machen, diese Prozesse zu schwächen und schließlich ganz aufzulösen. So können die in der Erfahrung „gespeicherten" Energien beziehungsweise die Energien, aus denen jede Erfahrung besteht, wieder frei fließen. Ihr unbehinderter Fluß kann mehr Harmonie bedeuten und läßt ein tieferes Verständnis unserer menschlichen Situation zu. Beides bedingt sich und ist nicht voneinander zu trennen. Ein tieferes, intensiveres und offeneres Erleben führt zu einer Körper und Geist umfassenden lebendigen Erkenntnis: So fließend kann Erfahrung sein! In der Übung kann man aber auch deutlich sehen, wie uns alte Denk- und Verhaltensweisen drängen, den Fluß der Erfahrung und Energie zu unterbrechen. Diese umfassende und ganz konkret körperlich erlebte Erkenntnis ist die Basis für ein Handeln in Harmonie mit den natürlichen Gesetzen des Lebens.

In der Praxis bedeutet dies, daß die Übenden versuchen, sich immer wieder auf die *körperliche Erfahrung* der jeweiligen Übung zu konzentrieren. Sobald Gedanken, Beurteilungen, Vergleiche, Ablenkungen und so weiter auftauchen, sollte versucht werden, wieder zu der *unmittelbaren* Erfahrung zurückzukehren. Der Grund hierfür ist, daß ein Gedanke niemals eine direkte Erfahrung ist, sondern immer nur ein Gedanke *über* Erfahrung. Er ist von der Erfahrung selbst getrennt. In der Trennung von unmittelbarer Erfahrung trennen wir uns aber auch von der lebendigen, fließenden Energie der Erfahrung. Die Erfahrung erstarrt.

Konzentrieren wir uns beim Üben von Kum Nye dagegen auf das augenblickliche Erleben, können wir eine ungewöhnliche Entdeckung machen: Sogar in ganz einfachen, alltäglichen Situationen, die wir scheinbar so gut „kennen", daß sie völlig unbewußte Routine geworden sind, liegt ein ungeahnter Reichtum an Erlebnismöglichkeiten. So können wir zu der *erlebten* Erkenntnis gelangen, daß ein besseres, befriedigenderes Leben nicht irgendwo anders zu suchen ist. Die Voraussetzungen dafür sind schon alle hier und jetzt vorhanden. Meist können wir sie jedoch nicht erkennen.

In dem Maß, in dem es den Übenden möglich ist, sich in den Fluß der augenblicklichen Erfahrung hineinzubeugen, sich nicht von ihm zu trennen oder ihn anzuhalten, kann in ihnen ein tief befriedigendes Gefühl aufsteigen. Es entspricht etwa dem Empfinden tiefer Freude und Erfüllung beim Anblick von etwas sehr Schönem, zum Beispiel eines herrlichen Sonnenuntergangs am Meer oder eines zeitlosen Kunstwerks, noch ehe der wertende und vergleichende Geist von dem Erlebnis Besitz ergreift, es einteilt, zergliedert und zu einem „Ding" macht.

Kum Nye kennt eine große Vielfalt unterschiedlicher Übungen und Übungsmethoden, die in Variationen wiederholt werden.

Bei allen Kum-Nye-Übungen kommt es nicht in erster Linie darauf an, eine bestimmte Technik zu lernen und richtig anzuwenden. Im Gegenteil, ein allzu technisches Verständnis und die Absicht, „richtig" üben zu wollen, ist ein großes Hindernis.

Dann nämlich orientiert man sich an vorgegebenen, starren Normen und ist nicht offen für das, was gerade geschieht. Kum Nye lädt ein, in der Übung mehr, tiefer und intensiver zu erleben. Fortschritt beim Kum Nye bedeutet nicht, „richtig" zu üben, sondern feiner wahrnehmen zu können. Jede Übung, auch eine scheinbar sehr einfache, kann auf vielen Ebenen erfahren werden. Sie hat unzählige Dimensionen. Die gleiche Übung kann sowohl für „Anfänger" gelten wie auch für „Fortgeschrittene". So verbinden wir uns mit dem Fluß des Lebens. Das bedeutet Ganzheit und Heilsein: sich nicht mehr als getrennt von anderen Menschen und unserer Umwelt zu erleben, nicht mehr an starren, unveränderlichen Vorstellungen über uns und andere festzuhalten.

Die Praxis

Kum Nye umfaßt folgende Übungsmethoden:
a) Atemübungen,
b) Bewegungsübungen,
c) Selbstmassage,
d) Visualisierung heilender Farben und
e) Rezitation von Mantras.

Eine sinnvolle Kombination dieser Übungsmethoden spricht alle Dimensionen körperlichen und geistigen Erlebens an.

In der *Atemübung* wird der natürliche Fluß des Atems in seinen verschiedenen Phasen bewußt erlebt, ohne daß er behindert würde. Jede Beeinflussung wäre gleichbedeutend mit dem Versuch, dem Fluß der Atemenergie unseren Willen und unsere Vorstellungen darüber aufzudrängen, wie er sein sollte. Dadurch würden wir uns von der augenblicklichen Erfahrung trennen.

Die bewußte Erfahrung des Atems ist von zentraler Bedeutung, denn die Qualität des Atems bestimmt die Qualität unseres Bewußtseins mit; fließt der Atem ruhig und gleichmäßig, ist auch der Geist klar und ausgeglichen.

Leben bedeutet immer auch Bewegung. Die meisten Kum-Nye-Übungen sind *Bewegungsübungen*. Sie umfassen alle möglichen Körpersituationen: Sitzen, Stehen, Liegen und Gehen. Die meisten Übungsabläufe sind sehr einfach. Manchmal sind es sogar so alltägliche Bewegungen wie das Heben und Senken der Arme. Das Ungewöhnliche an den Kum-Nye-Bewegungsübungen ist, daß sie sehr, sehr langsam ausgeführt werden. Das ermöglicht ein tiefes Erleben der Bewegung in ihrer ungeheuren Vielfältigkeit.

Die Kum-Nye-Massage ist eine *Selbstmassage*. Sie umfaßt den gesamten Körper. Sanfte, streichelnde Bewegungen regen Energieflüsse an. Die meisten Massageübungen beziehen auch spezielle *Druckpunkte* mit ein. Es sind zentrale „Knotenpunkte" der Energieflüsse, ähnlich wie etwa bei der Akupunktur und Akupressur.

Massage wird häufig verstanden als eine bestimmte Interaktion zwischen zwei Menschen. Dabei hat der eine eine relativ aktive, gebende Rolle, während der andere eher passiv empfängt. Bei der Kum-Nye-Selbstmassage wird diese Trennung aufgehoben. Die Übenden sind Geber und Empfänger in einer Person. Sie sind zugleich aktiv und passiv. Das ermöglicht neue Perspektiven, wie wir uns selbst und andere behandeln. Der übliche Dualismus unseres Bewußtseins in Subjekt und Objekt, „ich" und „die anderen", wird in Frage gestellt. Neue Möglichkeiten des Verhaltens zeichnen sich ab.

Einige der Atem-, Bewegungs- und Massageübungen sowie die weiter unten beschriebene Rezitation von Mantras können auch verbunden werden mit der *Visualisation heilender Farben* in bestimmten Körperbereichen. Dabei stellen sich die Übenden reine, leuchtende Farben in verschiedenen Zentren des Energieflusses vor.

Die Visualisation heilender Farben während des Übens ist eine besonders wirkungsvolle Form der Konzentration, denn in ihr verbinden sich die verschiedenen Elemente, die unser Leben bestimmen: Körper (Empfindungen), Sprache (beim Mantra) und Geist (Konzentration auf die jeweilige Farbe).

In Kum Nye wird auch die *Rezitation von Mantras* geübt. Mantras sind den meisten Menschen unserer Zeit und Kultur wenig bekannt. Anderen Kulturen war ihre heilende Wirkung jedoch seit Jahrtausenden vertraut, und sie wurde systematisch erforscht. Ein Mantra ist der zum Laut gewordene symbolische Ausdruck einer spontanen, ganzheitlichen Erfahrung. Öffnet man sich in der Rezitation der Erfahrung des Mantras, kann man diese Erfahrung allmählich im eigenen Bewußtsein wachrufen.

Im Anschluß an alle Kum-Nye-Übungen folgt eine Periode des ruhigen Sitzens. Das ist die Zeit, der Übung im eigenen Inneren nachzuspüren. Die Kum-Nye-Sitzhaltung ist eine traditionelle Meditationshaltung mit gekreuzten Beinen und aufgerichtetem Rücken auf einem Kissen auf dem Boden. Diese Haltung ermöglicht es, alle Körperenergien fließen zu lassen. Außerdem läßt sie einen besonders intensiven Kontakt mit der Energie der Erde und des uns umgebenden Raumes zu. Wem diese Haltung aber zu beschwerlich ist, kann auch auf einem Stuhl sitzend üben.

Üblicherweise wird Kum Nye in drei verschiedenen Formen gelehrt:

a) als fortlaufender Kurs,
b) als Wochenendseminar oder
c) als Intensivkurs.

Alle Seminare und Kurse gliedern sich in etwa zweistündige Übungsblöcke, unterbrochen von Pausen. Gruppendiskussionen und Einzelgespräche zwischen Kum-Nye-Lehrenden und Übenden sind häufig wichtige Bestandteile eines Kurses.

Voraussetzungen für die Teilnahme

Für die Teilnahme an einem Kum-Nye-Kurs müssen die Teilnehmer keine speziellen Voraussetzungen mitbringen. Da die meisten Kum-Nye-Übungen in ihrem Bewegungsablauf sehr einfach sind, kann sie jeder üben, auch ohne besondere körperliche Geschicklichkeit. Entscheidend für das erfolgreiche Üben von Kum Nye ist die Bereitschaft der Teilnehmer, sich auf die von den Übungen angeregten inneren Prozesse und Erkenntnisse einzulassen und scheinbar festbegründete Ansichten und

Meinungen in Frage zu stellen wie etwa: Welche Erfahrung ist langfristig wirklich hilfreich? Wie verläuft ein Prozeß innerer Entwicklung? Was in meiner Erfahrungswelt ist veränderbar, und was ist konstant? Diese Bereitschaft des Hinterfragens ist eine Grundvoraussetzung für jede Persönlichkeitsentwicklung.

Qualifikation der Lehrenden

Entscheidend für die Qualität eines Kurses ist die Qualifikation der Kursleiterin beziehungsweise des Kursleiters. Ohne ein tiefes, auf eigenem Erleben beruhendes Verständnis von Kum Nye, den Prozessen innerer Entwicklung und der geistigen Tradition, aus der Kum Nye kommt, kann Kum Nye nicht wirklich verantwortlich gelehrt werden. Dieses Verständnis wächst im Laufe von Jahren des eigenen Übens und einer intensiven Ausbildung. Bei Kum-Nye-Lehrerinnen und -Lehrern ist ihre innere Haltung und Motivation wichtiger als alles „technische" Wissen.

Die Autorisierung zu Kum-Nye-Lehrenden erfolgt durch das Nyingma Institut in Berkeley/USA. Die im deutschen Sprachraum autorisierten Kum-Nye-Lehrenden arbeiten mit bei der Nyingma Gemeinschaft e. V. (Wilhelmstr. 28, 48149 Münster, Tel. 0251/296247). Die Nyingma Gemeinschaft bietet in ihrem Zentrum in Münster verschiedene Kum-Nye-Kurse und Seminare an sowie Kurse über den geistigen Hintergrund von Kum Nye. Auf Wunsch verschickt die Nyingma Gemeinschaft auch Programme von Kursen, die von Kum-Nye-Lehrenden in Deutschland, der Schweiz und Österreich gehalten werden, sowie Kontaktadressen von Kum-Nye-Übungsgruppen in verschiedenen Städten Deutschlands.

Literaturhinweise

a) Empfohlene Literatur

Nyingma Gemeinschaft (Hrsg.): Kum Nye Forum Materialien, Münster 1988.

Steurich, Matthias: Das Herz öffnen. Ein Kum-Nye-Übungsprogramm auf Tonkassetten, Kösel-Verlag, München 1988.

Tulku, Tarthang: Selbstheilung durch Entspannung, München 1981.

b) Weiterführende Literatur

Machemer, Peter: Psychotherapie und Meditation. Zur Verbindung von Gestalttherapie und Kum Nye. Unveröffentlichtes Manuskript, Universität Osnabrück 1989.

Steurich, Matthias: Kum Nye – Selbstheilung durch Entspannung, in: Bodhi Baum 1/1983, Wien, S. 19–22.

Steurich, Matthias: Kum Nye Massage, in: Moegling, Klaus (Hrsg.): Sanfte Massagen, München 1988.

Steurich, Matthias: Polaritäts- und Integrationssymbolik in Kum-Nye-Übungen, in: Bodhi Baum 5/1984, Wien, S. 286–297.

Störmer-Labonté, Martin/Machemer, Peter: Pilot-Studie zur Entspannung in der Herzinfarktrehabilitation. Forschungsbericht Nr. 65, FB Psychologie der Universität Osnabrück 1988.

Störmer-Labonté, Martin: Streß und Streßbewältigung in meditativer Sicht. Die implizite Streßtheorie moderner buddhistischer Übungswege auf dem Hintergrund der transaktionalen Streßtheorie von Lazarus. Unveröffentlichtes Manuskript, Universität Osnabrück 1991.

Rainer Wolf/Horst Kuhl

Tai Chi Chuan

Die Bewegung sucht die Ruhe

Einführung

„Wie ein Tanz mit dem eigenen Schatten?"

In China gehören sie zum alltäglichen Anblick, wie bei uns Spaziergänger bei schönem Wetter. Insbesondere in den frühen Morgenstunden kann man dort in Parks, auf öffentlichen Flächen und sogar an Straßenbahnhaltestellen Menschen verschiedener Altersstufen bei der Ausübung exotisch anmutender Bewegungsfolgen beobachten. Seit einigen Jahren entdeckt der morgendliche Spaziergänger auch in den westlichen Großstädten einzelne Personen oder kleine Gruppen, die sich in den Figuren des Kranichs, des Drachens oder des Tigers langsam im Zeitlupentempo bewegen.

„– ruhiges, sanftes Dahingleiten – harmonischer, kreisförmiger Bewegungsfluß, ohne Anfang, ohne Ende – locker, ohne Anstrengung – Weichheit und dennoch Stärke – Entspanntheit und gleichzeitige Konzentration – Ruhe – Versunkenheit? – Meditation? – wie ein ruhiges Spiel mit dem eigenen Schatten!"

Dies und ähnliches sind Kommentare von Zuschauern, die zum ersten Mal Tai Chi Chuan, auch chinesisches Schattenboxen genannt, erleben. Zwar sind diese Eindrücke zutreffend, doch bedeutet und umfaßt Tai Chi wesentlich mehr als nur das nach außen sichtbare tänzerische Boxen mit dem eigenen Schatten.

Ursprünglich als Kampfkunst entwickelt, bildet Tai Chi heute wohl eine der populärsten Formen aus den klassischen chinesischen Bewegungs- und Gesundheitslehren. Den Überlieferungen zufolge sollen taoistische „Weise" (Naturforscher, Philosophen, Mönche) diese Übungen den Tieren abgeschaut und nachgeahmt haben, um sich hierdurch zu stärken und sich bis ins hohe Alter äußerer und innerer Feinde zu erwehren. Durch Ergänzungen und Weiterentwicklung ist im Laufe der Zeit ein komplexes Übungssystem entstanden, das je nach Ausrichtung und Schwerpunktbestimmung als Selbstverteidigung, Atem- und Bewegungsschulung, meditatives Entspannungstraining, Gesundheitsprophylaxe oder medizinisch nutzbare Therapie angewendet werden kann.

Unabhängig von der Zielsetzung wird sich auf jeden Fall durch die ganzheitliche Konzeption des Tai Chi eine gleichzeitige Auswirkung auf Körper und Psyche der Übenden ergeben.

Alle Bewegungen und Atemübungen beruhen auf dem Wissen um heilgymnastische Prinzipien und trainieren durch ihre sanfte, ruhige Ausführung den Körper ohne jegliche Überforderung. Gleichzeitig schärfen die mentalen Übungskomponenten die Wahrnehmung und Aufmerksamkeit für psychophysische Prozesse und wirken durch die meditativen Elemente entspannend und streßabbauend.

Werden darüber hinaus die bisher genannten praktischen Übungsbereiche zu den theoretischen Grundlagen der taoistischen Philosophie und der traditionellen chinesischen Medizin in Bezug gesetzt, schließt sich dieser Kreis zu einem wahrhaft ganzheitlichen Weg.

Hierin liegt ein Anspruch, dem auch der Name dieses Übungssystems Rechnung trägt, wenn in der symbolischen Übersetzung Tai Chi als „Das Erhabene Letzte" oder „Das Höchste Prinzip" bezeichnet wird (Tai = Größtes, Höchstes; Chi = Prinzip, Pol, Kraft (nicht mit dem Energiebegriff Qi zu verwechseln); Chuan = Boxen, Faust, Hand(-lung/Bewegung)).

Zusammengefaßt und im taoistischen Sinne interpretiert, lassen sich diese drei Begriffe sehr treffend mit „Handeln nach universellen Prinzipien" übersetzen.

Historische Entwicklung

Die Ursprünge des Tai Chi Chuan verlieren sich im Dunkel der Geschichte. Gemäß alten Überlieferungen sollen die ersten ähnlichen Bewegungssysteme um etwa 300 n. Chr. von taoistischen Weisen entwickelt worden sein; sie wurden im Laufe der Jahrhunderte von verschiedenen Meistern unterschiedlicher Ausrichtung weiterentwickelt. Die zahlreichen umlaufenden Legenden und Geschichten zeugen von der Vielfältigkeit dieser Ursprünge.

Ein Ziel war jedoch allen Schulen gemeinsam: durch eine intensive Körperschulung und Abhärtung innere Ruhe und vollkommene Körperbeherrschung zu erlangen, um auf der Grundlage eines physiologischen und psychologischen Gleichgewichts jeden Feind (Tai Chi als Kampfkunst) und Krankheiten (Tai Chi als Gesundheitsvorsorge und -pflege) abwehren zu können.

In den letzten hundert Jahren haben sich folgende Hauptstilrichtungen herausgebildet, die nach ihren jeweiligen Begründern benannt wurden: der Yang-Stil, der Wu-Stil, der Chen-Stil und der Sun-Stil. Auch hier findet man gemäß den verschiedenen Ausrichtungen der Meister erhebliche Unterschiede in den Bewegungsformen und Vorgehensweisen. Dementsprechend gehen die Meinungen bezüglich der Urheberschaft und Authentizität der jeweiligen Stilrichtungen auseinander, die jede Schule gern für sich allein in Anspruch nehmen würde.

Im August 1956 veröffentlichte die staatliche „Körperkultur- und Sportkommission" in Peking das Buch „Vereinfachtes Schattenboxen" auf der Grundlage des Yang-Stils mit 81 und 1957 das Buch „Sport des Schattenboxens" mit 88 Bewegungen. Seither spricht man von der auch im Westen bekannten Peking-Form.

Geistige Grundlage des Tai Chi Chuan bildet der zwischen 400 und 300 v. Chr. in China entstandene Taoismus.

Diese Philosophie geht auf chinesische Weise wie Dschuang Tse, Lie Tzu, Huang-Ti und Wei Po Yang zurück. Der bekannteste, Lao Tse, ist hier bei uns durch seine Spruchsammlung „Tao Te King – das Buch vom Weg und der Tugend" bekannt. Auf den Lehren dieser Persönlichkeiten fußt, außer auf den buddhistischen Überlieferungen, nahezu das gesamte Spektrum der chinesischen Heilsysteme, deren Grundlage eine ganzheitliche Auffassung von Gesundheit, Krankheit und Therapie (Weg) ist. Feststehende taoistische Begriffe wie „Der Weg", „Die Mitte" und „Die Kraft" finden ihre praktische Anwendung in den Übungen chinesischer Bewegungskünste und Meditationsformen.

Über das Studium der Natur und der zyklischen Veränderungen suchten sich die Taoisten den Naturprinzipien anzupassen und dabei den gegebenen Fluß der Dinge möglichst wenig zu verändern. Diese Form des „Nicht-Tun" (Tao Te King) ist ein Schlüsselbegriff zum Verständnis der taoistischen Geisteshaltung. Die körperlichen, seelischen und geistigen Fähigkeiten zu entfalten, den eigenen Wegen zu folgen und anderen Lebensformen die gleichen Rechte einzuräumen, galten als sprichwörtliche Tugenden. Die Kultivierung des „Nicht-Tun" durch Anwendung von Mitgefühl, Genügsamkeit und Zurückhaltung sollte die inneren Kräfte bewahren helfen, um so die große Kraft (Tai Chi) im täglichen Leben zu nutzen.

Das Sinnbild der großen Kraft ist das Yin-Yang-Symbol, das die grundsätzlich duale Polarität aller Erscheinungsformen im Universum darstellt. Die erste Ableitung dieser Gesetzmäßigkeit heißt das Lichte (Yang) und das Dunkle (Yin), die folgenden heißen das Feste (Yang) und das Weiche (Yin), Güte und Gerechtigkeit, Liebe und Haß, Leben und Tod und so weiter.

Diese Polaritäten stehen sich nicht absolut feindlich oder ganz unversöhnlich gegenüber. Die Pole erfahren ihre Daseinsberechtigung und Bestimmung erst im wechselseitigen Rhythmus ihres Bestehens und Vergehens. Nie existiert ein Zyklus vollständig allein oder nur aus sich heraus – immer ist ein Rest seines Gegenspielers in ihm enthalten, der selbst wiederum auf seinen nächsten Entfaltungskreislauf wartet.

Tag und Nacht, der Wechsel der Jahreszeiten und die Abfolge der Mondphasen vollziehen sich nach kosmischen Gesetzmäßigkeiten. Genauso sind in jedem Einzelwesen Lebenszyklen bestimmbar. Diesen ewigen Wechsel definierten die chinesischen Philosophen als Yang-Yin und gaben ihm zur Verdeutlichung das obige Symbol der permanenten Veränderung.

Das Prinzip und die Kraft, die hinter diesen Veränderungen steht, sie bewirkt sowie Extreme ausgleicht, ist wiederum das *Tao*.

Das Tai Chi Chuan besteht, auf seine wesentlichen Elemente reduziert, aus einem Zusammenspiel von Bewegungs-, Atem- und Konzentrationsschulung. Wenn im folgenden die einzelnen Bereiche zwar getrennt beschrieben werden, verstehen sie sich jedoch grundsätzlich im wechselseitigen Bezug.

Das Bewegungsschema

Tai Chi ist die „Kunst" der langsamen Bewegungen in Ruhe und Harmonie. Jede einzelne Bewegung geht fließend in die folgende über und läßt so ein einheitliches Bild, einen gleichmäßigen Bewegungsfluß entstehen. Alle Bewegungen werden locker, ohne äußeren Krafteinsatz, möglichst kreisförmig, in einer gleichbleibenden Geschwindigkeit durchgeführt. „Weich und rund, wie ziehende Wolken oder ruhig fließendes Wasser" (Stephan Pálos, 1985, S. 114) sind gern herangezogene Vergleiche.

Als *Form (Set)* zusammengefaßt, bilden sich hieraus bestimmte Schrittmuster, die aus sich öffnenden oder schließenden Kreisformen nach dem Yin-Yang-Prinzip bestehen.

Einige klassische Formen zeichnen sich durch kompliziert aufgebaute Schrittdiagramme aus – Matrizen –, errechnet nach kosmischen Gesetzmäßigkeiten, ähnlich einem Mandala, mit bis zu 360 Einzelsequenzen. Andere Systeme arbeiten mit wenigen Bewegungen und nach einfach kreisförmig angelegten Schrittfolgen.

Obwohl hier Begriffe wie „locker" und „sanft" in den Vordergrund gestellt werden, sollte in der Folge bei der praktischen Umsetzung nicht etwa Schlaffheit oder Kraftlosigkeit vermutet werden. Gemeint ist hiermit, daß die Muskelspannung und -arbeit auf das für die jeweilige Bewegung und Haltung notwendige Minimum beschränkt werden soll, ohne dabei jedoch an Stärke und Stabilität zu verlieren. Somit muß trotz angestrebter Gesamtentspannung immer noch ein Rest an Festigkeit bestehen bleiben. „Wer zuviel Spannung behält, bleibt unbeweglich – wer zuwenig einsetzt, wird kraftlos" (Hei Fen, 1984).

Die dennoch immer wieder gestellte Forderung, „loszulassen", soll die Übenden anregen, ihre gewohnten, in aller Regel mit übermäßigem Muskelaufwand verbundenen Bewegungs- und Haltungsmuster ständig zu überprüfen. Sie sollen durch das Experimentieren während des Trainings zu neuen Erfahrungen und Möglichkeiten finden, die anschließend wiederum in die alltägliche Bewegungspraxis einfließen können. Gleichzeitig bezieht sich diese Aufforderung auf die psychische Ebene, damit man auch hier eventuell festgefahrene Verhaltensmuster erkennt, sich ihrer Wechselwirkung auf den Körper bewußt wird und schließlich ihre Notwendigkeit in Frage stellt. In diesem speziellen Zusammenhang kann „loslassen" etwa bedeuten, Vertrauen in die eigenen körperlichen Fähigkeiten zu entwickeln und sich während der Bewegungen voll seinem

Körperbewußtsein zu überlassen, ohne an der bisherigen zusätzlichen geistigen Kontrolle festzuhalten.

Erst wenn auch die geistige Einflußnahme auf das für die Bewegung und Haltung notwendige Minimum beschränkt wird und somit sowohl im muskulären als auch im psychischen Bereich keine überflüssigen Spannungen (Ver-Haltungen) verbleiben, hat die Aufforderung, „loszulassen", ihr Ziel erreicht.

Körperhaltung und „Ausrichtung zur Mitte"

> „Wer auf Zehenspitzen steht,
> kann nicht sicher stehen.
> Wer gespreizte Schritte macht,
> kann nicht vorankommen"
> (Tao Te King, zitiert nach R. L. Wing, 1987).

Dieser sinnbildliche Spruch weist deutlich auf die Wichtigkeit einer natürlichen und richtigen Körperhaltung hin und animiert automatisch zu einem Vergleich mit unserer westlichen, militärisch geprägten „Bauch-rein-Brust-raus-Kopf-hoch"-Bewegungstradition. Eine solche Körpererziehung führt zu einer unnatürlichen Verlagerung des Körperschwerpunktes nach oben, zu einer Überbetonung der Brust- und Schulterpartien und zwingt den Körper zu einer erheblich höheren muskulären Haltearbeit.

Ganz im Gegensatz hierzu steht die angestrebte Haltung im Tai Chi. Sie sollte natürlich, bequem, locker ohne unnötige Anspannung, aber gleichzeitig auch stabil und aufrecht sein und entspricht damit den Anforderungen der neueren orthopädischen Rückenschulungsprogramme.

Der Oberkörper soll so aufrecht wie möglich gehalten werden und der Kopf so aufgerichtet sein, als ob er an einer unsichtbaren Schnur am Scheitelpunkt aufgehängt ist. So kann die Wirbelsäule ihrer originären Aufgabe als zentrales Achsenorgan am besten nachkommen und der übrige Halteapparat weitgehend entlastet bleiben. Die Schultern liegen locker auf dem Rumpf, und sowohl Brust- als auch Bauchmuskulatur werden möglichst entspannt gehalten. Eine leichte Aufrichtung des Beckens, ohne besondere Anspannung der Gesäßmuskulatur, ermöglicht eine weitere Entlastung der Wirbelsäule durch die Entlordosierung des Lendenwirbelbereichs und annähernde Lotrechtstellung des Kreuz-Steißbeins (wie in allen ostasiatischen Meditationssystemen wird auch im Tai Chi der aufrechten Rückgratstellung besondere Bedeutung für die Energiezirkulation beigemessen). Die Beine sind in den Knien leicht gebeugt, und die Füße stehen über die gesamte Sohle mit dem Boden in Kontakt, um somit dem Körper und den Bewegungen ein Höchstmaß an Stabilität und Balance zu gewähren.

Das Finden des natürlichen Körperschwerpunktes – der eigenen „Mitte" – ist ein weiterer grundlegender Trainingsaspekt, der mit der Aufforderung des „Sinkenlassens" verbunden wird.

Eine Hebung des Schwerpunktes über den eigenen physischen Mittelpunkt hinaus führt zwangsläufig zur körperlichen Instabilität und kann sich auch auf die psychische Ebene entsprechend auswirken.

Nach asiatischer Tradition liegt der physische wie der psychische Mittelpunkt knapp unterhalb des Bauchnabels (chinesisch: Tan-Tien, japanisch: Hara). Über die tiefere Bedeutung dieses Energie- und Kraftzentrums schreibt Graf Dürckheim ausführlich in seinem Buch „Hara – die Erdmitte des Menschen" (Karlfried von Dürckheim, 1983).

Bei grundlegenden Übungen beginnt man damit, sich bewußt auf das Nabelzentrum zu konzentrieren. Dabei gewinnt die spezifische Körperhaltung mit leicht gebeugten Knien und der absichtlichen Schwerpunktverlagerung nach unten ihre Bedeutung.

Die Übenden werden hierdurch mehr und mehr ihre Verbundenheit mit dem Boden erfahren. Dieses Gefühl des Erdkontaktes und der daraus resultierenden (Stand-)Sicherheit wird sich zunehmend zu einem Bewußtsein für die Bezüge zwischen der Person und dem Raum erweitern.

Alle Bewegungen, ob Schrittfolgen oder Oberkörpersequenzen, werden aus der „Mitte" heraus gesteuert. Durch die gleichzeitige und permanente Ausrichtung auf dieses Zentrum wird sich im Laufe des Trainings eine Einheit von Mittelpunkterfahrung, Bewegung, Atmung und Konzentration einstellen, die innerlich als Fluß wahrgenommen wird.

Die Atmung

Der Mensch befindet sich in der Luft wie die Luft (das Qi oder die Essenz des Atems) in ihm. So wie ein Fisch im Wasser schwimmt, so bewegt sich der Mensch im Luft-Element, jedoch ohne sich dessen bewußt zu sein. Ohne diese Luft-Energie kann der Mensch nicht leben. Wer seinen Atem meistert, so die alten Taoisten, der nährt seinen Energiekörper (Yang-Shen) von innen. Zur Lehre vom Energiekörper sei auf die einschlägige Literatur zum Thema Akupunktur verwiesen.

Auch in der westlichen Medizin ist erkannt worden, daß verschiedene Veränderungen im metabolischen System parallel mit Störungen der Atemfunktion und der Atemorgane einhergehen. Seit Jahrhunderten ziehen östliche Meditationsverfahren und Gesundheitssysteme aus den positiven Auswirkungen dieses Zusammenhangs ihren Nutzen. Mit ihren Praktiken beeinflussen und steuern sie die Atemvorgänge und können dadurch intensive psychische und physische Veränderungen hervorrufen.

Wie bei den bisherigen Praxiselementen gilt auch für die Atmung im Tai Chi die Vorgabe, nichts mit Gewalt zu erzwingen. Die Anfänger beginnen, sich zuerst nur ihrer Atmung bewußt zu werden, die sich aus dem Wechselspiel von Bewegung und Atembedürfnis natürlich ergibt.

Während der Übungen wird durch die Nase ein- und durch den Mund oder die Nase ausgeatmet. Eigentlich handelt es sich hierbei mehr um ein Beobachten des eigenen Atemgeschehens. Wir lauschen unserem Atem und bemühen uns, ihn immer sanfter und geräuschloser zu gestalten. Dies wird die „Verfeinerung des Atems" genannt.

Durch die Ruhe und die sanften Bewegungen aus dem Mittelpunkt heraus wird sich der Atemfluß nach und nach entspannen und in den Bauchraum senken, der durch die Aktivität unseres

Hauptatemmuskels – des Zwerchfells – eröffnet wird. Der im Laufe der Zeit immer tiefer in den unteren Bauchraum sinkende Atemfluß entspricht somit dem bereits erwähnten „Sinkenlassen" der Körperarbeit. Beide haben das Ziel, die Übenden in ihrer Mitte zu zentrieren und das Qi im Tan Tien (physischer und psychischer Mittelpunkt) zu sammeln. Gleichzeitig findet durch das harmonische Atmen ohne Spannungen und Blockaden eine gesundheitsstabilisierende Pflege der Atemorgane und ihrer Funktionen statt, die sich über den verbesserten Gasaustausch ebenfalls positiv auf den Gesamtstoffwechsel auswirkt. Die bei einer tiefen Atmung erfolgende intensive Bewegung des Zwerchfells massiert kontinuierlich alle Bauchorgane und bewirkt durch die mechanische Einwirkung eine Stimulierung ihrer Funktionen. Weiterhin werden das Herz bei seiner Pumparbeit unterstützt und der Kreislauf stabilisiert.

Nicht zu vergessen sind die Auswirkungen dieser bewußten Atmung auf die Wirbelsäule, die bei jedem Ventilationsvorgang leicht gestreckt und wieder gesenkt wird, sowie auf die Körperhaltung, da durch das Atemvolumen der Körper von innen gestützt und aufgerichtet wird.

Ohne an dieser Stelle näher darauf eingehen zu können, sei auf die wechselseitigen Einflüsse von Atmung und Psyche hingewiesen. Die Atmung ist ein empfindlicher Indikator für unsere Stimmung und geistige Verfassung. Ruhe, Ausgeglichenheit und Freude vertiefen die Ventilation, während Unruhe, Streß oder Ängste sie oberflächlich und hektisch werden lassen. Umgekehrt jedoch können durch konzentrierten Atemeinsatz das geistig-seelische Wohlbefinden gesteigert und die Hast des Alltags gebremst und zur Ruhe gebracht werden. Nicht umsonst wird die Atmung auch als Mittler zwischen Körper und Psyche bezeichnet.

Erst wenn der natürliche Atemzyklus gefunden und gefestigt ist und die Bewegungen beherrscht werden, arbeiten die Fortgeschrittenen unter Anleitung der Lehrenden daran, verschiedene Formen von Atemhalte-Systemen zu trainieren und zu meistern.

Das Wort Meditation stammt aus dem Lateinischen und bedeutet, frei übersetzt, innerliche Betrachtung, Besinnung – ein Weg vom Außen zum Innen. Graf Dürckheim erklärt, Meditation sei eine Übung, die zur Stille führe, in die Entspannung und Ruhe, jedoch bei gleichzeitiger Wachheit. Sie eröffnet die Möglichkeit, sich durch Selbstanalyse der eigenen Fähigkeiten bewußter zu werden und zu mehr Selbsterkenntnis zu gelangen.

Beim Tai Chi geschieht die Meditation in der Bewegung, das heißt dadurch, daß die Stille in der und durch die Bewegung gefunden wird. Wie bei allen mit dem Körper arbeitenden Meditationspraktiken wird zunächst eine Sensibilisierung für die körperlichen Prozesse und ihren Austausch mit der Umwelt angestrebt. Dies wird vorrangig durch das bewußte Wahrnehmen der verschiedenen Funktionen und Abläufe wie zum Beispiel der Atmung, der Körperhaltung, der Bewegungen, der Muskelspannung und -entspannung oder des Körperschwerpunktes erreicht. Um diese Wahrnehmungsarbeit jedoch überhaupt leisten zu können, müssen sich die Übenden gleichzeitig in einen Zustand innerer Ruhe versetzen, der einen Ausstieg aus dem permanenten Gedankenfluß und der Emotionsgeladenheit unserer Alltagswelt erleichtert und somit die Sinne freier und aufnahmefähiger werden läßt.

Hierbei hilft die Konzentration, eine Bündelung der Gedanken auf die Übung mit ihren Anforderungen und körperlichen Auswirkungen. Die Ausführenden befinden sich nunmehr voll im Hier und Jetzt. Sie sind nicht nur mit dem Gedanken, sondern auch mit dem Herzen und ihren körperlichen Fähigkeiten ganz bei der Übung und geben keiner Ablenkung Raum.

Durch diese Form der Bewußtseinszentrierung und die Auswirkungen der physiologisch günstigen Trainingselemente kann ein intensives körperliches Wohlbefinden wahrnehmbar werden. Dieses Wohlbefinden kann seinerseits zusätzlich beruhigend und harmonisierend auf die psychische Ebene wirken und in der Folge wiederum eine ideale Grundlage für die Entspannung und Findung der inneren Ruhe schaffen.

Das Zusammenspiel der verschiedenen Elemente
- innerliche Ruhe,
- emotionale Ausgeglichenheit,
- geistige sowie körperliche Entspannung
bei gleichzeitiger Konzentration auf
- die Körperhaltung,
- die richtige Durchführung der Bewegungen und der Bewegungsqualität,
- die natürliche, tiefe Atmung,
- die Zentrierung in die eigene Mitte (Tan Tien)
wird die Übenden bei zunehmender Praxis mehr und mehr in den angestrebten meditativen Zustand der Versenkung und Wachheit versetzen.

Es ist sicherlich erkennbar, wie stark die einzelnen Faktoren voneinander abhängen und sich gegenseitig bedingen. Aktive und passive Übungselemente – gegensätzliche Phasen von Yin und Yang – laufen hierbei gleichwertig sowohl parallel als auch wechselseitig ab und finden in ihrer Einheit zu einem deutlich erfahrbaren ganzheitlichen Wirken von Körper, Geist und Seele zueinander.

- Körper = Handeln = Bewegung
- Seele = Fühlen = Atmung
- Geist = Denken = Bewußtseinslenkung (siehe Abbildung)

Ziel der Meditation im Rahmen des Tai Chi Chuan kann es nicht sein, außergewöhnliche Bewußtseinszustände hervorzurufen, wie dies eventuell von einigen Verfechtern religiöser oder esoterischer Vereinigungen angestrebt wird. Vielmehr soll die Meditation die Möglichkeiten bieten, einen Weg zu sich selbst – zur eigenen Mitte – zu finden und sich hierbei so zu entwickeln, daß den Anforderungen des Lebens begegnet werden kann und sie gemeistert werden können.

Innere Energie-qi

Außer den bereits erwähnten körperlichen und psychischen Auswirkungen des Trainings kann das Tai Chi darüber hinaus auf den feinstofflichen, energetischen Wesensbereich des Men-

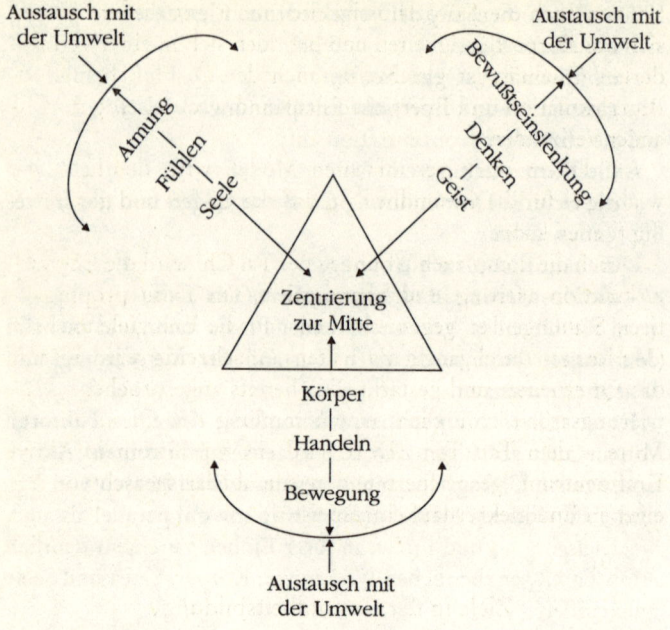

Austausch mit der Umwelt

Austausch mit der Umwelt

Atmung

Fühlen

Seele

Bewußtseinslenkung

Denken

Geist

Zentrierung zur Mitte

Körper

Handeln

Bewegung

Austausch mit der Umwelt

schen einwirken. Eng mit der traditionellen chinesischen Medizin verbunden, zielen beide – gemäß ihrer gemeinsamen taoistischen Grundauffassung – auf die Herstellung eines harmonischen Fließgleichgewichtes zwischen den dualen Kräften ab. Aus dem Spannungsfeld der gegensätzlichen Pole – Yin und Yang – entstehen die verschiedenen Energien, die das Leben in der Natur und somit auch des Menschen ermöglichen. Befinden sich Yin und Yang in einem dynamischen, ausgewogenen Verhältnis, kann diese Lebensenergie (Qi) ungehindert fließen. Findet jedoch eine Unterbrechung oder dauerhafte Ungleichgewichtung in diesem polaren Rhythmus statt, gerät auch der Qi-Fluß ins Stocken, und der Mensch wird krank.

In der chinesischen Medizin wird Qi oft mit dem Wasser und den Körperflüssigkeiten verglichen. Kann das Wasser nicht fließen, beginnt es bald zu faulen. Analog für den menschlichen Organismus gilt: Wird der Körper nicht ausreichend bewegt, können auch die Körperflüssigkeiten nicht gut fließen. Stauen sich die Körperflüssigkeiten und befinden sich in einer verminderten Qualität, ist gleichzeitig auch der Qi-Fluß behindert. Blutzirkulation und Energiekreislauf sind wechselseitig miteinander verbunden.

An diesem stark vereinfachten Modell wird deutlich, wie wichtig es für die Gesundheit ist, daß das Qi frei und gleichmäßig fließen kann.

Durch die komplexen Übungen des Tai Chi wird die Energiezirkulation aktiviert und harmonisiert, um somit prophylaktisch Stauungen entgegenzuwirken und die Energieleitbahnen (Meridiane) durchgängig zu halten. Gleichzeitig wird hierbei das Qi erneuert und gestärkt. Die bereits angesprochene Zentrierungsarbeit ermöglicht eine Sammlung des Qi in unserer Mitte – dem Tan Tien. Dort wird sie, wie Strom in einem Kraftzentrum, gespeichert und wieder bedarfsgerecht in den eigenen Energiekreislauf eingespeist.

Ziele in der Gesundheitsbildung

Tai Chi ist aus traditioneller chinesischer und auch aus unserer heutigen Sicht ein ideales Übungssystem zur ganzheitlichen Gesundheitsvorsorge und -pflege. Es kann nicht heilen – wie vielfach mißbräuchlich angepriesen –, wohl aber die Genesungsprozesse unterstützen helfen, und wird deshalb neben anderen chinesischen Bewegungs- und Gesundheitsmethoden begleitend in der Therapie und Rehabilitation eingesetzt. Vorteilhaft ist hierfür, daß die Übungen leicht für jeden Menschen, ob jung oder alt, schwach oder stark, mit Erfolg durchführbar sind. Sie vermeiden Überanstrengungen und Verletzungsgefahren und können den körperlichen Voraussetzungen des einzelnen individuell angepaßt werden.

Durch die sich langsam verbessernden physiologischen, mentalen und psychischen Funktionen und Fähigkeiten wird sich zunehmend eine positive und stabilisierende Wirkung auf den gesamten Menschen ergeben. Grundsätzlich gesehen, handelt es sich hierbei um eine Selbstübungsmethode zur Entfaltung und Mobilisierung der eigenen Lebenskräfte, bei gleichzeitiger Harmonisierung von Körper und Psyche.

Trotz aller positiven Auswirkungen sei an dieser Stelle dennoch auf die unseres Erachtens nach wie vor erforderliche Notwendigkeit verwiesen, zusätzlich in angemessener Weise belastendes Herz-, Kreislauf- und Krafttraining zu betreiben. Diese Übungselemente können für einen gesunden, leistungsfähigen Menschen durch das Tai-Chi-Training kaum in ausreichendem Maße abgedeckt werden.

Kursinhalte

Je nach Tradition oder Schule, der sich die Lehrenden verpflichtet fühlen, werden sich auch die Schwerpunkte der Kursinhalte voneinander unterscheiden. In den traditionell ausgerichteten Schulen steht die Arbeit an der jeweiligen Form der Stilrichtung im Mittelpunkt der Übungseinheiten. Daneben gibt es Partnerübungen zur Findung des Mittelpunktes durch wechselseitiges „Geben und Nehmen" im Bewegungsfluß. Hierbei handelt es sich um eine sensibilitätssteigernde, meditative Art von gemeinsamen Bewegungen mit energetischem Austausch. Diese Form der „Push-Hands"-Methoden bietet gleichzeitig einen Einstieg in die Selbstverteidigungspraxis des Tai Chi, die je nach Schwerpunktbestimmung unterschiedlich stark das Training beeinflußt.

Manche Schulen beziehen gymnastische Übungen unterschiedlicher Herkunft, Massagetechniken, Atemübungen, Entspannungs-, Wahrnehmungs- und Meditationsübungen und anderes mehr in den Unterricht ein. Grundsätzlich sind solche der Einstimmung dienenden Zusatzmethoden zu begrüßen. Oftmals wird hierdurch erst die Möglichkeit zu einem entspannten, genußvollen Aufnehmen und Erleben der eigentlichen Tai-Chi-Übungen geschaffen.

Strenges Exerzieren der Bewegungsfolgen mag zwar irgendwann zu einer perfekten Wiedergabe der Form führen, läßt jedoch durch die restriktiven Vorgaben anfangs nur schwerlich die Entwicklung einer entspannten individuellen Bewegungsqualität zu. Es überträgt sich nichts von der sprichwörtlichen taoistischen Gelassenheit, und eventuell verbleibt nur eine verkrampfte und verkopfte Imitations-Körperarbeit, der das *Wesent*liche und die *Begeist*erung fehlen.

Dem „Loslassen" der Übenden entspricht analog das „Zulassen" der Lehrenden, damit man so durch viel Geduld mit sich selbst zu einem streß- und konkurrenzfreien harmonischen Training findet.

Qualifikation der Lehrenden

Für das Tai Chi bestehen weder hier im Westen noch in seinem Ursprungsland China festgelegte, einheitliche Ausbildungsrichtlinien. Es existieren verschiedene Schulen und Stilformen mit jeweils unterschiedlichen Ausrichtungen. Dementsprechend differenziert dürften sich auch die Praxis und der Erfahrungshintergrund der Lehrenden darstellen.

Auf jeden Fall sollten die Lehrenden über eine drei- bis fünfjährige Trainingspraxis verfügen, bevor sie sich an die Weitervermittlung dieses komplexen Systems begeben. Über das „technische" Beherrschen der Übungen hinaus sollte, zumindest ansatzweise, eine Verinnerlichung der grundlegenden Prinzipien des Tai Chi erfolgt sein. Fundiertes Wissen in der taoistischen Philosophie ist hierfür unerläßlich, wie auch grundlegende medizinische Kenntnisse (Anatomie, Physiologie) hilfreich sind. Wünschenswert sind weiterhin eigene praktische Erfahrungen und Kenntnisse in den westlichen Gesundheitsmethoden, wie zum Beispiel rückengerechtes Verhalten, Atemschulung, allgemeine Entspannungsverfahren und Streßbewältigung. Erfahrungsgemäß besteht für diesen Bereich aus dem Teilnehmerkreis ein erhebliches Informationsbedürfnis.

Den Anspruch auf „Ganzheitlichkeit" können somit auch die Lehrenden erfüllen, indem sie östliches und westliches Erfahrungsgut wertgleich und sich gegenseitig bereichernd bestehen lassen.

Tai Chi Chuan für den Westen – eine kritische Betrachtung

Für die Anfänger im Tai Chi ist der Beginn des Trainings vor allem durch intensive Sensibilisierungs- und Wahrnehmungsarbeit an und mit sich gekennzeichnet. Die ersten positiven Auswirkungen werden um so eher spürbar sein, je offener und geduldiger die Einsteiger an die Übungen herangehen, insbesondere, wenn es sich um ungewohnte, teilweise sogar befremdlich wirkende Bewegungsabläufe handelt.

Gravierende Veränderungen des Befindens sollten nicht allzu kurzfristig erwartet werden. Hierzu bedarf es einer regelmäßigen und langjährigen Übungspraxis. Das in unserem westlichen Denken verankerte, zweck- und zielgerichtete Üben, womöglich unter einer bestimmten Zeitvorgabe, wird sicherlich nicht zu einem schnelleren Erfolg führen.

Frei übersetzt, lautet Tai Chi Chuan „Handeln nach universellen Prinzipien" und macht deutlich, daß es sich nicht auf ein wöchentliches 1 1/2-stündiges Trainingsprogramm beschränkt. In seinem ursprünglichen Sinne bedeutet es lebenslanges Üben und Praktizieren – das Beschreiten eines *Weges* (Tao) ohne Zeitvorgaben und fixierte Ziele. Wer sich mit wirklicher Hingabe dem Tai Chi widmet, wird es nicht nur üben – er wird es leben.

Tai Chi zu leben heißt – im inneren Gleichgewicht, stabil aus der eigenen Mitte heraus –, den Anforderungen des Lebens und den damit verbundenen Schwierigkeiten entgegenzutreten. Es bedeutet nicht, durch Weltflucht und „Nabelschau" Probleme zu verdecken. Hier liegt für unsere westlich orientierte Form der Persönlichkeitsentwicklung und der Prägung der damit verbundenen Wertvorstellungen die taoistische „Weltmeidung" fern jeder Realisierung. Dies kann und sollte nicht Ziel des Tai Chi sein. Tai Chi kann weder zaubern noch den Menschen aus seinen Bezügen und Verantwortlichkeiten des 20. Jahrhunderts herausnehmen. Wir können jedoch von dieser Lebensform lernen, unsere Ausrichtungen in Frage zu stellen, uns selbst wieder näherzukommen und hierdurch vielleicht etwas mehr Respekt für unsere Mitwesen und Mitwelt zu gewinnen.

Die taoistischen Tugenden von Mitgefühl (und somit auch aktiver Mitverantwortung), Genügsamkeit und Zurückhaltung stellen für westliche Tai-Chi-Übende nicht notwendige Voraussetzungen dar, um das Training mit Erfolg zu betreiben. Diese von Lao Tse als seine drei Schätze gepriesenen Eigenschaften können jedoch unseres Erachtens wertvolle Gegenpole zu unserer leistungs- und konsumgewohnten Sicht der Dinge bilden.

Die alten Taoisten werden uns wohl einen derartigen Mißbrauch ihrer wertvollen Erkenntnisse verzeihen, zumal sie für ihren Humor bekannt waren.

Literaturhinweise

Anders, Frieder: Tai Chi – Chinas lebendige Weisheit, München 1989.
Blofeld, John: Selbstheilung durch die Kraft der Stille, München 1984.
Castaneda, Carlos: Eine andere Wirklichkeit, Frankfurt 1987.
Cheng Man-Ching: 13 Kapitel zum Tai Chi Chuan, Basel 1988.
Dürckheim, Karlfried von: Der Alltag als Übung, Stuttgart 1987.
Dürckheim, Karlfried von: Hara – die Erdmitte des Menschen, Bern 1983.
Fen Hai: Chen-Style Tai Yi Quan, Hongkong 1984.
Kobayashi, Toyo/Kobayashi, Petra: Tai Chi Chuan – Einswerden mit dem Tao, München 1986.
Lie, Foen Tioeng: Tai-Ji-Quan – chinesisches Schattenboxen, Niedernhausen 1988/1990.
Liu, Da: Tai Chi und Meditation, München 1989.
Liu, Da: Tao der Gesundheit und Lebensfreude, München 1989.
Moegling, Klaus: Tai Chi Chuan, München 1990.
Pálos, Stephan: Atem und Meditation, München 1985.
Pálos, Stephan: Chinesische Heilkunst, München 1963.
Proksch, Christa: Taijiquan, Darmstadt 1987.
Song Zhijian J.: Tai'-Chi-Ch'üan, München 1991.
Stiefvater, Ilse/Stiefvater, Erich: Chinesische Atemlehre und Gymnastik, Heidelberg 1980.
Wilhelm, Richard: Lao Tse – Tao Te King, Düsseldorf 1976.

Wilhelm, Richard/Jung, Carl Gustav: Das Geheimnis der goldenen Blüte, Olten 1971.

Wing, R. L.: Der Weg und die Kraft – Lao Tse's Tao te King, München 1987.

Zöller, Josefine: Das Tao der Selbstheilung, Bern 1984.

Christian Auerbach

Qi Gong

Die Kunst, die Lebenskräfte zu üben

Einführung

Der chinesische Begriff „Qi Gong" bedeutet, recht frei übersetzt, „Arbeit mit dem Qi, den Lebenskräften" und bezeichnet Übungswege verschiedener Art, die das Leben pflegen sollen. Sie sollen es dem Menschen möglich machen, Qi zu führen, zu vermehren, zu stärken und zu leiten (zum Begriff des Qi siehe S. 60).

Qi Gong entstammt der sehr alten chinesischen Kultur. Mit ihr verbinden sich andersartige Möglichkeiten, die Welt zu beschreiben, als Europäer sie kennen. Die Gedanken, aus denen Qi Gong erwachsen ist, sind eng verbunden mit dieser für uns fremden Art, die Realität wahrzunehmen und zu beschreiben. So ist dieser Beitrag keine letzte Wahrheit über Qi Gong, sondern ein Versuch, meine bisherigen Einsichten in eine fremde Übungskultur zu formulieren.

Qi Gong wird seit jeher in China vielfältig angewandt. So praktizieren Taoisten und Buddhisten Übungen des Qi Gong zur Förderung ihrer spirituellen Entwicklung und Intelligenz. Artisten, Kampfkünstler und Schauspieler der Peking-Oper stärken und koordinieren mit Hilfe von Qi-Gong-Übungen ihre physischen und psychischen Kräfte. Die größte Bedeutung in Deutschland hat Qi Gong unter dem Aspekt der Heilkunde gefunden. Deshalb möchte ich in diesem Beitrag Qi Gong im Rahmen der traditionellen chinesischen Medizin vorstellen.

Geschichtlicher Hintergrund

Unter dem Oberbegriff „Qi Gong" wird seit der Qing-Zeit (1644–1911) eine Fülle verschiedenster Übungen verstanden, deren Ursprünge sich bis in vorchristliche Zeit hinein verfolgen lassen. Schon lange vor der ersten bildhaften Darstellung (datiert 168 v. Chr.) finden sich Hinweise auf solche Übungen in den Büchern von Lao Tse und Tschuang Tse, den Begründern der taoistischen Philosophie.

Etwa 200 n. Chr. begründete der berühmte Arzt Hua Tuo seine Qi-Gong-Methode „Spiel der 5 Tiere" so: „Jeder Mensch hat das Verlangen, sich Bewegung zu verschaffen; nur erreichen die meisten darin nicht Vollkommenheit. Wenn man sich bewegt, kann das mit der Nahrung aufgenommene Qi verbraucht werden, zirkulieren die Säfte ungehindert, und Krankheit kann nicht entstehen" (Ute Engelhardt, 1987, S. 132). Aus diesem Zitat wird deutlich, daß Bewegung ein wichtiger Aspekt der Qi-Gong-Übungen ist. Ein Zitat von Jiao Guorui (1988, S. 132): „Nur wer seinen Blick umkehrt, kann die inneren Wege untersuchen", weist darauf hin, daß es im Qi Gong auch um innere Aufmerksamkeit geht. Ein weiterer wichtiger Aspekt ist die Atmung.

In diesen drei Aspekten liegt die ganze Bandbreite der Qi-Gong-Übungen. So gibt es sowohl Übungen in äußerer Ruhe zur stillen Meditation, die häufig im Liegen durchgeführt werden, als auch solche in Bewegung mit zum Teil sehr komplexen Bewegungsabfolgen. 1981 waren einer chinesischen Zeitschrift zufolge über 3 600 verschiedene Formen des Qi Gong bekannt. Seit dem Ende der Kulturrevolution gab es in der Volksrepublik China ein wahres Qi-Gong-Fieber, viele geheime Überlieferungen wurden öffentlich zugängig, und neue Bewegungsformen entwickelten sich (zum Beispiel Kranich Qi Gong, vgl. Astrid Schillings/Petra Hinterthür, 1989).

Die europäische Rezeption der chinesischen Atem- und Bewegungslehren setzte meines Erachtens 1929 mit der Übersetzung eines taoistischen Textes durch den Sinologen Richard

Wilhelm ein, der durch den Psychologen Carl Gustav Jung kommentiert wurde (vgl. Richard Wilhelm/Carl Gustav Jung, 1986). Seit den siebziger Jahren zieht die Auseinandersetzung mit fernöstlichem Übungsgut auch in Deutschland weitere Kreise; eine größere Anzahl von Qi-Gong-Angeboten findet man allerdings erst in den letzten Jahren, und dann häufig im Gefolge von Tai Chi Chuan, Zen-Meditation oder Akupressur.

Qi Gong und die traditionelle chinesische Medizin

Wer sich mit dem gesundheitsbildenden Aspekt des Qi Gong vertraut machen will, muß sich mit den Grundgedanken der traditionellen chinesichen Medizin beschäftigen.

Was heute unter chinesischer Medizin verstanden wird, hat seine Wurzeln in der „Zeit der Streitenden Reiche" (475–221 v. Chr.). Eine schriftliche Überlieferung enthält das Buch „Huang-di Nei-jing" („Der Innere Klassiker des Gelben Fürsten"). Die theoretischen Annahmen und die Praxis der traditionellen chinesischen Medizin wurden über 2000 Jahre lang ständig fortentwickelt, ergänzt und unterschiedlich kommentiert.

Eine eindeutig bestimmte traditionelle chinesische Medizin gibt es meines Erachtens nicht, nur gemeinsame Grundlagen, wie „Qi" und „Yin und Yang" (siehe S. 51), oder das Denken in Entsprechungen, Analogien wie in den „5 Wandlungsphasen" (vgl. den Beitrag über Shiatsu). Ein grundlegender Satz bringt das Vorgehen der traditionellen chinesischen Medizin auf den Punkt: *„Vertreiben des Schädlichen und Fördern des Stärkenden"*.

Gegenüber der naturwissenschaftlich-analytischen Sicht, die Krankheit immer noch in erster Linie als Fehlfunktion von biologischen Mechanismen versteht, ist die traditionelle chinesische Sicht völlig andersartig. Die traditionelle chinesische Medizin begreift Krankheit immer als Störung des gesamten Organismus und erklärt die Entstehung von Krankheiten immer im Zusammenhang mit allen verfügbaren Informationen über einen Menschen. Wichtig dabei ist nicht nur, ob der Fluß des „Qi" (der Lebenskraft, -energie) im Menschen ausgeglichen ist und wie sich die Beziehung des Menschen zur gesamten (sozialen, natürlichen) Umwelt gestaltet. Ein chinesischer Arzt richtet seine Aufmerksamkeit auf die wechselseitige Verbundenheit aller Zeichen und Symptome für Erkrankungen in ihrem ständigen Wandel. Er wird versuchen, daraus ein Muster der Disharmonie zu erkennen. Eine westliche Krankheit kann sehr unterschiedlichen „östlichen Mustern der Disharmonie" entsprechen. Jedes Muster der Disharmonie erfordert jeweils eine entsprechend andersartige Behandlung.

Kein Magengeschwür ist zum Beispiel gleicher Art. Es kommt immer auf den Menschen an, der unter einem Magengeschwür leidet. Chinesische Ärzte betrachten bei einem erkrankten Menschen immer die vielfältigen möglichen äußeren (zum Beispiel klimatischen Bedingungen, Lebensweise und -bedingungen) und inneren (zum Beispiel Emotionen) krankheitsbedingenden Faktoren. Sie versuchen so vollständig wie möglich, den gesamten körperlichen, geistigen und psychischen Zustand des Menschen und seine Beziehung zur natürlichen und gesellschaftlichen Umwelt zu erfassen. So ergibt sich dann für die an einem Magengeschwür erkrankten Menschen jeweils ein individueller Behandlungsweg.

Die Bewertung der traditionellen chinesischen Medizin erfuhr in diesem Jahrhundert in der Volksrepublik China heftige Bewegungen, zum einen durch die Konfrontation mit der westlichen, naturwissenschaftlichen Medizin bedingt, zum anderen durch die jeweils aktuelle politische Situation in China (vgl. Paul Unschuld, 1980, S. 202 ff.). So wurde die traditionelle chinesische Medizin von offizieller Seite aus sowohl als „Schatzhaus" als auch als „Jahrtausendealter Misthaufen" bezeichnet. Heute existieren die traditionelle chinesische Medizin und die naturwissenschaftliche Medizin des Abendlandes in China nebeneinanderher. Mit naturwissenschaftlichen Methoden wird versucht, die traditionelle chinesische Medizin zu erklären und zu systematisieren.

Im folgenden werden die bekanntesten Grundannahmen der traditionellen chinesischen Medizin, „Yang und Yin" und „Qi", erläutert.

„Das Universum stellt das Zusammenspiel der zwei Aktivitäten Yang und Yin und deren Wechselwirkungen dar" (D. und J. Lawson-Wood, 1977, S. 16). So beschreibt der legendäre Kaiser Fu Hsi, der vor 5000 Jahren gelebt haben soll, die Bedeutung von Yang und Yin in „Einem Gesetz" (Tai Chi). Die gesamte Kultur Chinas, also auch die Medizin, bezieht sich bis heute auf das Verständnis dieses Satzes. Er besagt, daß das ständige Wechselspiel zwischen zwei Polen oder zwei Gegenständen dem Wesen aller Lebenserscheinungen entspricht. In der Natur wie im menschlichen Organismus herrscht ein ständiger Wechsel entgegengesetzter Kräfte, dynamisch aufeinander bezogen, sich gegenseitig ergänzend, die Polarität unterstreichend.

In seiner ursprünglichen Bedeutung ist unter Yang „der in der Sonne flatternde Yakschweif" (Wimpel) zu verstehen, unter Yin „die Wolke", durch Begriffsausweitung auch die sonnige und die schattige Seite eines Berges, Norden und Süden, die helle und die dunkle Jahreszeit (Helmut Wilhelm, 1985, S. 49). Yang entspricht der Kraft, *etwas zu werden,* Yin der Tendenz, *zum Nichts zurückzukehren.* Beide existieren gleichzeitig, sie entsprechen einander, sind gegensätzlich und trotzdem eins.

Ein Beispiel zur Erläuterung: Wenn ich eine Linie auf ein Blatt Papier male, so schaffe ich damit nicht nur diese Linie (Yang), sondern auch die Fläche, die die Linie umgibt (Yin). Dieses Zusammenspiel ist überall zu beobachten: Wo ein Oben ist, muß es ein Unten geben; wo etwas lebt (ein Mensch), muß etwas sterben (mit jedem Atemzug Tausende Bakterien); Töne sind nur hörbar auf dem Hintergrund der Stille...

Im gesellschaftlichen Chaos der „Zeit der Streitenden Reiche" entwickelten sich zwei Arten, Yin und Yang zu verstehen: eine taoistische und eine konfuzianische, die beide bis heute einen prägenden Einfluß für unser europäisches Verständnis haben.

Die Lehre des Konfuzius versuchte, gedankliche Ordnung ins Chaos zu bringen, indem sie jedem Menschen klare Rollen und Verhaltensmuster zuwies, die einen reibungslosen Ablauf des

Lebens garantieren sollten (vgl. Paul Unschuld, 1980, S. 48). So bildeten sich feste Assoziationsreihen für Yin und Yang als Ordnungskategorien:

> Yin = kalt, Mond, Erde, passiv, Frau, unten, falsch, links, böse...
>
> Yang = warm, Sonne, Himmel, aktiv, Mann, oben, richtig, rechts, gut...

Die Ordnungskategorien waren unter den Gelehrten umstritten – jeder wollte die richtige Zuordnung erkannt haben. Diese Form fester Zuschreibungen findet sich bis heute in der westlichen Welt als Erklärung für Yin und Yang wieder, entspricht sie doch sehr dem streng rationalen Ordnungsdenken unserer Wissenschaftstradition.

Den Gegenpol zur Starre des konfuzianischen Denkens bildete die Philosophie von Lao Tse und Tschuang Tse, der Taoismus: Sie versuchten zu verstehen, wie die Welt in Bewegung ist, wie die Grundmuster des Lebens beschaffen sind, um sich ihnen anzuvertrauen. Dies bezeichneten sie als „Tao", den „natürlichen Weg, den die Dinge und die Menschen gehen". In ihrem Denken ging es darum zu erkennen, daß Chaos genauso notwendig wie die Ordnung ist – eben als Yin und Yang. Im menschlichen Leben wird so die ständige Neu-Bestimmung der Position des einzelnen im ständig sich verändernden Gefüge der Welt wichtig, das „Einschwingen ins Tao".

Wenn ich diesen Gedanken ernst nehme, dann ist etwa die Gleichsetzung von „Yin = Frau = böse/Yang = Mann = gut" nicht akzeptabel. Es bleibt ein ständig sich änderndes Feld der Bezüge von Yin und Yang ohne feste, endgültige Zuordnung. In diesem Denken sind enge Bezüge zu den neueren Ergebnissen der westlichen Forschung und Wissenschaft, der Chaosforschung und Atomphysik, angelegt, wie der 5. Lehrsatz zu Yin und Yang zeigt: „Erscheinungen und Ereignisse sind verschiedene dynamische Gleichgewichte. Nichts ist stabil; alles ist in unaufhörlicher Bewegung, da die Polarisierung ohne Anfang und Ende ist" (Denis und Joyce Lawson-Wood, 1977, S. 18).

So läßt sich auch das menschliche Leben verstehen: als ständige Veränderung eines dynamischen Gleichgewichts zwischen Yin und Yang. Krankheit und Gesundheit als Prozeß, als ständiges Aus-dem-Gleichgewicht-Geraten und Zur-Ruhe-Kommen, als abhängig vom Betrachterstandpunkt und immer unterschiedlich, je nachdem in welcher Beziehung ich mich als krank oder gesund betrachte.

Dementsprechend geht es in der traditionellen chinesischen Medizin, so wie ich sie verstehe, hauptsächlich um die Fähigkeit, mit Ungleichgewichten umzugehen, um den Ausgleich von Mangel oder den Überfluß von Qi in bestimmten Bereichen, um die Veränderung einer Grundstimmung im individuellen Gefüge eines Menschen. Die traditionelle chinesische Medizin ist meines Erachtens eine gleichwertige Ergänzung zu den Errungenschaften der westlichen Medizin. Ihre Stärke liegt vor allem in der Gesundheitsförderung und in ihren Möglichkeiten, Krankheiten vorzubeugen.

Was ist denn nun Qi?

Immer wenn zwei Pole da sind, entsteht ein Spannungsfeld. Qi entsteht aus dem Spannungsfeld von Yin und Yang.

„Qi" ist schwer ins Deutsche oder eine andere westliche Sprache zu übertragen. Qi ist für die Chinesen eine erfahrbare Kraft, ohne die Leben nicht sein kann. Sie ist der notwendige Energielieferant für alle Auf- und Abbauvorgänge des lebendigen Organismus (vgl. Josephine Zöller, 1991, S. 20, 21). Ohne Qi gibt es im Sinne der chinesischen Medizin keinen Stoffwechsel und keine Körperausscheidungen.

Für mein Verständnis haben sich zwei Bedeutungsmuster gebildet, in deren Spannungsfeld „Qi" steht: Qi als
– Lebenskraft, Energie, Antriebskraft, Libido...
  Der Vergleich mit dem nicht faßbaren Strom, der etwas antreibt.
– Lebensatem, Odem, Lebenshauch, göttliche Kraft...
  Beide Aspekte scheinen mir auch im chinesischen Verständnis von Qi angelegt. Die Urbedeutung ist „aufsteigender Dampf"

(Paul Unschuld, 1980, S. 60), aber auch „bewegender Geist"
(Philipp Rawson/Laszlo Legeza, 1974, S. 118), Atem, Wolke,
Nahrung, Vitalität und Kraft. Dabei war dem chinesischen
Denken vor 2500 Jahren jegliche Energievorstellung fremd. Es
ging um die Wirkung von Einflüssen und Ausstrahlungen, also
um die Qualität des Qi. Das läßt sich natürlich auch als Energie
bezeichnen (vgl. Manfred Porkert, 1973, S. 138), die einem
Menschen innewohnt oder auf einen Menschen einwirkt.

Ohne Qi ist Leben unmöglich, bei Qi-Mangel ist eine große
Krankheitsanfälligkeit zu erwarten, bei andauernder Unausge-
wogenheit von Qi kann ein krankhafter Prozeß entstehen.

In der heutigen traditionellen chinesischen Medizin beschreibt Qi eine Vielzahl komplexer und verschiedenartiger
Vorgänge im gesamten Organismus (vgl. Thomas Ots, 1987,
S. 240). Wie sich aus dem folgenden Schaubild erkennen läßt, ist
das Qi eines Menschen von sehr vielen Faktoren *abhängig,* zugleich aber auch von vielen Seiten her *beeinflußbar:*

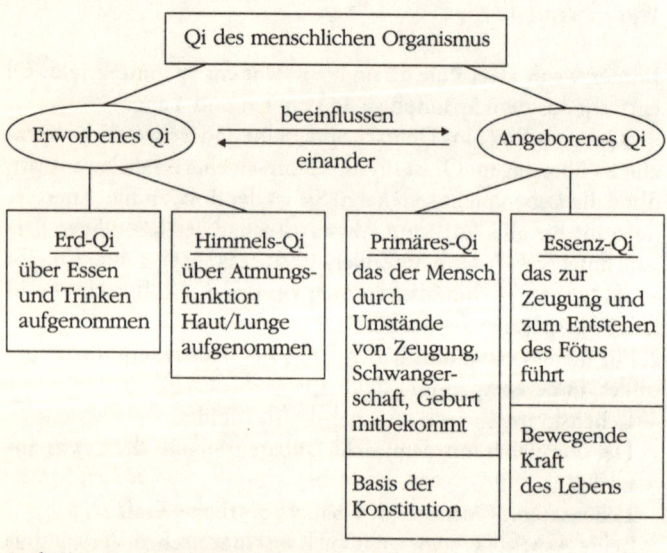

(vgl. Jiao Guorui, 1988, S. 88)

Was hat Qi Gong mit der traditionellen chinesischen Medizin zu tun?

Nach Ansicht der traditionellen chinesischen Medizin ist ein Mensch dann gesund, wenn er immer wieder in der Lage ist, die ständigen Veränderungen von Yin und Yang in seinem Leben im Sinne einer Selbstregulation des Qi auszugleichen. Es gibt drei große Bereiche, mit denen Einfluß auf die Regulationskraft des Qi genommen wird:

– Akupunktur (als stärkste „Medizin"), Moxa (Brennen von Kräuterkugeln auf der Haut), Akupressur/Massage,
– Ernährung und Naturheilmittelkunde,
– Qi Gong, also Bewegungs-, Atmungs- und Aufmerksamkeitsübungen.

Qi-Gong-Übungen geht es vorranging darum, die Grundkräfte eines Menschen zu stärken, das Qi zu harmonisieren, zu sammeln und zu vermehren oder es gezielt zu therapeutischen Zwecken zu leiten.

Ziele in der Gesundheitsbildung

Gleichviel, ob man alle Annahmen der traditionellen chinesischen Medizin teilt oder auch nicht, kann Qi Gong in unserer Kultur einiges zur Gesundheitsbildung beitragen.

Im Qi Gong geht es um eine *optimale Körperspannungsregulation* (vgl. Eutonie), die mit der Zeit zu einem *veränderten Umgang mit Streß* führen kann. Wer Qi Gong über längere Zeit praktiziert, kann eine *erhöhte Sensibilität gegenüber psychosomatischen, psychosozialen und ökologischen Zusammenhängen* entwickeln, seine *Wahrnehmung von Körpersignalen* schärfen und diese beachten lernen.

Die Auseinandersetzung mit einem für Europäer fremden Kulturgut kann anregen, einen Blick auf die kulturellen Selbstverständlichkeiten unseres Alltags zu werfen und dabei die Relativität des Blickwinkels jedes Menschen im Zusammenhang mit seiner Umwelt, Zeitepoche und Kultur deutlich machen.

Daraus könnte sich ein größeres Verständnis für die Notwendigkeit der Erhaltung vielfältigen Lebens (Artenvielfalt) auf unserem Planeten ergeben.

Qi Gong ist als Übungsweg individuell und deshalb immer mehrdeutig. Der Weg muß selbst gegangen werden und führt sowohl zu ähnlichen als auch zu unterschiedlichen Erfahrungen mit Gesundheit und Krankheit auf der Basis einiger weniger Grundannahmen (vgl. Hinweise zur Praxis des Qi Gong).

Darüber hinaus ist mir noch ein anderer Zugang zum Qi Gong wichtig, den ich mit dem existenzphilosophischen Pädagogen Otto Friedrich Bollnow den „Geist des Übens" nenne.

Üblicherweise wird in unserer Kultur Übung zumeist mit „lästigen Pflichtübungen" gleichgesetzt, in denen es darum geht, durch Wiederholung irgendeine Fertigkeit zu erlernen oder zu verfeinern, eine oft mechanische, geistlose Tätigkeit. Bollnow sieht in einer Übung noch sehr viel mehr: „... daß die Übung ... wesensmäßig und lebenslang in einer Weise zum Menschen gehört, daß er nur in beständiger Übung sein eigenstes Wesen erfüllen kann" (Otto Friedrich Bollnow, 1987, S. 19). Es geht hier weniger um die technisch korrekte Ausführung einer Übung, als vielmehr darum, sich selbst zu üben und eine innere Verfassung zu entwickeln, die eine Selbstvergessenheit im augenblicklichen Tun zuläßt. Im Zentrum der Aufmerksamkeit steht der „Vollzug der Handlung selbst" im Hier und Jetzt. Dabei wächst eine innere Stimmung von völliger Aufmerksamkeit bei gleichzeitiger Gelassenheit, eine „gesammelte Gelöstheit" (Otto Friedrich Bollnow, 1987, S. 72). Dieser Geist des Übens ist es auch, der es ermöglicht, Krisen und Konflikte zu „überwachsen", wie Jung es nennt (Richard Wilhelm/Carl Gustav Jung, 1986, S. 22), und nicht darin steckenzubleiben. Mit der Zeit kann sich die Erfahrung einstellen, so mit der Übung im Augenblick zu sein, daß alles andere aus dem Bewußtsein verschwindet. Körper, Seele und Geist sind eins und werden auch so erfahren. Dies kann bis in die Bereiche einer tiefen Wesensschau, wie die christliche Tradition es nennt, führen oder auch zu einer Grundstimmung von Vertrauen, die in den Tag hineinwirkt und mit der Zeit eine sinnvolle Veränderung der Lebensumstände ermöglicht.

Die Praxis des Qi Gong

Allgemeine Grundsätze

Qi Gong umfaßt eine ungeheuere Vielfalt von Übungsmethoden. Die Gewichtung der Grundelemente Bewegung, Atmungsweise und Aufmerksamkeit ist je nach Methode unterschiedlich.

Qi-Gong-Übungen lassen sich nach folgenden Gesichtspunkten unterscheiden (nach Jiao Guorui, 1988, S. 55):

- *Körperhaltung:* Liegen, Sitzen, Stehen, Gehen,
- *Übungsweg:* Körperhaltung, Atmungsregulierung, Übung der Aufmerksamkeit („Regulierung des Herzens").
  Diese drei greifen eng ineinander: Der Körper ist das Fundament, der Atem der Schlüssel, und die Aufmerksamkeit übernimmt die Führung.
- *Innen und Außen:* Hiermit ist nur der Schwerpunkt der Übung gemeint. Jede Haltungsübung hat ihre Entsprechung im Seelischen und im Energiefluß.
- *Bewegung und Ruhe*

Folgende Hinweise sind allen Übungen gemeinsam:

- Suchen Sie nach einer weitestgehenden *Entspannung* der Muskulatur und nach einem *Loslassen* der Gedanken, die sich nicht auf die Übung hier und jetzt beziehen.
- Nehmen Sie sich genug Zeit, um die Übungen *in Ruhe* ausführen zu können.
- Die Übungen sollen *natürlich* ausgeführt werden, nicht erzwungen; das heißt, so bequem und einfach wie möglich, ohne die Haltung aufzugeben.
- Richten Sie Ihre Vorstellungskraft ganz auf die Übung: *Qi folgt der Aufmerksamkeit;* ohne Sammlung zerstreut sich Qi, bei krampfhafter Anstrengung verknotet sich Qi.
- In der Übung *ergänzen Bewegung und Ruhe einander;* suchen Sie Ruhe in der Bewegung.
- Suchen Sie *unter dem Bauchnabel nach Festigkeit* und Kraft, wie ein Baum mit starken Wurzeln, und *über dem Bauchnabel nach Leichtigkeit* und Beweglichkeit, wie Blätter im Wind.

Lenken Sie dazu Ihre Aufmerksamkeit in den unteren Bauchraum.

– Qi Gong sollte regelmäßig *mit Geduld und Vertrauen* geübt werden nach dem Motto: „Lieber gerne eine Minute als lustlos eine Stunde."

– Bei den Übungen steht nicht die technisch perfekte Ausführung im Vordergrund. *Üben Sie sich und ihre Selbstwahrnehmung,* ohne zu viel an richtig und falsch zu denken.

– Das Wesentliche der Übungen wird dem Übenden erst in der Wiederholung deutlich und verständlich.

In der *Erwachsenenbildung* am weitesten verbreitet sind nach meiner Erkenntnis Übungen wie das Ba Duan Jin – „8 Seidenübungen" oder „8 Brokatübungen" (vgl. Stephan Pálos, 1985, S. 207; Josephine Zöller, 1984, S. 101; Jiao Guorui, 1988, S. 176; Da Liu, 1982, S. 125), eine einfachere Übungsform. Darüber hinaus werden noch sehr viele andere Übungsfolgen mit relativ ähnlichem Charakter angeboten: Sie dienen alle einer *allgemeinen Stärkung und Harmonisierung* und bedürfen eines Lehrers, will man sie nutzbringend und korrekt erlernen.

Hier möchte ich zwei weniger oft beschriebene (vgl. Jiao Guorui, 1988, S. 20, Da Liu, 1982, S. 123) Übungen vorstellen, die aber trotzdem sehr typisch für Qi Gong sind:

„Die Drei Dantians werden in eine Linie gebracht"
(Eine „innere nährende Übung" aus taoistischer Tradition)

1. Nehmen Sie sich 20 Minuten Zeit.
2. Setzen Sie sich in Ruhe mit aufrechter Wirbelsäule und dennoch entspannt hin.
3. Schließen Sie die Augen und atmen Sie ruhig, fein und gleichmäßig.
4. Führen Sie die Aufmerksamkeit in den Unterbauch und stellen Sie sich vor, wie sich dort eine Kugel mit einer Substanz Ihrer Wahl (helles Licht, flüssiges Gold, klares Wasser) füllt und zwischen Schambein und Anus zur Ruhe kommt.
5. Wenn Sie eine stabile Vorstellung von dieser Kugel haben,

dann suchen Sie unter dem Scheitelpunkt des Kopfes eine Kugel zu formen, ohne die untere Kugel zu verlieren.

6. Wenn beide Kugeln stabil in Ihrer Vorstellung existieren, dann bilden Sie im Bereich des Bauchnabels eine dritte Kugel, die vorsichtig in eine Linie zwischen die beiden anderen Kugeln gestellt wird.

7. Halten Sie die Kugeln etwa fünf Minuten in einer Linie. Die mittlere Kugel wird gerne wegrutschen, wenn die Aufmerksamkeit nachläßt oder zu krampfhaft wird.

8. Behalten Sie das sich einstellende angenehme Gefühl auch nach Abschluß der Übung bei.

Wichtig bei dieser Übung ist es, die Atmung ruhig und natürlich fließen zu lassen, die Haltung beizubehalten und sich Zeit zu nehmen. Versuchen Sie zuerst, sich eine Zeitlang in Ruhe (Punkt 1. und 2.) hinzusetzen. Gehen Sie in der Übung erst dann einen Schritt weiter, wenn Sie mit den vorherigen Schritten vertraut sind.

„Die Arme schwingen"
(zur Lockerung und Stärkung)

1. Stellen Sie die Fußsohlen parallel in schulterweitem Abstand fest und flach auf den Boden, aufrecht locker, ruhig.

2. Lassen Sie die Aufmerksamkeit in die Fußsohlen sinken und stellen Sie sich vor, Wurzeln zu schlagen.

3. Lassen Sie die Knie immer weicher werden, und öffnen Sie die Hüftgelenke.

4. Lassen Sie die Arme ohne Muskelkraft parallel vor dem Körper steigen.

5. Lassen Sie die Arme von der Schulterhöhe aus fallen und fangen Sie den Schwung mit Hüftgelenk und Beinen weich ab.

6. Fügen Sie dem Schwung immer so viel an Impuls hinzu, daß die Arme immer wieder Schulterhöhe erreichen – die Beine bleiben weich und nachgiebig.

7. Machen Sie so viele Schwünge, wie ihr momentaner Zustand ohne große Ermüdung erlaubt (bis etwa 1000).

8. Bremsen Sie den letzten Schwung in Schulterhöhe und lassen Sie langsam die Arme sinken.

Wichtig ist es während der Übung, locker und aufrecht zu bleiben. Der Rumpf bewegt sich nicht vor und zurück, nur etwas auf und ab wie auf einer Wippe. Strengen Sie sich nicht an. Über die Schwünge breitet sich mit der Zeit eine Vibration und Lösung über den ganzen Körper aus. Das Problem besteht darin, mit zunehmender Anzahl der Schwünge immer wieder die auftretenden Spannungen von innen her zu lösen – ohne die Übung abzubrechen oder den Atem anzuhalten.

Voraussetzungen zur Kursteilnahme

Eine pauschale Aussage läßt sich bei der Vielfalt der Übungs-formen schwer machen. Die Übungen sind im Prinzip für alle Menschen geeignet. In jedem Fall sollten bei akuten Erkran-kungen und körperlichen Einschränkungen die Lehrenden in-formiert werden und eine Absprache mit dem behandelnden Arzt oder Psychotherapeuten erfolgen. Wichtige Vorausset-zungen zur Teilnahme sind meines Erachtens Neugier, Geduld und die Bereitschaft, sich auf Fremdes und Veränderung einzu-lassen.

Zur Qualifizierung der Kursleiter

Weder in Europa noch in der Volksrepublik China gibt es eine offizielle Ausbildungsorganisation für Qi Gong. Hier wie dort existiert eine kaum zu überschauende Vielfalt der Richtungen und Meister. Ein Teil des Übungsgutes wird noch immer nicht öffentlich gelehrt, sondern in traditioneller Form nur von Mei-stern an ausgewählte Schüler weitergegeben.

In Deutschland gibt es verschiedene private Institute, Vereine oder an Hochschulen angegliederte Privatinitiativen, in denen chinesische und europäische Lehrer ihr Wissen um Qi Gong weitergeben – vom 5-Tage-Workshop bis hin zu mehrjährigen

fortlaufenden Weiterbildungsgruppen. Ein kleiner, sicher un-
vollständiger Überblick ist über den Autor oder über die noch
junge
Deutsche Qi Gong Gesellschaft e.V., Schumannstr. 12b,
67227 Frankenthal,
gegen Zusendung eines frankierten Rückumschlages anzufor-
dern.

Ich halte es für notwendig, daß Lehrende über mehrere Jahre
Qi Gong praktiziert haben. Nur so ist es meines Erachtens
gewährleistet, daß sie ausreichend Erfahrungen mit verschiedenen Übungswegen haben und in der Lage sind, andere Menschen im Rahmen des Qi Gong zu unterstützen. Außerdem
sind Erfahrungen im Umgang mit Gruppenprozessen oder individuellen Wandlungsprozessen hilfreich, um die Teilnehmer
bei aufkommenden Problemen zu unterstützen. Für einen guten Kursleiter ist mehr noch als das „technische" Können und
Wissen die innere Haltung und Motivation bedeutsam. Dies
möchte ich mit einem Zitat von Carl Gustav Jung unterstrei-
chen:

„Ein alter Adept sagte: ‚Wenn aber ein verkehrter Mann die
rechten Mittel gebraucht, so wirkt das rechte Mittel verkehrt.'
Dieser leider wahre chinesische Weisheitsspruch steht in
schroffstem Gegensatz zu unserem Glauben an die richtige Methode, abgesehen vom Menschen, der sie anwendet. In Wirklichkeit hängt in diesen Dingen alles am Menschen und wenig
oder nichts an der Methode. Die Methode ist ja nur ein Weg
und die Richtung, die einer einschlägt, wobei das Wie seines
Handelns der getreue Ausdruck seines Wesens ist" (Richard
Wilhelm/Carl Gustav Jung, 1986, S. 12).

Literaturhinweise

Auerbach, Christian: „Lebenseinigung" und „Zentriertsein" in der Erziehung. Überlegungen zur Pädagogik Fröbels im Vergleich zu östlichen Schulungswegen, Göttingen 1987.

Bollnow, Otto Friedrich: Vom Geist des Übens. Eine Rückbesinnung auf elementare didaktische Erfahrungen, Oberwil bei Zug 1987 (1. Auflage 1978).

Colegrave, Sukie: Yin und Yang. Die Kräfte des Weiblichen und des Männlichen, Frankfurt/M. 1984.

Da Liu: Tao der Gesundheit und Lebensfreude, Frankfurt/M. 1982.

Dürckheim, Karlfried von: Der Alltag als Übung, 8. Auflage Bern/Stuttgart/Wien 1984.

Engelhardt, Ute: Mit leerer Faust – Zur Geschichte des Taijiquan, in: Christa Proksch: Taijiquan. Die Kunst der natürlichen Bewegung, Darmstadt/Neuwied 1987.

Feng, Gia-Fu/English, Jane: Lao Tse, Tao Te King, München 1978.

Guorui, Jiao: Qigong yangsheng. Gesundheitsfördernde Übungen der traditionellen chinesischen Medizin, Uelzen 1988.

Kaptchuk, Ted J.: Das große Buch der chinesischen Medizin, Bern/München/Wien 1990.

Lawson-Wood, Dennis und Joyce: Akupunktur und chinesische Massage, Freiburg i. Br. 1977.

Lawson-Wood, Dennis und Joyce: Die Praxis des Qigong, Hongkong 1988.

Ots, Thomas: Medizin und Heilung in China. Annäherungen an die traditionelle chinesische Medizin, Berlin/Hamburg 1987.

Pálos, Stephan: Atem und Meditation, München 1985 (1. Auflage 1968).

Porkert, Manfred: Die theoretischen Grundlagen der chinesischen Medizin. Das Entsprechungssystem, Wiesbaden 1973.

Proksch, Christa: Taijiquan. Die Kunst der natürlichen Bewegung, Darmstadt/Neuwied 1987.

Rawson, Philipp/Legeza, Laszlo: Tao. Die Philosophie vom Sein und Werden, München/Zürich 1974.

Schillings, Astrid/Hinterthür, Petra: Qi Gong. Der fliegende Kranich, Aitrang 1989.

Unschuld, Paul U.: Medizin in China. Eine Ideengeschichte, München 1980.

Wilhelm, Helmut: Die Wandlung. 8 Essays zum I Ging, Frankfurt/M. 1985. (1. Aufl. 1958).

Wilhelm, Richard/Jung, Carl Gustav: Geheimnis der Goldenen Blüte. Das Buch von Bewußtsein und Leben, München 1986 (1. Aufl. 1929).

Worsley, J. R.: Was ist Akupunktur? Boltersen 1986.

Zöller, Josephine: Das Tao der Selbstheilung, Bern/München/Wien 1984.

Inge Schaefer

Yoga

Ein Weg zur Beherrschung des Körpers und Befreiung des Geistes

Einführung

Yoga ist eine über 5000 Jahre alte indische Philosophie, die meist mündlich über die Jahrtausende hinweg von den Meistern auf die Schüler überliefert wurde. Philosophie bedeutet in Indien – anders als bei uns – immer einen Weg zur menschlichen Weiterentwicklung, der sich nicht von Religion und Lebensweise trennen läßt. Hatha-Yoga, der Körper-Yoga, ist nur eine Yoga-Art unter verschiedenen anderen.

Kultureller Hintergrund

Bevor ich jedoch näher auf Hatha-Yoga eingehe, möchte ich einen kurzen Überblick über dieses uralte philosophische System aus Indien geben. Wenn auch nicht vollständig überliefert, so hat es sich doch als System über Jahrtausende im Volk erhalten und sicher auch bewährt, denn immerhin wird Yoga in Indien nach wie vor praktiziert und hat sich, wie die Menschen, im Laufe der Zeit weiterentwickelt und verändert und sich so den sich wandelnden Bedürfnissen angepaßt.

Das Wort Yoga stammt aus dem Sanskrit, einer altindischen Schriftsprache, die etwa wie Latein im Abendland als Literatur- und Gelehrtensprache gebräuchlich ist. Yoga heißt soviel wie „Anschirren" oder „Anjochen". Es enthält den gemeinsamen indogermanischen Stamm, der auch in unserem Wort „Joch" erscheint. Im Gegensatz zu der negativen Bedeutung von „Joch" bedeutet Yoga Selbsterlösung durch die vollkommene Beherrschung des Körpers und die Befreiung des Geistes.

Der Yogi, so nennt man in Indien den einzelnen, der Yoga praktiziert, soll durch körperliche und geistige Übungen seine volle Entfaltung als Mensch erfahren. Das höchste Ziel ist seine geistige Erleuchtung. Dieses höchste Ziel erreichen auch in Indien nur wenige Menschen, die man Gurus nennt. In der Regel ziehen sich diese Gurus in die Berge oder Wälder zurück und werden somit für die gewöhnlichen Sterblichen unerreichbar.

Ganz selten nur lehren sie einen Schüler die schwierigen und für Ungeübte gefährlichen Praktiken. Yoga ist also ein großes System aus dem östlichen Kulturkreis und erfordert gewiß ein langjähriges Studium, will man die Geschichte und die Philosophie ernsthaft erfassen. Und sicher erfordert es ein noch viel längeres und härteres Praktikum, will man in das Wesen des Yoga eindringen.

Die verschiedenen Yoga-Arten beginnen alle mit sittlichen und moralischen Vorschriften und führen alle zum selben Ziel: der geistigen Erleuchtung.

– Der Inana-Yoga, der Weg des Wissens und der Weisheit; ausgeübt wird er mit Hilfe von Nachdenken, Meditation und Entspannung.

– Der Karma-Yoga, der Weg der Handlung; die Handlung soll leidenschaftslos sein, unabhängig von Ergebnissen und nicht auf Belohnung hoffend.

– Der Bhakti-Yoga, der Weg der Verehrung und Anbetung; der Weg zur Erkenntnis führt über die Anbetung eines persönlichen Gottes.

– Der Tantra-Yoga, der Weg, die Einheit durch die größtmögliche Gegensätzlichkeit zu erfahren, zum Beispiel im Geschlechtsakt.

– Der Raja-Yoga, der Weg, der zur Kontrolle von Geist, Willen, Liebe, Leidenschaft und Ärger führt.

– Der Mantra-Yoga, der Weg der Töne; die Wiederholung von bestimmten Tönen ist Mittel der Meditation.

– Der Laya-Yoga, der Weg der vorübergehenden Aufhebung

oder Vereinigung mit der höchsten universalen Seele durch Anbetung und Verehrung.

– Schließlich Hatha-Yoga, der Weg, der mit Hilfe des Körpers auf den Geist wirkt. Er besteht aus Reinigungstechniken, körperlichen Stellungen, der Beherrschung des Atems und der Meditation. Mit dem Training gewinnt der Übende eine tiefgreifende Kontrolle über seine gesamten Körperfunktionen.

Der Hatha-Yoga umfaßt acht Stufen. Er beginnt mit den Geboten und Verboten für ein harmonisches Zusammenleben und Lebensregeln für den einzelnen. Die Körper- und Atemübungen führen über Konzentration und Meditation schließlich zur geistigen Erleuchtung.

Yama, die erste Stufe, verbietet Gewalttätigkeit, Unredlichkeit, Maßlosigkeit, Diebstahl und Begierde. *Niyama*, die zweite Stufe, fordert Reinheit, Strenge, Zufriedenheit, Lernen und Hingabe (Schöpfung). Das wichtigste der Yamas sind die Liebe und das Mitgefühl für alles, was lebendig ist. Yama und Niyama befassen sich mit den sozialen Regeln, den Ge- und Verboten, die sich in allen Religionen wiederfinden, zum Beispiel im christlichen Glauben in den zehn Geboten.

Asana, die dritte Stufe, befaßt sich mit den Körperstellungen, die durch Konzentration und Willenskraft zur vollkommenen Beherrschung des Körpers führen.

In der vierten Stufe, *Pranayama*, wird die vollkommene Beherrschung des Atems gelehrt. Durch die rhythmische Kontrolle des Atems werden die inneren Lebensprozesse beeinflußt. In der dritten und vierten Stufe wird also gelehrt, was der Mensch tun kann, um schön, stark und gesund zu sein, das heißt, sich in seiner Haut wohl zu fühlen.

Ich beschäftige mich vor allem mit diesem Teil des Hatha-Yoga, da er für unsere westlichen Verhältnisse besonders geeignet ist. Man kann ihn als Grundlage für ein gesundes Leben bezeichnen. Asanas halten den Körper gesund und stark, und Pranayama bringt die Gedanken unter Kontrolle.

Die Atmung zu regulieren, zu beherrschen und dadurch die Gedanken unter Kontrolle zu halten, ist die Vorbereitung für die fünfte Stufe, *Pratyaha,* in der das vollkommene Zurückziehen der Sinne gefordert wird.

Die sechste Stufe, *Dharana,* verlangt Konzentration. Das Denken wird auf einen Punkt fixiert, den der Guru vorgibt. Dharana führt über die siebte Stufe, *Dhyana,* die Meditation, zur höchsten und achten Stufe, *Samadhi,* dem Zustand des Überbewußtseins.

Erst wenn die unteren Stufen vollkommen beherrscht werden – und bis dahin ist es für die meisten Menschen ein sehr weiter Weg –, kann das eigentliche Wesen des Yoga erfaßt werden. Erst dann ist der Aufstieg in die höheren Stufen möglich. Das, was also in der Regel hier im Westen als Yoga praktiziert wird – und das betrifft auch meinen privaten Unterricht ebenso wie meine Kurse an der Volkshochschule –, befaßt sich mit der Atmung und der Körperarbeit, den Yoga-Stellungen, die sicher nicht alle erlernbar sind und für den ungeübten Körper nicht ungefährlich sein können.

Es gibt über 80 Asanas, das heißt klassische Yoga-Stellungen, die meist Tier- oder Pflanzennamen haben (Lotussitz, Baum, Krähe, Schildkröte) und deren Bezeichnungen aus dem Sanskrit stammen. Darüber hinaus gibt es eine Vielzahl von Variationsmöglichkeiten. Wenn Yoga-Stellungen behutsam gelernt werden, helfen sie, ein Gleichgewicht zu schaffen zwischen Körper und Geist, zwischen Anspruch und Wirklichkeit.

Die Praxis

Hatha-Yoga bedeutet aktive, bewußte Entspannung. Die Wirkung beruht auf der Anspannung des Körpers in der Übung und der vollkommenen Entspannung nach der Übung. Anspannung und Entspannung sollten immer gleich lang sein, um die Wirkung zu gewährleisten. Bewußt entspannen heißt, die Wirkung im Körper spüren: Wärme, Lockerung der Gelenke und Muskeln, Ruhe, die sich ausbreitet.

Fast alle Yoga-Stellungen wirken auf die Wirbelsäule, unsere vitale Achse, die viele im alltäglichen Leben völlig vernachlässigen. Unnatürliche einseitige Haltungen sind häufig Ursache für viele Krankheiten.

Yoga-Stellungen wirken auf alle Muskeln. Das Blut entweicht während der Dehnung aus dem Muskel und fließt in der Normalhaltung wieder verstärkt zurück. Yoga-Stellungen wirken auf Bänder und Gelenke. Durch Dehnung werden sie beweglicher und erlangen ihren ursprünglichen Aktionsradius zurück. Yoga-Stellungen wirken auf die Blutgefäße. Durch Einknicken wird die Blutzufuhr reduziert und durch Strecken wieder aktiviert. In den Umkehrstellungen werden die Blutgefäße entlastet. Durch die kreislaufanregende Wirkung der Übungen werden alle Körperteile – auch die inneren Organe und das Gehirn – kräftig durchblutet, das heißt, mit Sauerstoff versorgt.

Der nächste wichtige Faktor des Hatha-Yoga ist die Atmung. Sie ist die wichtigste biologische Funktion des Körpers. In der Lunge nimmt das Blut im Zuge des Einatmens Sauerstoff auf, transportiert ihn in die Zellen, nimmt die Abfallstoffe auf und gibt sie in der Lunge als Kohlendioxid beim Ausatmen ab. Man kann sich vorstellen, wie schlecht der Körper mit Sauerstoff versorgt wird, wenn zum einen falsch geatmet und zum anderen das Lungenvolumen nicht ausgeschöpft wird.

Im Hatha-Yoga wird die Bauchatmung praktiziert, was bedeutet, daß der gesamte Rumpf – von der Lunge bis zu den Unterleibsorganen – daran beteiligt ist. Grundsätzlich wird durch die Nase in den Rachenraum geatmet, wobei die Luft, durch die Nase eingeatmet, erwärmt, gefiltert und gereinigt in die Lungen fließt. Dabei entsteht ein Geräusch im Rachenraum, das als Kontrolle der Atmung dienen kann.

Die Yoga-Atmung geht vom Ausatmen aus, da man nur ein leeres Gefäß füllen kann. Aus- und Einatmen sollten gleich lang sein, das heißt, langsam und tief ausatmen und genauso langsam und tief wieder einatmen. Am Anfang fällt dies oft schwer, da die meisten Menschen an unbewußtes oberflächliches Atmen gewöhnt sind.

Beim Einatmen füllen sich die Lungen. Sie drücken das Zwerchfell und damit alle Bauchorgane nach unten: Die Bauchdecke hebt sich. Beim Ausatmen leert sich die Lunge. Das

Zwerchfell und die Bauchorgane rutschen wieder in die normale Lage: Die Bauchdecke senkt sich.

Mit dieser Atmung – der Bauchatmung – wird zum einen die Austauschfläche der Lunge vergrößert, zum anderen werden die Bauchorgane sanft massiert. Der gleichmäßige Atemrhythmus hat eine beruhigende Wirkung auf die Nerven, vor allem auf das vegetative Nervensystem, das unabhängig von willentlicher Beeinflussung arbeitet (Atmung, Kreislauf, Verdauung, Stoffwechsel, Ausscheidung, Drüsenarbeit, Geschlechtsfunktion). Außerdem wirkt sich ein ruhiger, langer Atem positiv auf die Körperhaltung, die Handlungsweise und das Wesen aus („Einen langen Atem haben").

Während der Yoga-Übungen sollte bewußt auf die Atmung geachtet werden, die Luft sollte nie angehalten werden. Es sollte versucht werden, immer in den Bauchraum zu atmen. Die Atmung bei den Übungen ist natürlich aufgrund der jeweiligen Körperstellung nicht so tief wie bei der anschließenden Entspannung, in der die Atmung immer gleichmäßiger, langsamer und tiefer wird. Das Atemgeräusch und die Bewegung der Bauchdecke sollten wahrgenommen werden.

Die Yoga-Stellungen enthalten die Elemente: Dehnung – Streckung, Pressung – Beugung, Drehung, Umkehrung und Gleichgewichtshaltungen. Es ist sinnvoll, eine Übungsreihe so zu gestalten, daß alle Elemente enthalten sind. Wichtig ist ebenfalls, daß einer Übung immer eine Gegenübung folgt, um den Körper nicht einseitig zu belasten.

In den Übungen kommt es darauf an, nur Muskeln anzuspannen, die auch tatsächlich für die spezielle Übung benötigt werden. Das gelingt am Anfang selten. Man wird aber schnell merken, wie man in die Übung hineinwachsen kann, wie die Übung bequemer wird und man sich – das ist das Ziel der Asanas – in der Übung entspannen kann. Asanas sollen ruhig und bequem sein.

Zu beachten ist gerade am Anfang, daß man sich nicht überfordert. Man lernt die eigenen Grenzen kennen und akzeptieren. Man geht immer nur bis zur Schmerzschwelle. Jeder muß für sich entscheiden, welchen Grad der Anstrengung er ertragen kann. Im Yoga gibt es keinen Leistungsdruck. Jeder ist für sich verantwortlich, jeder bestimmt sein Tempo. Deshalb konzentriert sich jeder auf seinen Körper und schließt die Augen, wenn es möglich ist. Die Wirkung der Übung ist immer gewährleistet, auch wenn sie erst im Anfangsstadium beherrscht wird.

Übungsbeispiel „Die kleine Schildkröte"

Die Ausgangsposition der kleinen Schildkröte ist der Fersensitz. Ich atme tief ein, bewege dann ganz langsam meinen Körper nach vorn und lege den Rumpf auf den Oberschenkeln ab. Das Gesäß berührt die Fersen, der Kopf liegt vor den Knien auf dem Boden, die Berührungspunkte sind Stirn und Nasenspitze. Die Schultern hängen entspannt nach unten, Arme und Hände liegen neben dem Körper. Der Rücken ist rund und weich, und die Wirbelsäule ist entspannt. In dieser Haltung konzentriere ich mich wieder auf ruhiges, gleichmäßiges Atmen in den Bauchraum. Durch einen sanften Druck der Oberschenkel gegen die Bauchdecke, die sich beim Ausatmen senkt, beim Einatmen hebt, entsteht eine leichte Massage der Bauchorgane. In dieser Haltung fühle ich mich sehr wohl (aus: Inge Schaefer/Gaby Winkler: Yoga Erfahrungen, Köln 1985, S. 37).

Ziele und Wirkung von Yoga

Die Heilwirkungen von Yoga sind in Indien überliefert und in vielen Kliniken Bestandteil der medizinischen Therapie. Erst in jüngerer Zeit versuchen Mediziner auf der ganzen Welt, mit wissenschaftlichen Methoden zu erforschen, was die Körper- und Atemübungen des Yoga bewirken.

Wissenschaftlich meßbar ist, daß die Yogis die willensunabhängigen Körperfunktionen wie Puls, Blutdruck und Aktivität der inneren Organe kontrollieren können. Messungen der Gehirnströme während der Meditation haben ergeben, daß das Gehirn einen großen Anteil an Alphawellen aussendet, die einem entspannten Geisteszustand zuzuschreiben sind. Alpha-wellen werden ebenfalls mit Kreativität in Verbindung ge-bracht. Diese Wirkungen machen sich das autogene Training und andere Entspannungstechniken zunutze.

Durch medizinische Tests wurde bewiesen, daß der Sauer-stoffverbrauch während aller Übungen steigt, dem Körper also mehr Sauerstoff zugeführt wird.

Blutdruckmessungen haben ergeben, daß einige Übungen blutdrucksenkend (Fisch, Kobra), andere blutdrucksteigernd wirken (alle Umkehrübungen). Hauttemperaturmessungen ha-ben gezeigt, daß sich bei der Drosselung der Blutzufuhr die Hauttemperatur senkt beziehungsweise bei verstärkter Durch-blutung steigert.

Auf Röntgenaufnahmen kann man sehen, wie sich Zwerch-fell, Magen und Dickdarm durch die Atmung bewegen, dabei massiert und durchblutet werden.

Röntgenbilder der Lunge zeigen ebenfalls, daß bei der Yoga-Atmung die peripheren, das heißt die am Rande befindlichen Gefäße der Lunge stärker gefüllt werden, beim Kopfstand vor allem die zentralen Lungengefäße. Geschmeidigkeit, Gelenkig-keit, Muskelbildung, verbesserte Durchblutung, Entspannung, Konzentrationsfähigkeit, gesteigertes Wohlbefinden sind Wir-kungen, die durch Hatha-Yoga für jeden erreichbar werden.

Voraussetzungen für die Teilnahme

Ein Yoga-Kurs, zum Beispiel an der Volkshochschule, kann bewirken, daß sich die unterschiedlichsten Menschen mit einer gemeinsamen Sache vertraut machen, um herauszufinden, ob dieser Weg der richtige für sie ist. Das Tun müssen sie dann selbst in die Hand nehmen. Wie sorgfältig und behutsam sie dann mit sich umgehen, ist sicher auch auf eine gut vorbereitete Einführung in dieses Thema zurückzuführen. Was dann jeder einzelne daraus macht, liegt in seiner eigenen Verantwortung.

Zu beachten ist, daß Yoga nicht den Arzt ersetzt. Vorsicht ist geboten bei aktuellen Schmerzen, Verletzungen (inner- oder äußerlich), Bluthochdruck, Bandscheibenschäden, erhöhtem Augeninnendruck, Schilddrüsenüberfunktion (nur wenig nach hinten beugen).

Qualifikation der Lehrenden

Außer den Fachkenntnissen sollten Lehrkräfte an Volkshochschulen eine pädagogische Ausbildung haben, zumindest ausreichende Fortbildung in dieser Richtung nachweisen können.

Ausbildungsmöglichkeiten für Yoga können über den Berufsverband Deutscher Yogalehrer e. V., Riemenschneiderstr. 4, 97250 Erlabrunn/Würzburg vermittelt werden.

Literatur

Aurobindo, Sri: Der integrale Yoga, Hamburg 1982.
Eliade, Mircea: Yoga. Unsterblichkeit und Freiheit, Frankfurt am Main 1977.
Fuchs, Christian: Yoga in Deutschland, Stuttgart/Berlin/Köln 1990.
Haare, Sophy: Yoga. Geschichte, Philosophie und ein komplettes Übungsprogramm, Ravensburg 1980.
Iyengar, B. K. S.: Licht auf Yoga, Bern/München/Wien 1978.
Lysebeth, André van: Die große Kraft des Atems, Bern/München/Wien 1977.
Mekerji, G. S./Spiegelhoff, W.: Yoga und unsere Medizin, Stuttgart 1980.
Schaefer, Inge/Winkler Gaby: Yoga Erfahrungen, Köln 1985.

2. Meditation und Entspannung in der Ruhe

Wolfgang Sattler

Autogenes Training

Entspannung durch Vorstellung von Körperempfindungen

Einführung

Als Entspannungsmethode ist das Autogene Training heute weltbekannt. Es findet Verwendung in der Psychotherapie, in der Medizin und in zunehmendem Maße auch in der Gesundheitsbildung.

Im Autogenen Training gelingt es, durch ruhige, konzentrierte Vorstellung von Körperempfindungen, wie etwa angenehmer Schwere und Wärme, einen Zustand tiefer Entspannung zu erreichen. Das Gefühl tiefer Entspannung wird in der Vorstellung vorweggenommen. Ist diese intensiv und plastisch genug, wird sie von realer körperlicher Entspannung begleitet.

Theoretischer und geschichtlicher Hintergrund

Johannes Heinrich Schultz (1884–1970), Nervenarzt in Berlin, entwickelte das Autogene Training etwa in der Zeit von 1908 bis 1912. Er nannte es auch „konzentrative Selbstentspannung". Mit dieser Bezeichnung wollte er den Unterschied zwischen Autogenem Training und Hypnose, aus der es entwickelt wurde, verdeutlichen. Im Autogenen Training erfolgt Entspannung durch selbstgegebene Befehle und systematisches Üben. In der Hypnose erfolgt Entspannung durch Fremdsuggestion. Wie die

Hypnose, so ist auch das Autogene Training mehr als nur Entspannung. Es geht mit einer tiefen Harmonisierung der vegetativen Gesamteinstellung, der „organismischen Umschaltung", einher, die vom Übenden als tiefe innere Ruhe und Versunkenheit erlebt wird. Dabei wechselt das vegetative Nervensystem von einer Ausrichtung auf Leistung in eine Erholung und Regeneration fördernde Ausrichtung. W. Kretschmer (1984, S. 361) spricht deshalb auch von „Leibmeditation". Nach H. Stolze (1971, S. 175) wird der Übende „zu neuem Selbstgefühl" geführt. Er erreicht im Zustand autogener Versunkenheit ein „schrittweise wachsendes Selbstvertrauen" (G. Iversen, 1972, S. 207). Auch W. Dogs (1980, S. 32) sieht im Autogenen Training „den besten Weg zum eigenen Selbstvertrauen". G. Krapf (1985, S. 269) nennt es ein „Einüben ins Urvertrauen, vielleicht ein Wiederfinden des Urvertrauens". Es führt auf diese Weise zu einer Ichstärkung.

Von der Hypnose zum Autogenen Training

Zu Beginn dieses Jahrhunderts sind aus der Hypnose zwei bedeutende psychotherapeutische Verfahren entstanden: Sigmund Freud entwickelte um 1923 die Psychoanalyse, J. H. Schultz eine Methode der Autosuggestion, die er 1928 der wissenschaftlichen Öffentlichkeit unter der heute gebräuchlichen Bezeichnung „Autogenes Training" vorstellte.

In seiner Grundkonzeption war das Autogene Training bereits um 1912 entstanden. Schultz hatte wichtige Erkenntnisse der Hypnoseforschung Oskar Vogts, eines damals sehr bekannten Hirnforschers, für seine Arbeiten nutzen können. Vogt hatte herausgefunden, daß „gebildete und kritische Versuchspersonen" in der Lage waren, sich selbst, ohne fremde Hilfe, autosuggestiv in den hypnotischen Versenkungszustand zu versetzen. Sie konnten sich auf diese Weise „weitgehende Ruhigstellung und Erholung" verschaffen. Er nannte diese Anwendung der Selbsthypnose „prophylaktische Ruhepausen" (J. H. Schultz, 1970, S. 1). Oskar Vogt war auch bekannt, daß die in der Hypnose und in der Autosuggestion auftretende tiefe Entspannung mit einem angenehmen Gefühl von Schwere und Wärme einhergeht.

Nach der Anschauung Theodor Lipps, allen Vorstellungen komme die Tendenz zu, „Wahrnehmung zu werden" (J.H. Schultz, 1970, S. 27), müßte die intensive Vorstellung eines angenehmen Schwere- und Wärmegefühls zur organismischen Umschaltung und, damit verbunden, zu tiefer Entspannung führen.

Dies trifft tatsächlich zu und stellt das eigentliche Grundprinzip des Autogenen Trainings dar. A. Forel nannte es Ideoplasie (H. Binder und K. Binder, 1989, S. 17). Alexander Mitscherlich (D. Eicke, 1973, S. 117) spricht vom „psychosomatischen Simultangeschehen". Dies sind zwar komplizierte Begriffe, die sich aber leicht veranschaulichen lassen: Ein beliebiges Pendel, ruhig zwischen Zeigefinger und Daumen gehalten, beginnt in die Richtung zu schwingen, die man sich konzentriert vorgestellt hat. Wer selbst Kinder hat, wird sich erinnern, wie er unbewußt selbst den Mund öffnete, wenn er den Löffel mit Brei zum Mund des Kindes führte. Der intensive Wunsch, der Mund des Kindes möge sich öffnen, geht mit entsprechender Innervierung im eigenen Körper einher: Der eigene Mund öffnet sich.

Und so führt auch beim Autogenen Training die konzentrierte Vorstellung etwa eines Schwere- und Wärmegefühls im rechten Arm mit zunehmender Übung zur Entspannung und damit zur Wahrnehmung von Schwere und Wärme im gesamten Körper. Gedankliche Vorstellungen gehen also mit körperlichen Veränderungen (hier Entspannung) einher. Und körperliche Veränderungen führen zu mehr innerer Ruhe und Gelassenheit, die die eigentliche Übung zunehmend überdauern. Die Übenden werden ruhiger und ausgeglichener.

Das Autogene Training, ein bionomer Weg

Sigmund Freud soll J.H. Schultz einmal gefragt haben, ob er denn glaube, mit seiner neuen Methode heilen zu können. Schultz habe darauf geantwortet, er verstehe sich mit dem Autogenen Training eher als ein Gärtner, der Steine vom Beet sammle und damit der Saat Wachstum und freie Entfaltung ermögliche. Das Autogene Training wird also schon von Schultz als eine Möglichkeit gesehen, den lebensgesetzlichen, „bionomen Abläufen" (H. E. Rothschuh in J. H. Schultz, 1963, S. 14) den Weg frei zu machen.

Sigmund Freud hatte durch seine Arbeit mit der Hypnose die Dynamik unbewußter Konflikte erkannt und in der Psychoanalyse eine Methode entwickelt, ins Unbewußte verdrängte Konflikte und traumatische Erlebnisse wieder erlebbar und damit der Bearbeitung zugänglich zu machen. Dagegen ist das Autogene Training eine „stumme", nicht sprachliche Methode. In der autogenen Versunkenheit können wir im Erleben sehr frühe Bereiche der seelischen Entwicklung erreichen. Bereiche, in denen es noch keine Worte gibt. Hier kann die Einheit von Leib und Seele in tiefer Gelassenheit und Ruhe direkt erfahren werden. Es geht hier im therapeutischen Sinn nicht um ein Auf- oder Zudecken, sondern, wie G. Krapf es formuliert, um ein „Einüben ins Urvertrauen" (Günther Krapf, 1985, S. 268).

Ziele in der Gesundheitsbildung

Das Autogene Training ist gerade wegen dieser seelisch stabilisierenden Wirkung zu einem wichtigen Bestandteil moderner Psychotherapie geworden. Geht es in der Therapie darum, mit Hilfe des Autogenen Trainings größere Steine aus dem Weg seelischer Entwicklung und persönlicher Entfaltung zu räumen, so dient es dem Gesunden, den Weg persönlicher Entwicklung freizuhalten, mögliche Hindernisse und Alltagskonflikte auf „bionome Weise" zu bewältigen. Als ein die Selbstheilungskräfte aktivierendes Verfahren eignet sich das Autogene Training besonders gut zur Prävention und wird deshalb schon lange in der Gesundheitsbildung angeboten. Insbesondere zur Streßbewältigung hat es sich als hilfreich erwiesen. Bereits ein kurzes, wenige Minuten dauerndes Verweilen im autogenen Versenkungszustand kann einen deutlich spürbaren Erholungseffekt bewirken. Kurze „autogene Pausen" erfrischen und halten im

Arbeitsalltag länger leistungsfähig. Über den Entspannungseffekt hinaus führt regelmäßiges Üben des Autogenen Trainings zu einer „Resonanzdämpfung der Affekte" (J.H. Schultz/ D. Langen, 1983, S. 7), das heißt, einem Ausufern von Gefühlen wird vorgebeugt. Der im Autogenen Training Geübte ist auch im Alltag ruhiger, gelassener. „Wer es gelernt hat, im Autogenen Training sich-zu-lassen", so formuliert es G.R. Heyer (in J.H. Schultz/D. Langen, 1983, S. 7), „wird durch regelmäßiges Trainieren gelassen."

Durch Gelassenheit und inneren Abstand zu den Dingen und Ereignissen des Alltags können Denkblockaden, Nervosität und Versagensängste vermieden werden. Die eigene Leistungsfähigkeit kann gesteigert werden.

So wie die konzentrierte Vorstellung von Schwere und Wärme zu körperlicher Entspannung führt, so können auch Ziele in der Lebensgestaltung und der persönlichen Entwicklung erfolgreicher angestrebt werden, wenn sie in Gestalt „formelhafter Vorsatzbildungen" (J.H. Schultz, 1970, S. 118) regelmäßig in der autogenen Versenkung konzentriert vorgestellt werden. Langen schlägt bei Menschen, die Durchsetzungsschwierigkeiten haben, die Formel vor: „Ich gehe meinen Weg mit Mut, Sicherheit und Selbstvertrauen" (D. Langen, 1992, S. 68). Formelhafte Vorsatzbildungen oder „individuelle Formeln", wie Langen (1992, S. 5) sie nennt, sollten nicht wie ein Rezept aus Büchern übernommen, sondern sorgfältig, eventuell mit Unterstützung eines Therapeuten, erarbeitet werden.

Die Praxis

Es ist heute fast schon selbstverständlich, daß Autogenes Training in Gruppen gelehrt wird. Dieses Vorgehen hat eine Reihe von Vorteilen, auch für die Übenden. Die Gruppenatmosphäre wirkt sich in der Regel günstig auf das Erlernen der Übungen aus, und der einzelne fühlt sich in seinem Bemühen durch die Übungserfahrungen der übrigen Gruppenmitglieder unterstützt. Auch das von vielen Übungsleitern praktizierte Vorsprechen der Formeln hat Vorteile. Durch den stärkeren Suggestiveffekt des Vorsprechens erlebt der einzelne die organismische Umschaltung schneller, als dies ohne Vorsprechen der Fall wäre.

Viele Übende gewöhnen sich allerdings an das Vorsprechen durch den Kursleiter und stellen dann beim eigenständigen Üben fest, daß das Autogene Training zu Hause „nicht klappt". Auf das selbständige Üben, ohne Tonträger und ohne Musik, ist also von Anfang an größter Wert zu legen.

Es sollte in einer möglichst ruhigen Umgebung geübt werden, in einem Raum, der nicht zu warm und nicht zu kalt ist und der, wenn irgend möglich, etwas abgedunkelt ist. Die Übenden sollten weiter darauf achten, daß sie auch von ihrer Kleidung her nichts stört, wie etwa ein zu enger Gürtel. Es soll also weitgehend dafür gesorgt werden, daß äußere Reize, die die Aufmerksamkeit auf sich ziehen könnten, ausgeschlossen sind.

J. H. Schultz beschreibt drei Grundhaltungen, die sich zum Üben des Autogenen Trainings besonders gut eignen. Es sind dies der Droschkenkutschersitz, der Sitz im Lehnstuhl und die Rückenlage, Haltungen also, die es ermöglichen, tief zu entspannen, ohne das Gleichgewicht zu verlieren.

In der Originalform nach J. H. Schultz wird das Autogene Training in insgesamt sechs Übungen, die nacheinander eingeübt werden, aufbauend gelernt. Es sind
- die Schwereübung (Muskelentspannung),
- die Wärmeübung (Gefäßentspannung),
- die Herzübung,
- die Atemübung,
- die Bauchübung (Sonnengeflecht),
- die Kopfübung (Stirnkühle).

Die Übungsgruppe trainiert zunächst etwa vierzehn Tage lang die Schwereübung. Dreimal täglich sollte sich der Übende auf die erste Übungsformel „Der rechte Arm ist ganz schwer" für etwa zwei Minuten konzentrieren. Das Schweregefühl, das sich im Übungsarm einstellt, wird sich im Laufe der Übungen auch auf den anderen Arm und schließlich auf den ganzen Körper ausbreiten (Generalisierung). Ist die erste Übung realisiert, schließt sich die zweite Übung an, die Wärmeeinstellung. Es folgen dann nacheinander die einzelnen Organübungen, für deren Einübung meist kürzere Zeit verwandt wird. Schließlich werden alle Übungen in einer Übungssitzung nacheinander durchgeführt. Eine Übung dauert jetzt länger, etwa zehn bis fünfzehn Minuten. Sie kann aber auch nach Belieben zeitlich weiter ausgedehnt werden. Von Anfang an wird jede autogene Übung durch „Zurücknehmen" beendet. Dies geschieht, indem sich der Übende gedanklich das Kommando gibt: „Arme fest! Tief atmen! Augen auf!"

Die weite Verbreitung des Autogenen Trainings und seine Anwendung unter den unterschiedlichsten Gegebenheiten haben zu einer Reihe von Abwandlungen der Originalmethode geführt. Zu erwähnen wäre die Methode nach W. Dogs (1983), die sich besonders in offenen Gruppen bewährt hat. Sie unterscheidet sich von der Originalform vor allem dadurch, daß hier von der ersten Sitzung an immer alle Übungen auf einmal trainiert werden.

D. Langen (1992) hat eine vereinfachte Form des Autogenen Trainings entwickelt. Sie beschränkt sich auf die Schwereübung, die Wärmeübung und die Atemübung. Die Wirksamkeit des Autogenen Trainings wird durch diese Vereinfachung in keiner Weise geschmälert.

Voraussetzungen für die Teilnahme

Grundsätzlich ist jeder Mensch in der Lage, Autogenes Training zu erlernen. Kinder können etwa ab dem achten Lebensjahr in Kindergruppen und etwa ab dem zwölften Lebensjahr in Erwachsenengruppen unterrichtet werden. Eine obere Altersgrenze gibt es eigentlich nicht. Hier entscheidet die geistige Verfassung über die Eignung. Geisteskranke sind grundsätzlich nicht geeignet, im Rahmen der Gesundheitsbildung am Autogenen Training teilzunehmen. Kranke, die unter starken Depressionen oder Zwängen leiden, wären durch das Ansinnen, Autogenes Training zu erlernen, überfordert.

Im Rahmen der Gesundheitsbildung sollten möglichst Gesunde im Autogenen Training unterrichtet werden sowie Menschen mit Befindlichkeitsstörungen, deren behandelnder Arzt seine Einwilligung bescheinigt hat. Grundsätzlich gilt: Je gesünder ein Mensch ist, desto leichter und schneller wird er die einzelnen Übungen des Autogenen Trainings realisieren.

Qualifikation der Lehrenden

Die meisten Veröffentlichungen über das Autogene Training enthalten Hinweise, daß die Methode nur unter ärztlicher Anleitung gelernt werden sollte. Als Begründung wird angeführt, daß es durch die organismische Umschaltung zu Herz-Kreislauf-Störungen oder ähnlichem kommen kann. Diese Forderung wird heute nicht mehr generell aufrechterhalten. Neben Diplom-Psychologen sind heute längst auch nichtakademische Gruppenleiter verantwortungsbewußt und erfolgreich für Autogenes Training tätig. Der Kneipp-Bund Bad Wörishofen zum Beispiel veranstaltet regelmäßig Seminare zur Ausbildung auch nichtakademischer Autogenes-Training-Gruppenleiter.

Das autogene Prinzip wahren!

Es ist schon bedenklich, was heute alles unter der Bezeichnung „Autogenes Training" angeboten wird. Das reicht von Körperwahrnehmungsübungen über Entspannungssuggestion und begleitete Phantasiereisen bis hin zum Vertrieb von besprochenen Tonkassetten. Hier sollte von verantwortlichen Autogenes-Training-Gruppenleitern darauf geachtet werden, daß das Wesentliche des Autogenen Trainings, das autogene Prinzip, also der ausschließlich autosuggestive Weg zur organismischen Umschaltung, gewahrt bleibt. Nur so kann das Autogene Training wirklich erlernt und später unabhängig von Gruppe und Gruppenleiter eigenständig erfolgreich geübt werden.

Literaturhinweise

Binder, Helmut/Binder, Klaus: Autogenes Training. Basispsychotherapeutikum, Köln 1989.

Dogs, Wilfried: Autogenes Training. Erlebnisstufe für Fortgeschrittene, Heidelberg 1980.

Dogs, Wilfried: Konzentrative Entspannungstherapie, Duisburg 1983.

Eicke, Dieter: Der Körper als Partner, München 1973.

Iversen, Gerd: Die Bedeutung des Autogenen Trainings zur Selbstfindung, in: PPmP Psychotherapie Psychosomatik medizinische Psychologie 23, 1973.

Krapf, Günther: Das „autogene Grundprinzip" beim Autogenen Training, in: Praxis der Psychotherapie und Psychosomatik, 1985.

Kretschmer, Wolfgang: Spontane und induzierte Veränderungen des Körpergefühls beim Autogenen Training als meditative Ansätze, in: Petzold, H. (Hrsg.): Psychotherapie Meditation Gestalt, Paderborn 1984.

Krug, Jürgen, Das Autogene Training. Wie man Entspannung, Ruhe, Gesundheit gewinnt, München 1991.

Langen, Dietrich: Autogenes Training für jeden, München 1992.

Schultz, Johannes Heinrich: Die seelische Krankenbehandlung, Stuttgart 1963.

Schultz, Johannes Heinrich: Das Autogene Training, Stuttgart 1970.

Schultz, Johannes Heinrich/Langen, Dietrich: Übungsheft für das Autogene Training, Stuttgart 1983.

Stolze, Helmut: Kinaesthetisches Bewußtmachen als Grundlage einer Entspannungstherapie, in: Wiesenhütter, E. (Hrsg.): Hypnose und Autogenes Training in der psyhosomatischen Medizin, Stuttgart 1971.

Angelika Schilke

Progressive Muskelentspannung

Aktiv und gezielt entspannen

Einführung

Unter Progressiver Muskelentspannung (Progressive Relaxation) versteht man eine Methode der Muskelan- und entspannung, die hilft, Spannungen und Ängste, hervorgerufen durch Streß, Ärger, Hektik, zu vermindern beziehungsweise zu beseitigen. Progressive Muskelentspannung nutzt die Beobachtung, daß seelische Spannungen und Ängste, die immer mit Muskelanspannungen verbunden sind, durch eine Entspannung der Muskulatur herabgesetzt werden können.

Entstehungsgeschichte, theoretische Annahmen, kultureller Hintergrund

Die Progressive Muskelentspannung wurde von dem Internisten Edmund Jacobsen in jahrzehntelanger Arbeit an den Universitäten Harvard und Chicago entwickelt. Jacobsen entdeckte, daß es enge Zusammenhänge zwischen psychischen und somatischen Zuständen gibt. Er fand heraus, daß bei Spannungsgefühlen Muskelkontraktionen auftraten und sich diese Spannungsgefühle vor allem dann zeigten, wenn seine Patienten von Angst berichteten. Gleichzeitig beobachtete er, daß Spannungsgefühle vermindert werden konnten, wenn die muskuläre Spannung herabgesetzt wurde. Er schloß daraus, daß muskuläre Entspannung der direkte physiologische Gegensatz zur Spannung ist und folgerichtig die adäquate Behandlung für angespannte und ängstliche Menschen darstellt. In seinen klinischen Untersuchungen entdeckte Jacobsen, daß sich Spannungen durch die systematische Anspannung und Entspannung verschiedener Muskelgruppen und durch die Konzentration auf die dabei entstehenden Gefühle (und deren Vergleich) fast völlig beseitigen lassen und so ein Gefühl tiefer Entspannung entsteht. Die Ergebnisse seiner Untersuchungen faßte Jacobsen in dem Buch „Progressive Relaxation" (1938) zusammen, in dem er seine Theorie wie sein Vorgehen ausführlich beschrieb. Bereits vier Jahre früher war eine Fassung für Laien unter dem Titel „You must release" erschienen.

Jacobsen versteht seine Methode als ganzheitlich, universell anwendbar und mit anderen Therapieformen kombinierbar. Ihre Bedeutung läßt sich auch daran ermessen, daß sich mehr als 1000 wissenschaftliche Arbeiten mit Progressiver Muskelentspannung und ihren Wirkungen befaßt haben.

Nach Jacobsen kostet jede Anstrengung Kraft. Jede Art von Betätigung geht mit der Kontraktion (Anspannung) und Entspannung der 1030 Skelettmuskeln einher. Mit jeder Muskelanspannung ist ein Energieverbrauch verbunden. Selbst beim Nachdenken und Planen laufen in unseren Muskeln Aktivitäten ab, die zwar sehr gering sind, aber doch präzise gemessen werden können.

Auch geistige Aktivität wirkt sich als Anstrengung im neuromuskulären System aus. Über zentrale Nervenimpulse wird das Herz angeregt, den Blutzufluß pro Minute zu steigern. Dadurch wird automatisch die Blut- und Sauerstoffversorgung der überaktiven Muskeln dem Bedarf entsprechend erhöht, während gleichzeitig ein erhöhter Blutdruck entsteht, um die Blutversorgung und die Entgiftung des Körpers zu erreichen.

Spannungsbedingte Beschwerden können dadurch vermieden werden, daß Menschen lernen, auf physiologischer Ebene mit ihren Energien hauszuhalten. So ist es Ziel der Progressiven Muskelentspannung, Menschen zu lehren, wie sie ihren Energieverbrauch verringern und unnötige Spannungen vermeiden können, ohne einmal gesteckte Ziele aufgeben zu müssen. Über Progressive Muskelentspannung sollen Menschen lernen, eigene Chancen zur Beruhigung zu nutzen, statt zu Tabletten zu greifen.

Ziele in der Gesundheitsbildung

Die Absicht Jacobsens, von Spannungszuständen und Angst betroffenen Menschen durch seine Methode möglichst zur tiefen Entspannung zu verhelfen, und die relativ schnelle und leichte Erlernbarkeit der Progressiven Muskelentspannung lassen sie als besonders geeignet für die Gesundheitsbildung erscheinen.

Hier kann sie einmal in präventiver Hinsicht angeboten werden, um Menschen, die starkem Streß beziehungsweise sehr belastenden Lebenssituationen ausgesetzt sind, einen Weg zu zeigen, wie sie große Spannungszustände abbauen und unnötige Spannungen vermeiden können. Die Progressive Muskelentspannung ermöglicht es auch, sparsamer mit den eigenen Kräften umzugehen und sie effizienter einzusetzen. Denn angespannt sein strengt an, man verausgabt sich schneller.

Progressive Muskelentspannung wird darüber hinaus dort im therapeutischen Bereich eingesetzt, wo es darum geht, Angstzustände, depressive Zustände, Schlafstörungen, psychosomatische Störungen, Kopfschmerzen und so weiter zu lindern. Bei all diesen Indikationen wurde die Wirksamkeit der Methode klinisch nachgewiesen.

Die Praxis

Die Progressive Muskelentspannung umfaßt das langsame Anspannen, Halten der Spannung (etwa fünf bis sieben Sekunden) und Loslassen von insgesamt 16 Muskelgruppen des gesamten Körpers in einer bestimmten Reihenfolge. Dabei sitzen die Übenden entspannt oder liegen auf dem Rücken. In dem auf das Entspannen folgenden Zeitraum von 45 bis 60 Sekunden werden die Unterschiede zwischen Anspannung und Entspannung wahrgenommen.

Der große Vorteil dieser Übungsmethode, erst Spannung zu erzeugen und sie dann zu lockern, ist darin zu sehen, daß die Übenden leichter und intensiver Empfindungen in ihren verschiedenen Muskelgruppen wahrnehmen können. Ihnen fällt es auch leichter, die beiden Zustände der Anspannung und Entspannung mit ihren einhergehenden Empfindungen zu vergleichen, wenn sie ihre Muskeln zunächst bewußt anspannen.

Das Beugen des Kopfes nach vorn zeigt zum Beispiel eine andere Anspannung von Muskeln im Nacken, als wenn wir den Kopf nach hinten drücken oder ihn nach rechts oder links drehen. Durch die unterschiedlichen Bewegungen und Muskelanspannungen erspürt man immer genauer und feiner, welche Muskeln angespannt oder entspannt sind. Biegt man zum Beispiel die Hand nach hinten, spürt man an der Außenseite des Unterarms die Anspannung. Biegt man die Hand nach vorn, so spürt man an der Innenseite des Unterarms die Anspannung.

Auch die Atmung wird einbezogen, indem der Gegensatz zwischen der Spannung beim Einatmen und der Entspannung beim Ausatmen spürbar gemacht wird.

Wenn die Übenden in der Lage sind, sich durch Anspannung und Entspannung der erwähnten 16 Muskelgruppen tief zu entspannen, können Varianten der Progressiven Muskelentspannung eingeführt werden, die weniger Zeit und geringere Anstrengung zum Erreichen der Entspannung erfordern. Dazu werden in einem ersten Schritt die 16 Muskelgruppen zunächst zu sieben Muskelgruppen, später zu vier Muskelgruppen zusammengefaßt. Dadurch wird der Zeitaufwand auf weniger als zehn Minuten verkürzt. Ziel ist es, die Übenden in die Lage zu versetzen, sich jederzeit möglichst schnell tief entspannen zu können.

Die weitestgehende Variante der Progressiven Muskelentspannung ist das Vergegenwärtigungsverfahren. Hierbei werden die einzelnen Muskelgruppen gleich ohne vorhergehende Anspannung entspannt. Dabei werden die Erfahrungen der Übenden genutzt, die sie mit dem Verfahren der Anspannung und der Entspannung der Muskelgruppen erworben haben. Durch diese Erfahrungen sind die Übenden in der Lage, den

Entspannungszustand der Muskeln an den jeweils auftretenden Empfindungen unmittelbar zu erkennen. Durch die Konzentration der Übenden auf Spannungsgefühle in den verschiedenen Muskelgruppen und durch die Erinnerung an die Gefühle, die mit dem Lockern dieser Spannungen gekoppelt sind, wird schließlich die Entspannung erreicht. Hier ist die Parallele zur Grundstufe des Autogenen Trainings unübersehbar: Entspannung wird durch Konzentration bewirkt.

Voraussetzungen für die Teilnahme

Progressive Muskelentspannung ist für alle Teilnehmerinnen und Teilnehmer geeignet, die den Wunsch haben, Spannungsgefühle in anstrengenden Situationen oder am Ende eines langen, anstrengenden Tages auf angenehme und wirksame Weise zu beseitigen. Vor allem aber eignet sich diese Methode für alle diejenigen, die unter unangenehmen intensiven Spannungsreaktionen leiden, die andere Beschwerden wie etwa Schlaflosigkeit oder Kopfschmerzen (falls sie von Spannung herrühren) nach sich ziehen. Aber auch Teilnehmer, die unter allgemeinen Spannungsgefühlen oder unter Nervosität leiden, können von Progressiver Muskelentspannung profitieren. Nicht geeinet ist diese Technik, wenn Beschwerden vorliegen, bei denen es nicht ratsam ist, bestimmte Muskelgruppen anzuspannen. Es muß auch vor übertriebenen Erwartungen gewarnt werden. Progressive Muskelentspannung allein kann nicht Lebensprobleme, die zum Beispiel Ängste zur Folge haben, lösen.

Schließlich müssen die Übenden bereit sein, das Erlernte regelmäßig zu üben und sich über einen längeren Zeitraum (Übungsstunde) zu konzentrieren.

Qualifikation der Lehrenden

Die Lehrenden sollten eine sorgfältige Ausbildung in Progressiver Muskelentspannung entweder durch ein Zertifikat oder

durch entsprechende Referenzen nachweisen. Ausbildungsmöglichkeiten werden vor allem durch die folgenden beiden
Institutionen angeboten:

- Institut für integrative Therapie (IIT), Tal 18, 80331 München,
- Psychologischer Arbeitskreis für Autogenes Training und
  Progressive Relaxation, Klinik Lipperland, Am Ostpark 1,
  32105 Bad Salzuflen

Literaturhinweise

Bernstein, Douglas A.: Entspannungstraining – Handbuch der Progressi-
ven Muskelentspannung, München 3. Aufl. 1982.
Jacobsen, Edmund: Entspannung als Therapie, München 1990 (Reihe: Le-
ben lernen).
Jacobsen, Edmund: Lassen Sie sich Zeit, Stuttgart 2. Aufl. 1977.
Stemme, Fritz/Reinhardt, Karl W.: Supertraining, Düsseldorf 1988.

Uwe Neeb

Zen

Konzentration – Selbsterfahrung – Selbstverwirklichung

Einführung

Zen ist eine der bekanntesten östlichen Meditationstechniken. Eine genaue Übersetzung des Wortes Zen ist im Grunde nicht möglich. Zen einfach nur als Weg zu übersetzen, reicht nicht aus. Zen ist Weg und Ziel in einem: „Das Ziel ist der Weg – der Weg ist das Ziel."

Im philosophischen Sinne könnte Zen als „Alles oder Nichts" interpretiert werden. Im persönlichen Erleben ist es die Erkenntnis und Verwirklichung des „Wahren Selbst" oder des „Wahren Wesens" im alltäglichen Leben.

Auch diejenigen, die Selbsterfahrung und Selbstverwirklichung als wesentliche Ziele im Zen nicht anstreben, können Gewinn aus regelmäßigen Zen-Meditationen ziehen. Diese können Menschen helfen, ihr Wohlbefinden zu verbessern, Ruhe und Entspannung zu finden sowie die Konzentration und die Willenskraft zu stärken.

Kultureller und philosophischer Hintergrund

Zen hat seinen Ursprung im Mahayana-Buddhismus und gründet sich somit auf die Lehren Buddhas. In diesem Sinne ist Zen auch eine Religion beziehungweise Weltanschauung. Allerdings gibt es weder im Zen noch im Buddhismus allgemein ein religiöses Dogma, so daß im Zen auf jede Festlegung verzichtet wird, an die man „glauben" müßte. Deshalb ist Zen auch ein

Weg, den alle Menschen gehen können, egal, woran sie glauben, woher sie kommen und was sie tun.

Das Ziel im Zen ist reine Selbsterfahrung und vollständige Selbstverwirklichung, die durch die Praxis der Zen-Meditation (japanisch Zazen) erreicht werden kann. Es gilt (nur), sein eigenes „wahres Wesen", welches das „vollkommene Buddha-Wesen" genannt wird, zu erkennen und diese Erfahrung ins tägliche Leben umzusetzen. Die Erkenntnis oder das Wissen um buddhistische Wahrheiten allein zählen nicht. Die Umsetzung der Erkenntnisse ins tägliche Leben ist das höchste Ziel im Zen. Und dazu bedarf es Kraft, Konzentration und Aufmerksamkeit, die durch das tägliche Zazen (Zen-Meditation) erworben werden. Zen ist Praxis und keine Theorie. Wer über Zen nur redet und philosophiert, hat davon nichts begriffen. Deshalb wird das tägliche Üben im Zazen von allen Zen-Meistern als wichtigste Voraussetzung für das Erfassen der „Höchsten Wahrheit" so betont. Diese „ist die erfahrungsgemäße Erkenntnis der absoluten Einheit allen Seins, in der es weder ein für sich bestehendes Ich noch irgendein Einzelding und daher auch keinerlei Gegensätze gibt" (Hugo M. Enomiya-Lassalle SJ, 1989, S. 280). Alle scheinbaren Gegensätze werden als harmonische, natürliche Gesetzmäßigkeiten und Ergänzungen erfahren.

Im Zen wird angenommen, daß der Mensch in Vorstellungen, Ängsten, Gewohnheiten und gesellschaftlichen Zwängen verhaftet ist, so daß er sein „wahres Selbst" und seinen „wahren Willen" nicht erkennen kann. Eigene und fremde Wünsche, Ideen, Träume und Gedanken plagen den Menschen und lassen ihn nicht zur Ruhe und zu sich selbst kommen. Das ist „der Weg des Leidens" im Buddhismus. Im Buddhismus geht es darum, den Weg aus dem Leiden zu finden.

Ursache des Leidens sind falsche Vorstellungen von sich selbst, vom Leben und von der Welt, was zu Disharmonien, schlechten Gefühlen, Ängsten und so weiter führt. Diese Emotionen werden im Buddhismus nicht in der Natur des Menschen begründet gesehen, so daß vermutet wird, daß sie zu überwinden sind. Da das Leiden aus buddhistischer Sicht also hauptsächlich vom Bewußtsein/Denken herkommt, werden die

Mittel zur Überwindung des Leidens in der Veränderung des Bewußtseins gesehen. Innere Einstellungen, die Unwissenheit, Begierde und Haß hervorbringen, müssen überwunden werden.

Der Weg dahin ist praktische Zen-Meditation (Zazen). Hier sollen alle Gedanken zur Ruhe gebracht werden, damit das „wahre Selbst" oder das „wahre Sein" erkannt werden kann.

Zen ist ein Weg der Befreiung aus allen belastenden Vorstellungen, Ängsten und Träumen. Denn im Zen geht es nur um die direkte Erfahrung des persönlichen „wahren Wesens", das zwar alle Gedanken hervorbringt, aber von keinem Gedanken beherrscht wird. „Ich denke, also bin ich." Diese philosophische Sichtweise wurde in unserem Kulturkreis entwickelt. „Ich bin, also kann ich denken", wäre hingegen die Lebensphilosophie im Zen und Taoismus. Das Sein, das Leben an sich, ist die Quelle, aus der alle Vorstellungen und Kräfte erwachsen. Diese Quelle wird im Zen gesucht, damit man sich von dort aus in seiner Ganzheit erfahren kann.

In unserem Sinne könnte die vollkommene Erleuchtung, die das Ergebnis der Zen-Meditation sein kann, als Befreiung aus allen (falschen) Vorstellungen über sich selbst und das Leben, einschließlich des Todes, interpretiert werden. Das Erwachen zum wirklichen Leben und Sein.

Um dieses Erwachen oder diese Befreiung zu ermöglichen, müssen Kraft und Konzentration im täglichen Üben (in der Meditation) gesammelt werden. Erkenntnis oder Erleuchtung fallen nicht vom Himmel, sondern müssen unter Anstrengung erworben werden.

Zur Geschichte und Entwicklung

Zen beginnt mit dem vollkommenen Erleuchtungserlebnis des ersten Buddhas (Gautama Buddha/Siddharta Gautama) um 500 v.Chr. in Indien. Aufgrund seines Erleuchtungserlebnisses stellte er die vier Grundwahrheiten der buddhistischen Lehre auf:

1. Das menschliche Dasein ist Leiden.
2. Das Leiden beruht auf Begierden.
3. Durch die Vernichtung aller Begierde hört alles Leiden auf.
4. An deren Stelle tritt der „Weg" des rechten Wollens, des rechten Redens, des rechten Lebens und des rechten Versenkens.

Nach der ursprünglichen Lehre stand dieser Weg (Zen) der Erleuchtung und Befreiung nur der Mönchsgemeinde offen, weshalb dieser Zweig des Buddhismus „kleines Fahrzeug" (Hinajana) genannt wurde. Um 300 v. Chr. wurde der Buddhismus zur Staatsreligion in Indien und breitete sich durch friedliche Mission auch auf Ceylon (heute Sri Lanka) aus.

Um die Zeitenwende begann sich in den nördlichen Landesteilen Indiens eine erweiterte Lehre des Buddhismus herauszukristallisieren, die des „großen Fahrzeugs" (Mahayana), das alle Menschen aufnehmen und auf den „rechten Weg" bringen kann.

Während sich der traditionelle Hinayána-Buddhismus über Ceylon, Indonesien, Thailand und so weiter ausbreitete, dehnte sich der Mahayana-Buddhismus in nördliche Richtung aus und kam im Zuge der Reise des indischen Mönchs Bodhidarma nach China, wo der Zen-Buddhismus zur Blüte gelangte. Dies wurde sicherlich durch die in China schon seit langem vorherrschende taoistische Lehre und Weltanschauung begünstigt. Die Grundaussagen der taoistischen Lehre sind durch die 81 Lehrsprüche des Lao Tse bekannt, die „das Buch vom rechten Weg und von der rechten Gesinnung" (Tao Teh King) genannt werden. Auch im Taoismus wird vom „rechten Weg" (Zen) gesprochen, ohne den es keine „rechte Gesinnung" geben kann. Und wie im Zen geht die taoistische Lehre auf die Grundaussage zurück, daß der „rechte Weg" und das „wahre Selbst" im Verborgenen ruhen und nicht mit dem reinen intellektuellen Verstand zu erfassen sind: „Der Weg, der zeigbar – ist nicht der beständige Weg; der Name, der nennbar – ist nicht der beständige Name" (Lao Tse, 1. Spruch). Weitere 600 Jahre später wanderte der Zen-Buddhismus weiter nach Osten und gelangte durch den Zen-Meister (Roshi) Dogen nach Japan (um 1200 n. Chr.), wo er bis heute praktiziert wird. Der Zen-Buddhismus hatte großen kulturellen Einfluß auf die Völker Chinas und Japans. Gesellschaftliche und politische Verhaltensregeln zum Beispiel im Konfuzianismus (japanische Teezeremonie) sowie künstlerische (Zen-Malerei), geistige (Philosphie, Wissenschaft) und körperliche (Kampfsportarten/Medizin) Kenntnisse und Fähigkeiten sind auf die direkten Erfahrungen und Erkenntnisse in den Zen-Übungen (Zazen) zurückzuführen.

Man muß sich immer bewußt sein, daß Zen-Buddhismus die reine Praxis des Zazen ist sowie das Umsetzen der dabei gewonnenen Erkenntnisse ins praktische, tägliche Leben. Die verschiedenen Sekten und Glaubensvorstellungen, die im weitverbreiteten Mahayana-Buddhismus immer existent waren, stellen nur philosophische oder religiöse Interpretationen der Erleuchtungserlebnisse dar. Diese Freiheit in der Auslegung der buddhistischen Lehre hat zu ihrer starken Ausbreitung beigetragen. Vorherrschende Glaubensvorstellungen, soziale Verhaltensnormen und politische Strukturen wurden von den buddhistischen Missionaren weitgehend toleriert und angenommen. Obwohl der Buddhismus selbst keinen Gottesbegriff kennt, lehnt er Gott, Götter und Geisterglauben keineswegs ab (der Buddhismus verzichtet völlig auf einen Gottesbegriff. Buddha ist kein Gott oder höheres Wesen. Als Buddha wird der Mensch oder das Wesen bezeichnet, daß die Vollkommenheit allen Seins und sich selbst in der Ganzheit erkennt und dies lebt. So soll der Ausspruch des ersten Buddha gelautet haben: „Wunder über Wunder! Ihrem innersten Wesen nach sind alle Geschöpfe Buddhas, da ihr Geist aber verblendet ist, können sie dies nicht erkennen"). Im buddhistischen Sinn ist jede Lebens- oder Seinsform, aber auch jede schöpferische Vorstellung oder Idee vom Sein verehrungswürdig. Allerdings wird vorausgesetzt, daß Vorstellungen, Wünsche und Begierden den Menschen behindern können, sein wahres Sein zu erkennen.

Bei uns im Westen wurde der Zen-Buddhismus am Anfang des Jahrhunderts durch erste Buchveröffentlichungen japanischer Zen-Texte und deren Interpretationen bekannt.

Hinzu kamen mit der Zeit auch immer mehr Erlebnisberichte von Europäern und Amerikanern, die die Praxis des Zen in japanischen Zen-Klöstern kennengelernt hatten. Auch christliche Priester und Mystiker, wie etwa Enomiya Lassalle, waren von den Techniken des Zazen zur Selbstwesensschau (und damit zu Gott zu kommen) teilweise so begeistert, daß sie nach Japan gingen, um sich dort von Zen-Meistern im traditionellen Zazen unterweisen zu lassen.

Nach beendeter Schulung kehrten die meisten Europäer zurück, um dann im eigenen Land Menschen die Technik des Zazen zu lehren. So wurde Zen, neben anderen östlichen Meditationstechniken, immer bekannter, zumindest was die Theorie des Zen-Buddhismus angeht. Viele intellektuelle Menschen nehmen an, Zen sei ein Spiel der Logik und des Verstandes, bei dem die tägliche Konzentrationsübung eher ein lästiger Nebeneffekt ist. Das ist ein Grundirrtum. Zen ist der praktische Weg zu sich selbst durch Zazen und geistiges Erwachen.

Die Ziele in der Gesundheitsbildung

Die Zen-Meditation beziehungweise Zazen hat drei Ziele:
1. Entwicklung der Kraft der Konzentration (japanisch Joriki),
2. Selbsterfahrung und Erleuchtung, die meist als Satori-Erlebnis oder Satori-Erwachen bezeichnet wird (japanisch Kenshogodo),
3. Selbstverwirklichung (japanisch Mujodo-no taigen, was übersetzt „die Verwirklichung des erhabenen Weges im alltäglichen Leben" bedeutet).

Alle drei Ziele bilden eine untrennbare Einheit. Sie sollen zur vollkommenen Befreiung des Menschen durch Selbsterfahrung und zur Umsetzung der höchsten Erkenntnis ins alltägliche Leben führen.

Um dieses höchste Ziel zu erreichen, muß der Übende hochmotiviert sein. „Mögen auch nur Haut und Knochen von mir übrig bleiben und mein Blut und Fleisch verdorren, so werde ich mich doch nicht erheben, ehe ich nicht vollkommene Erleuchtung gefunden habe." Dieser Text, der häufg bei Sesshins (3- bis 7tägigem Zazen) zitiert wird, verdeutlicht die geforderte

Willensanstrengung zur Konzentration im Zazen. Das bedeutet allerdings nicht, daß nun alle Kursteilnehmer und Zen-Schüler eine solche Motivation mitbringen müssen. Es sollte aber ein grundsätzlicher Wunsch vorhanden sein, an sich selbst zu arbeiten und sich selbst besser kennenzulernen. Ohne Willensanstrengung wird man sich kaum aus lästigen Gewohnheiten und aus einer schlechten Gemütsverfassung befreien können. Ohne Willensanstrengung wird niemand regelmäßige Zen-Übungen praktizieren können.

Es ist auch möglich, die Zen-Meditation nicht als Weg zu einer spirituellen Entwicklung und ohne den Wunsch nach vollkommener Selbsterfahrung zu praktizieren. Sie kann auch als ein Weg zur Gewinnung körperlich-seelischer Gesundheit ausgeübt werden. Da allen Meditationsarten die Einübung in die Stille gemeinsam ist, sind sie dazu geeignet, Menschen dabei zu unterstützen, äußerlich und innerlich zur Ruhe zu kommen, damit sie der Hektik und dem Streß in ihrem Alltagsleben besser begegnen können. In der Gesundheitsbildung geht es in erster Linie darum, durch die Zen-Meditation ruhiger und gesammelter zu werden, sich zu entspannen, mehr Gelassenheit zu entwickeln und die eigene Konzentrationsfähigkeit zu erhöhen.

Die Praxis

Zazen kann im Sitzen, Knien, Liegen oder in Bewegung durchgeführt werden, da es in erster Linie auf die vollständige Konzentration ankommt. Aufgrund von Erfahrungen haben sich bestimmte Körperhaltungen und Übungsabläufe als besonders förderlich für die Konzentration herausgestellt.

Insbesondere bei Anfängern empfiehlt sich eine einfache, gerade Sitzposition auf einem Stuhl oder Hocker. Der Oberkörper ist dabei gerade aufgerichtet, aber nicht verkrampft. Diese Körperhaltung drückt Willen und Kraft aus, was sich positiv auf die geistige Konzentration auswirkt. Die Hände werden so im Schoß ineinandergelegt, daß die Linke mit der

Handfläche nach oben in der rechten Handfläche liegt und die beiden Daumen sich berühren. Die Füße ruhen fest auf dem Boden, so daß die Übenden bequem sitzen können. Die Augen sind entweder geschlossen oder fest auf einen Punkt gerichtet. Das gesamte Bewußtsein ist nach innen gekehrt, auf das Kraftzentrum der Körpermitte (japanisch Hara) gerichtet, etwa in Höhe der Handflächen unterhalb des Bauchnabels.

Nach 2- bis 3maligem tiefen Ein- und Ausatmen sollten die Übenden ganz entspannt und natürlich weiteratmen und ihre ganze Konzentration auf den Atem und das Zählen der Atemzüge richten. Es sollte bei jedem Ein- oder Ausatmen sehr konzentriert bis zehn gezählt werden, wobei sich die Übenden die Zahl intensiv vorstellen dürfen. Dadurch wird rein mechanisches, unkonzentriertes Zählen verhindert.

Die Konzentration auf den Atem wird in vielen Meditationsschulen und -techniken angewendet. Das Atmen ist eine Tätigkeit, die wir unser ganzes Leben lang dauernd ausüben, zumeist ohne daß wir uns dessen bewußt sind. „Der menschliche Geist verfügt über ein ökonomisches Prinzip, das alle gelernten, sich ständig wiederholenden Handlungen zu unbewußten Gewohnheiten werden läßt" (Gregory Bateson, 1981).

Die Zen-Meditation ist der Versuch, dem Menschen sein unbewußtes Handeln wieder bewußt zu machen. Deshalb wird auch hier, inbesondere am Anfang, soviel Wert auf die Konzentration auf das Atmen gelegt.

Die Übungsdauer richtet sich nach der Konzentrationsfähigkeit der Teilnehmer. Von anfangs zehn bis fünfzehn Minuten kann die Zazen-Übung auf 20 bis 30 Minuten ausgedehnt werden.

Bei starken Konzentrationsschwierigkeiten oder sonstigen Problemen der Kursteilnehmer muß die Übung abgewandelt werden (zum Beispiel einfaches, ruhiges Dasitzen).

Im weiteren Verlauf und bei guter Konzentration der Übenden kann auf das Zählen verzichtet werden. Das bedeutet, daß sich der Zen-Schüler nur noch auf den Atem konzentriert, ganz in sich selbst ruhend.

Erst wenn diese Übung beherrscht wird und im Übenden der Wunsch nach tieferer Selbsterfahrung und Erkenntnis wächst, sollte der Zen-Lehrer ihn mit der „reinen Versenkung" im Shikantaza vertraut machen oder ihm einen Koan (eine paradoxe Rätselfrage) zuweisen.

Die Zazen-Übungen – es empfehlen sich zwei bis drei in einer Sitzung – werden durch Anleitungen und Unterweisungen des Lehrers sinnvoll ergänzt. Der Lehrer muß aus sich heraus sprechen und seine Erfahrungen den Schülern erfahrbar machen. Dabei wird vom Schüler ungeteilte Aufmerksamkeit wie in der Konzentration verlangt. Individuelle, persönliche Gespräche zwischen Lehrer und Schüler sollten möglich sein und von den Übenden genutzt werden.

Voraussetzungen für die Teilnahme

Zen erfordert keinerlei Vorkenntnisse oder körperliche Voraussetzungen. Es sollte aber der Wunsch oder Wille vorhanden sein, an sich selbst zu arbeiten. Nur regelmäßiges, möglichst tägliches Zazen kann schnell spürbaren Erfolg bringen und das Lebensgefühl dauerhaft verbessern.

Die Qualifikation der Lehrenden

Eine langjährige, persönliche Praxis des Zazen und tiefgreifende Erfahrungen durch Zen können Menschen befähigen, auch andere Menschen zu diesem Weg zu führen. Erfahrungen in der Gruppenarbeit sowie pädagogische und psychologische Kenntnisse können von Vorteil sein. Hauptsächlich kommt es jedoch auf die Reife der Lehrer und ihre Sensibilität für die Bedürfnisse und Probleme der Kursteilnehmer an. Die Lehrenden müssen auf jeden Teilnehmer eingehen können und die Übungen auf ihn abstimmen und im Falle variieren können.

Direkte Ausbildungsmöglichkeiten zum Kursleiter oder Lehrer für Zen-Meditation gibt es nicht. Mittlerweile bestehen zwar auch in Deutschland einige Möglichkeiten, Intensivkurse in Form japanischer Sesshins (mehrtägige Meditation und Unterweisung) zu besuchen, die gelegentlich sogar von japanischen Zen-Meistern durchgeführt werden. Allerdings bleibt es immer die persönliche Entscheidung des Übenden, ob und ab wann er seine Erfahrungen an andere Menschen weitergeben will. Für den Schüler kann es andererseits wichtig sein, im Laufe der Zeit den Lehrer zu wechseln, da jeder Mensch ganz spezielle Fähigkeiten und Eigenschaften hat, etwas zu vermitteln. So sind auch im traditionellen japanischen Zen die Mönche von Kloster zu Kloster gezogen, um sich von anderen Lehrern und Meistern weiter schulen zu lassen und die bisherigen Erfahrungen zu überprüfen.

Zen im Leben unserer Gesellschaft

Es gibt die klare Aussage vieler Zen-Meister, die darauf hinweisen, daß die gewonnenen Erfahrungen im Zazen überall gelebt werden können – auch im System einer hochtechnisierten Konsumgesellschaft. „Wenn man starke Konzentrationskräfte (durch Zazen) entwickelt hat, kann man zum lautesten und belebtesten Viertel von Tokio gehen und dort Zazen üben" (Philip Kapleau, 1965, S. 154). Gerade in unserer Gesellschaft, in der so viele Ideen und Weltanschauungen miteinander konkurrieren, bietet Zen eine Plattform für alle Menschen, die mehr über sich selbst und die Welt erfahren wollen. Denn alle Lehren, Ideen und Anschauungen haben Platz auf dem „erhabenen Weg".

Manche Menschen meinen, wenn sie Zen oder andere Meditationstechniken praktizieren, müßten sie ihr Leben völlig ändern – vielleicht ins Kloster gehen oder allen Genüssen des Lebens abschwören. Das ist ein Vorurteil.

Zen fordert keinen zwanghaften Verzicht, kein Opfer, keine Rituale. Wenn sich durch Zazen und Erkenntnis Einstellungen zu Leben und Handlungsweisen ändern, geschieht das freiwillig und aus der persönlichen Erfahrung und Erkenntnis heraus.

Literaturhinweise

Bateson, Gregory: Ökologie des Geistes, Frankfurt 1981

Beul, Oskar/Hammitzsch, Horst: Japanische Geisteswelt, Baden-Baden 1956.

Capra, Fritjof: Das Tao der Physik, Bern 1983.

Chang, Chung-Yan: Tao, Zen und schöpferische Kraft, Düsseldorf 1980.

Colegrave, Sukie: Yin und Yang, Bern 1980.

Crowley, Aleister: Das Buch Thoth (Ägyptisches Tarot), München 1981.

Dürckheim, Karlfried von: Hara – Die Erdmitte des Menschen, 14. Aufl. Bern/München/Wien 1989.

Kapleau, Philip: Die drei Pfeiler des Zen, Tokyo 1965.

Khan, Inayat: Sufismus, Bern/München/Wien 1975.

Konfuzius: Meister Kung sprach, Wien 1985.

Lieh-Tzu: Das wahre Buch vom quellenden Urgrund, Düsseldorf 1967.

Mookerjee, Ajit: Die Welt des Tantra, Bern 1978.

Pálos, Stephan: Lebensrad und Bettlerschale/Buddha und seine Lehren, München 1968.

Uhlenbrook, Jan: Lao-Tse. Tao Te King. Das Buch vom rechten Weg und von der rechten Gesinnung, Frankfurt/Berlin 1980.

3. Körperorientierte Selbsterfahrung

Elke Johansson-Tadken/Bo Johansson-Tadken

Alexander-Technik

Alltägliche Bewegungen bewußter wahrnehmen und verändern

Einführung

Die Alexander-Technik ist ein körperorientiertes Verfahren, das Menschen dabei unterstützen will, die Art und Weise ihrer alltäglichen Bewegungen (zum Beispiel sitzen, gehen, stehen) bewußter wahrzunehmen und dadurch zu verändern. So können Haltungen und Bewegungen verhindert und überwunden werden, die Körperbeschwerden wie etwa Verspannungen hervorrufen.

Für die Alexander-Technik spielt also das Bewußtwerden und Erfahren des „Wie" von Körperhaltungen und -bewegungen die wichtigste Rolle. Ihr geht es nicht nur darum, daß Menschen sensibler für ihre Haltungen und Bewegungen werden, ihre Körperwahrnehmung verbessern und eine optimale Haltung/Bewegung erlernen, sondern ihr geht es vielmehr um „den besseren Gebrauch unseres Selbst, der dann zu einer besseren Haltung führt" (Michael Gelb, 1986, S. 52).

Diese „bessere" Körperhaltung wirkt auf den Menschen als Ganzes, also auch auf den geistigen und seelischen Bereich. Durch eine entspanntere physiologische Körperhaltung werden Energien freigesetzt, die bisher für die verkrampfte, Beschwerden verursachende Fehlhaltung aufgewendet werden mußten.

Die Alexander-Technik wird als „Haltungsschule" bezeichnet. Dabei denkt man zunächst an statische Körperhaltungen, die Anstrengung und Disziplin erfordern. Genau dies will die Alexander-Technik aber nicht. Körperhaltung ist nach Frederick Matthias Alexander etwas Dynamisches, Bewegtes. Gemeint ist also nicht eine Haltung im Sinne von Festhalten.

Zum theoretischen Hintergrund

Frederick Matthias Alexander (1869–1955), gebürtiger Tasmanier, entwickelte seine Methode in den letzten 15 Jahren des vergangenen Jahrhunderts. Er war Schauspieler und Rezitator, zuerst in Australien und seit 1904 in England, bis Stimmprobleme und Heiserkeit seiner sehr erfolgversprechenden Laufbahn ein abruptes Ende bereiteten. Ärztliche Hilfe und Ratschläge, seine Stimme zu schonen, brachten ihm nur vorübergehende Besserung, so daß er beschloß, sich selbst mit Hilfe von Spiegeln zu beobachten, um auf diese Weise die möglichen Ursachen für seine Heiserkeit zu finden.

Er hatte festgestellt, daß er nur beim Rezitieren, nicht aber beim alltäglichen Sprechen heiser wurde. So nahm er an, daß er seine Stimme auf der Bühne überstrapazierte. Tatsächlich stellte er bei seinen Spiegelbeobachtungen Körperhaltungen und -bewegungen fest, die er nur beim Rezitieren beobachtete: zum Beispiel Anspannen der Nackenmuskeln, die den Hinterkopf nach hinten und unten zogen, Tiefstand des Kehlkopfes, lautes Einatmen durch den Mund, Hochziehen der Schultern. Daraus folgerte er, daß er seine Haltungen und Bewegungen ändern müsse, um den Stimmverlust zu vermeiden. Die einzige Veränderung, die er willentlich herbeiführen konnte, bestand darin, das Zurückziehen des Kopfes nach hinten und unten zu unterlassen. Dadurch änderten sich auch alle anderen Haltungen und Bewegungen, und seine Stimme besserte sich.

Bei weiteren Spiegelbeobachtungen stellte er fest, daß seine ihm aufgefallenen Haltungen und Bewegungen nicht nur beim Rezitieren, sondern auch beim alltäglichen Sprechen auftraten, allerdings nicht in so ausgeprägter Art und Weise. Er entdeckte, daß sich als Folge seiner Körperhaltung nicht nur die Kopf- und Halsmuskeln, sondern auch die Rückenmuskeln verkürzten. Er folgerte, daß er eine Fehlhaltung im Kopf- und Nackenbereich hatte, die sich auf den ganzen Körper auswirkte. Für ihn war es schwierig, willentlich eine Veränderung seiner Haltung durchzuführen, weil schon der bloße Gedanke an das Rezitieren bei ihm zur Folge hatte, daß er seine Nackenmuskulatur anspannte.

Um eine entspannte Kopf-Hals-Rücken-Beziehung zu erreichen und zu bewahren, ließ er deshalb das Handlungsziel, das Sprechen, weniger dominant werden, dachte sich den Kopf nach oben und vorn, den Nacken frei lassend, und sprach erst dann. So konnte er beim Sprechen die entspannte Beziehung von Kopf-Hals-Rücken beibehalten. Er versuchte sie nun durch bewußtes Verhalten bei all seinen Aktivitäten zu realisieren.

Dieses Wiedererlernen des „richtigen Gebrauches seines Selbst" verbesserte nicht nur vollständig F. M. Alexanders Stimme, sondern auch seine allgemeine Vitalität und damit sein allgemeines Wohlbefinden.

F. M. Alexander ging in seiner Arbeit davon aus, daß der menschliche Organismus eine psycho-physische Einheit ist. Er war der Ansicht, daß sich in den Körperhaltungen und -bewegungen der Menschen auch ihre Gefühle, Stimmungen und Befindlichkeiten ausdrücken. Das Auflösen bestimmter Haltungsgewohnheiten und gewohnheitsmäßiger Bewegungen kann seines Erachtens somit auch zu Veränderungen der inneren Haltungen und Gefühle führen.

„Wir werden entdecken, daß wir an dem alten, schlechten Körpergebrauch hängen und an den Stimmungen, die er aufrechterhält.

Wir fürchten uns vor neuen Dingen, denn wir haben Angst, die vertraute Kontrolle über eine Situation zu verlieren. Durch das Erlernen einer neuen Beherrschung des Körpergebrauchs können wir ein bleibendes Gefühl der inneren Geschlossenheit erlangen und das Bedürfnis nach einer vertrauten, konstanten

Außenwelt aufgeben. Der Schüler muß eine Bereitschaft haben, das Unbekannte zu akzeptieren, und das tiefe implizierte Gefühl haben, daß das Leben offensteht und verändert werden kann" (Wilfred Barlow, 1983, S. 233–236).

Alexanders Schüler waren zunächst Schauspieler und Sänger, später kamen Patienten mit chronischen Erkrankungen hinzu, die von ihren Ärzten zu ihm geschickt wurden. Seine Arbeitsweise, die darin bestand, seinen Schülerinnen und Schülern mündliche Hinweise und Anweisungen zur Veränderung ihrer Körperhaltungen und -bewegungen zu geben, ergänzte er später durch das Berühren seiner Schüler mit den Händen, damit sie Fehlhaltungen und Bewegungsgewohnheiten noch besser wahrnehmen konnten.

F. M. Alexander beobachtete, daß Kinder schon im Alter von etwa zweieinhalb Jahren ungünstige Körperhaltungen und -bewegungen, ja sogar Fehlhaltungen entwickelt haben können. Dies motivierte ihn zusammen mit Irene Tasker, einer Maria-Montessori-Schülerin, 1927 eine erste Schule zu eröffnen, in der drei- bis achtjährige Kinder unterrichtet und zusätzlich in der Alexander-Technik unterwiesen wurden (M. Gelb, 1986, S. 26). Die Ausbildung für Erwachsene in dieser Technik begann F. M. Alexander 1930.

Die Alexander-Technik breitete sich zunächst in England, Israel und den USA aus und faßte auch allmählich in Deutschland und in der Schweiz Fuß. Besonders im musischen Bereich hat diese Technik Anklang gefunden. Sie dient dort zur Steigerung der musischen Qualität und als Prophylaxe zur Verhinderung von Körperbeschwerden durch stundenlanges einseitiges und physiologisch ungünstiges Üben bestimmter Muskelgruppen. Aber auch im medizinischen Bereich steigt der Bedarf an ausgebildeten Lehrern, die mit Ärzten zusammenarbeiten und Patienten mit Hilfe der Alexander-Technik helfen, bestimmte Beschwerden zu überwinden.

Die Prinzipien der Alexander-Technik

Die Arbeit von F. M. Alexander setzt sich mit folgenden wichtigen Prinzipien auseinander:

Die Macht der Gewohnheit

Viele Menschen entwickeln mit der Zeit (zum Beispiel beim Hinsetzen oder sogar beim Bücken) die Gewohnheit, den Hinterkopf in den Nacken zu ziehen – genauso, wie F. M. Alexander es bei sich selbst beim Rezitieren beobachtet hatte. Diese Fehlhaltung wird ihnen zur Gewohnheit. Manchmal reicht schon der bloße Gedanke an die beabsichtigte Bewegung (etwa an das Hinsetzen) aus, die gewohnte Kopfbewegung durchzuführen. Dies kann zur ständigen Verkrampfung und zum Zusammenziehen des Nackens führen.

Inhibition

Inhibition bedeutet Innehalten, mit dem Ziel, gewohnheitsmäßige Bewegungen nicht auszuführen. Bei der Alexander-Technik lernt der Schüler, daß es zwischen dem Impuls, etwas zu tun, und der Aktion/Reaktion die Möglichkeit gibt, innezuhalten. Erkennt er dies, kann er die gewohnheitsmäßige Bewegung, nämlich den Kopf nach hinten und unten zu ziehen, unterlassen.

Falsche Wahrnehmung

Mit Hilfe von Spiegeln lassen sich viele Reaktionen erkennen, die nicht fühlbar wahrnehmbar sind. Unsere Körperwahrnehmung läßt uns häufig etwas anders fühlen, als es tatsächlich geschieht. Deshalb ist der Gebrauch von Spiegeln während der Alexander-Lektion sehr hilfreich.

Ein Beispiel: Viele Menschen haben das Becken vor- und den Schultergürtel nach hinten geschoben. Wenn der Lehrer bei ihnen diese Stellung auflöst, fühlen sie sich nach vorn geneigt, zum Hohlkreuz. Hier wird der Gebrauch eines Spiegels sehr wichtig, denn die Schüler können dann sehen, ob sie jetzt wirklich geradestehen.

Directions (Direktiven)

Die directions sind gedankliche Impulse, Bilder, Töne oder Befehle, die sich jeder selbst geben kann. Sie leiten zum Beispiel die Ausrichtung des Kopfes nach vorn und nach oben ein. Sie helfen, die gesamte Körperkoordination des Bewegungsapparates wiederherzustellen.

Non-doing (Lassen, Zulassen, Nichttun)

Die directions laden durch Nichttun (die gewohnheitsmäßige Reaktion oder Aktion des Körpers nicht durchführen) und gedankliche Wünsche dazu ein, den Kopf in die gewünschte Richtung gehen zu lassen. Jeder Versuch, den Kopf bewußt nach oben zu recken, kann nämlich auch Verspannungen im Nacken hervorrufen. Die Gewohnheit, den Kopf nach hinten und unten zu ziehen, soll also nicht durch eine ruckartige, bewußte Bewegung nach oben und vorn (doing) abgelöst werden. Hierbei bestünde die Gefahr, den Hals zu überstrecken. Schlimmstenfalls können sich sogar Wirbel verschieben. Nichttun ist in der Alexander-Technik immer mit einem sanften Geschehenlassen, einem Akzeptieren der natürlichen Körperbewegung verbunden.

Die directions steuern gedanklich dieses Nichttun. Sie sind als eine Art innere Haltung zu verstehen, die es letztlich möglich macht, ohne bewußte Willensanstrengung die physiologisch ungünstigen Körperhaltungen und -bewegungen zu ändern.

Primary Control (Primärkontrolle, Primärreflex)

Die primary Control bezieht sich auf das Verhältnis von Kopf, Hals und Rücken. Sie ist bestimmend für den ganzen Körper. Ist der Kopf nicht im Verhältnis zu Nacken und Rumpf nach oben und vorn gerichtet, kann es zu verschiedenen Fehlhaltungen des Körpers kommen (zum Beispiel zu einem Hohlkreuz). Besinnt man sich auf den zentralen Steuerreflex im Nacken (Primärreflex), wird der gesamte Organismus koordiniert und der notwendige Muskeltonus erzeugt.

Endgaining (Zielstreben, Zielgerichtetsein)

In der Regel steht für uns das Ziel einer Handlung/Körperübung im Vordergrund. Dieses nennt F. M. Alexander Zielstreben. Ein Üben, das in erster Linie auf die Erreichung eines Ziels ausgerichtet ist, führt häufig dazu, nicht genug auf den „Gebrauch unseres Selbst" zu achten, und kann deshalb negative Folgen wie etwa Verspannungen mit sich bringen.

Richten die Übenden ihre Aufmerksamkeit weniger auf das Ziel einer Körperübung als vielmehr auf den Ablauf der Übung und die Art und Weise ihrer Haltungen und Bewegungen dabei, wird ihnen in der Regel der gesamte Bewegungsablauf bewußter.

Ein Beispiel: Ein zielgerichteter Schüler, der eingeladen wird, sich hinzusetzen, plumpst in der Regel auf den Stuhl, weil er die Bewegung des Hinsetzens nicht bewußt ausführt. Zieht der Lehrer den Stuhl nun weg, während der Schüler sich setzt, wird er hinfallen, da er mit seinen Gedanken schon sitzt. Richtet der Schüler seine Aufmerksamkeit aber auf den Vorgang des Hinsetzens und führt diesen bewußt aus, so wird er nicht hinfallen, wenn er wahrnimmt, daß der Lehrer den Stuhl weggezogen hat.

Awareness (Bewußtsein)

Awareness kann mit dem Begriff „erweitertes Bewußtsein" übersetzt werden. Es bezeichnet nicht Konzentration, die uns fixiert, sondern ein Wach- und Gegenwärtigsein, so daß wir die Geschehnisse der Umgebung und uns selbst bewußt erleben. Je mehr Bewußtheit die Schüler über ihre gewohnten Verhaltensweisen gewinnen, desto differenzierter können sie Bewegungsmuster und Körperreaktionen wie zum Beispiel hochgezogene Schultern, feste Ellenbogen, Hand-, Hüft-, Knie- und Fußgelenke, einen stockenden Atem und so weiter an sich beobachten und feststellen.

Für einen Anfänger sind diese Prinzipien der Arbeit nach F. M. Alexander anfangs vielleicht zwar theoretisch zu „begreifen", aber praktisch nicht leicht durchzuführen. Hierfür verantwortlich sind zwei offensichtliche Schwierigkeiten: die Gewohnheiten und die Wahrnehmung. Um sie zu verändern, brauchen die Anfänger lange Zeit und die Hilfe eines erfahrenen Lehrers.

Ziele in der Gesundheitsbildung

Durch die F.-M.-Alexander-Technik können alle Beschwerden, die auf „Haltungsfehler" zurückgeführt werden, nachlassen oder sogar ganz verschwinden. Zum Beispiel: verkrampfte Kiefer-, Schulter-, Nacken-, Rückenmuskeln, Kopfschmerzen, Hohlkreuz, Ischias, Bandscheibenschäden, Schmerzen in den Knien durch falsches Belasten, viele verschiedene Wirbelsäulenschäden und so weiter. Aber auch Beschwerden geistiger und seelischer Art können gemildert werden. Wichtig dabei ist, daß die Lernenden bereit sind, auch außerhalb des Unterrichts mit den Prinzipien der Alexander-Technik zu arbeiten.

Das Wegfallen oder die Verringerung von Schmerzen sind ein mögliches, erfreuliches Nebenprodukt, aber nicht das eigentliche Ziel. Die Alexander-Technik befaßt sich „in erster Linie nicht damit, bessere Haltung zu lehren, sondern vielmehr mit dem besseren ‚Gebrauch unseres Selbst', der dann zu einer besseren Haltung führt" (M. Gelb, 1986, S. 52). Das kann durch die sanfte Anleitung geschulter Alexander-Lehrender erreicht werden.

Durch die Körperarbeit nach F. M. Alexander können sich auch positive Veränderungen auf der geistigen und seelischen Ebene ergeben. Zum Beispiel können Menschen insgesamt lebendiger und weniger ängstlich werden, ein ausgeprägteres Selbstwertgefühl bekommen und zu größerer Entspanntheit finden. Solche Veränderungen sind aus der Sicht Alexanders insbesondere dann möglich, wenn der Körper frei und aufgerichtet ist, nicht zusammensackt oder sich zusammenzieht und es somit nicht zu Verspannungen und Fehlkoordinationen kommt. Eine aufgerichtete Körperhaltung wird erreicht, indem nur die Gelenke gebeugt werden und alles andere locker und gerade bleibt.

Die Praxis

Der Unterricht in der Alexander-Technik findet bis auf einige Ausnahmen immer zu zweit statt, nämlich in der Begegnung von Schüler und Lehrer. Am Unterricht können alle Menschen teilnehmen, die bereit sind, sich und ihre für den Körper nachteiligen Gewohnheiten zu verändern.

Es wird an verschiedenen Grundbewegungsabläufen gearbeitet wie Stehen, Sich-Hinsetzen, Aufstehen, Sitzen, Gehen, Heben, Liegen, Strecken und so weiter. Hinzu kommen spezielle Bewegungen, wie Schreibmaschineschreiben, Musizieren, Abwaschen, Putzen, Wändestreichen, Federballspielen – je nach Bedarf und Problemkreis des Schülers. Das innere Bedürfnis und die Bereitschaft des Schülers sind eine wesentliche Voraussetzung für den Erfolg des Unterrichts.

„Alexander sagte oft: Jeder muß die *wirkliche* Arbeit selber machen. Der Lehrer kann den Weg zeigen, aber er kann nicht in das Gehirn des Schülers schlüpfen und seine Reaktion für ihn kontrollieren. Jede Person muß dies für sich selbst anwenden. Diese Art zu lernen ist wie jedes andere Lernen. Wir benützen dieselben Fähigkeiten und brauchen dieselbe Geduld und Ausdauer wie bei jeder anderen Art des Lernens" (Marjory Barlow, 1965, S. 12). Der Lehrer kann zeigen, Unterweisungen, Anre-

gungen und Einladungen aussprechen, hier oder dort loszulassen. Die Art der Auswirkungen aber, die ein Schüler durch den
„veränderten Gebrauch seines Selbst" erfährt, kann nicht erzwungen werden. Der Schüler kann mehr er selbst werden,
mehr den Grundbedürfnissen seines speziellen Seins entsprechen, so daß sich durch einen „freieren Gebrauch des Selbst"
auch geistige und seelische Blockaden lösen können. Aber der
Schüler bestimmt die Tiefe der Veränderung.

Vielen Schülern passiert es am Anfang, daß sie Fehler bei sich
entdecken und enttäuscht oder ungeduldig reagieren. Sie ertap-
pen sich zum Beispiel immer wieder dabei, die Schultern hoch-
gezogen zu haben.

Stattdessen wäre es sinnvoller, wenn sie geduldig mit sich
selbst umgingen, sich liebevoll beobachteten, sich in den Bewegungen liebevoll begleiteten, um so Veränderungen erreichen
zu können. Es ist eine Chance, Fehler zu erkennen und zur
Veränderung zu nutzen. Denn ständiges „Richtigsein" weist auf
fixierte Vorstellungen hin, durch die die Durchlässigkeit, der
Energiefluß und andere dynamische Prozesse verhindert werden.

Der Schüler kann auch allein etwas für die Entwicklung einer
optimalen Körperhaltung tun, indem er sich 20 bis 30 Minuten
lang auf den Boden (auf Teppichboden oder eine Decke) legt,
mit so vielen Büchern unter dem Kopf, daß dieser weder nach
vorn gestaucht wird noch nach hinten fällt. Der Nacken bleibt
dadurch parallel zum Boden. Die Arme sind locker angewin-
kelt, die Handflächen ruhen auf der entsprechenden Körperseite. Die Beine sind entweder locker und leicht abgeknickt oder
falls das nicht möglich ist, ausgestreckt auf dem Boden, aber mit
Kissen unter den Knien, damit sich das Becken nicht zu einem
Hohlkreuz verschiebt.

Dieses Liegen ermöglicht ein Ausruhen und eine Unterbre-
chung der Haltungsgewohnheiten. Die Wirbelsäule kann ohne
Anstrengung locker und aufgerichtet sein. Später gilt es, diesen
Zustand auch in Bewegungen zu übertragen.

Voraussetzungen für die Teilnahme an Veranstaltungen zur Alexander-Technik

Die Alexander-Technik ist für alle geeignet, die lernen möchten, körperliche Fehlhaltungen zu vermeiden oder zu überwinden, und darüber hinaus ein körperlich-seelisches Entspanntsein erfahren wollen.

Qualifikation der Kursleitung

Die Alexander-Technik ist keine Therapieform. Das bedeutet, daß der Lehrer keine medizinische, therapeutische oder psychologische Ausbildung besitzen muß. Er hat nur die Aufgabe, die Schüler dazu anzuleiten, sich wieder natürlich und frei zu bewegen.

Der Lehrer selbst sollte eine dreijährige Ausbildung als Lehrer der F.-M.-Alexander-Technik an einer anerkannten Schule nachweisen können. Internationale Auskunft gibt es bei der englischen Dachorganisation STAT oder bei den verschiedenen Gesellschaften der entsprechenden Länder. Für Deutschland ist die GLAT zuständig.

STAT, 20 London House 266, Fulham Road, London SW 109 EL, England

GLAT, Postfach 53 12, 79020 Freiburg, Tel.: 07 61/38 33 57

Literaturhinweise

Barlow, Marjory: Die Lehre des F. Matthias Alexander, Alexander-Gedächtnis-Vortrag vom November 1965, Bezug über die GLAT.

Barlow, Wilfred: Die Alexander-Technik. Gesundheit und Lebensqualität durch richtigen Gebrauch des Körpers, München 1983, 4. Aufl. 1989.

Gelb, Michael: Körperdynamik. Eine Einführung in die Alexander-Technik, Berlin 1986.

Monika Lange

Bioenergetik

Körperarbeit zur Entwicklung der Persönlichkeit

Einführung

Bioenergetik heißt, wörtlich übersetzt, „Lebensenergie". Sie ist eine körperbezogene Regressionstherapie in der Tradition der Psychoanalyse. Die Bioenergetik arbeitet körperorientiert und charakteranalytisch.

Bioenergetische Körperarbeit im Rahmen der Gesundheitsbildung hat zum Ziel, die Vitalität und den Energiefluß der Übenden zu steigern und Muskelverspannungen zu lockern, um so blockierte Energie freizusetzen.

Die Grundüberzeugung der Bioenergetik ist: Du bist dein Körper. Körper, Geist und Seele bilden eine Einheit. Körperliche Prozesse sind immer auch ein Ausdruck seelischer Befindlichkeit. Und so ist Bioenergetik ein Verfahren, die Spaltung, Trennung oder das Ungleichgewicht von Körper und Seele aufzuheben. „Durch harmonische Kommunikation von Bewegung und Empfindung, Denken und Handeln kann die Bioenergetik jene Lebensbalance bewirken, deren Verlust heute so viele Menschen beklagen" (Alexander Lowen, 1979).

Zum kulturellen Hintergrund

Die Bioenergetik in ihrer jetzigen Form wurde von Alexander Lowen entwickelt, einem Arzt und Psychotherapeuten und früheren Schüler von Wilhelm Reich.

Reich war ein österreichischer Psychoanalytiker. An der Freudschen Lehre orientiert, gründete er in Wien verschiedene

Sexualberatungszentren. Er war bis 1933 Professor in Berlin. 1934 wurde Reich aus der Psychoanalytischen Vereinigung ausgeschlossen. Er propagierte die Aufhebung der sexuellen Unterdrückung des Menschen und plädierte für die Veränderung gesellschaftlicher Verhältnisse, in denen Armut und Herrschaft im Vordergrund stehen.

Reich dehnte die psychoanalytische Technik auf den physischen Ausdruck und die Aktivität des Menschen aus. Lowen hierzu: „Psychische Krankheiten finden ihren Ausdruck nicht nur in bestimmten Verhaltensweisen, sondern auch in Körperhaltung, Stimme, Mimik und Atmungsweise" (A. Lowen, 1979). Die Bioenergetik in ihrer heutigen Form geht auf den Reichschen Ansatz zurück, weist aber fundamentale Unterschiede zu ihm auf.

Alexander Lowen ist seit 1952 als praktizierender Psychiater tätig, er gründete 1956 das Institut für Bioenergetische Analyse in New York, dem bald weitere Ausbildungsinstitute folgten. Lowen hat zahlreiche Bücher zur Theorie und Praxis der Bioenergetik geschrieben und damit weltweite Anerkennung in Fachkreisen gefunden. Er praktiziert heute als Achtzigjähriger noch in New York und leitet Seminare in aller Welt.

Bioenergetik ist ein Weg, die Persönlichkeit vom Körper und seinen energetischen Prozessen her zu verstehen. Wieviel Energie man hat und wie man diese Energie gebraucht, bestimmt die Art, wie man auf Lebenssituationen antwortet. Je mehr Energie der Mensch frei in Bewegung und Ausdruck umsetzen kann, desto besser kann er mit den verschiedensten Lebenssituationen umgehen.

Die Bioenergetik sieht den Menschen als Summe seiner Lebenserfahrungen, die alle in die Persönlichkeit des Menschen aufgenommen und im Körper eingebaut werden. Sie hilft, verdrängte Gefühle auszudrücken.

Diese verdrängten Gefühle äußern sich im Körper als Muskelverspannungen, die den Energiefluß im Körper blockieren. „Die Blockierungen sind Ausdruck einer Lebenshaltung, die das Überleben auch da noch garantierten, wo die Lebensumstände zu wünschen übrigließen. Blockiert im bioenergetischen Sinn ist jemand, der seine Energie nicht aktuell für seinen Lebenswillen zu nutzen versteht" (Ansgar Rank, 1988).

Die Bioenergetik unterscheidet fünf Charakterstrukturen des Menschen, die sich in den einzelnen Lebensphasen entwickeln und entwicklungsgeschichtlich aufeinander aufbauen. Jeder Mensch besitzt alle fünf Strukturen in unterschiedlichen Anteilen.

Da in diesem Beitrag Bioenergetik nicht als Therapie dargestellt werden soll, sondern als eine körperorientierte Ausrichtung in der Erwachsenenbildung, würde eine Beschreibung der Charakterstrukturen als eine diagnostische Grundlage über den Rahmen dieser Arbeit hinausgehen. Für interessierte Leser gebe ich am Schluß Literaturhinweise, die einen Einblick in die charakteranalytische Arbeit ermöglichen.

Bioenergetik ist dann Therapie, wenn über einen längeren Zeitraum regressiv gearbeitet wird. Das heißt, daß im therapeutischen Prozeß Gefühle und Verhaltensweisen bearbeitet werden, die den Klienten in der Gegenwart beeinträchtigen, ihren Ursprung aber in der Vergangenheit (zum Beispiel in der Kindheit) haben. Die charakteranalytische Arbeit ist ein wesentlicher Teil des therapeutischen Prozesses.

Ziele in der Gesundheitsbildung

Bioenergetische Körperarbeit weist sechs wesentliche Elemente auf. Diese nennen wir Grounding (gegründet, geerdet sein), Atmung, Beweglichkeit, Ausdruck, Kontakt und Spüren.

Das *Grounding* (Bodenkontakt) schafft Sicherheit und Verwurzelung: Ich weiß, wo ich stehe und wer ich bin. Ich stehe mit beiden Beinen auf dem Boden/im Leben. Das Grounding senkt den Schwerkraft-Mittelpunkt und erleichtert das Finden der eigenen Mitte auch auf der körperlichen Ebene. Elastische Knie sorgen für einen freien Energiefluß auch in die untere Körperhälfte (alle wichtigen Funktionen des modernen Menschen sind in der oberen Körperhälfte angesiedelt: Denken, manuelle Fertigkeiten und so weiter). Mehr Bodenkontakt bedeutet auch eine stärkere Fähigkeit, Selbstverantwortung zu übernehmen, auf eigenen Füßen zu stehen.

Tiefere *Atmung* sorgt für mehr Energie. Wer lernt, wieder bewußter und intensiver zu atmen, findet auch wieder mehr Zugang zu den eigenen Gefühlen. Atem wird nicht gemacht, er wird zugelassen.

Wenn es um die Förderung von *Beweglichkeit* geht, ist nicht nur die Steigerung der körperlichen Bewegungsfähigkeit beabsichtigt, sondern auch die Steigerung der innerlichen Beweglichkeit. In der Bioenergetik wird vorausgesetzt, daß sich starre Haltungen nicht nur im psychischen Bereich zeigen, sondern auf der körperlichen Ebene ihre Entsprechung haben, weil Körper, Geist und Seele eine Einheit bilden. Die Minderung von körperlicher Starrheit und Unbeweglichkeit durch Körperübungen wird dann auch Auswirkungen auf der psychischen Ebene haben und kann etwa zum Überwinden verfestigter Haltungen führen.

Ausdruck bedeutet, unsere Gefühle unmittelbar durch Bewegung, Stimme, Augen und so weiter auszudrücken.

Ein Kennzeichen von Lebendigkeit ist es, in *Kontakt* zu treten mit sich und anderen. Entwicklung im bioenergetischen Sinn vollzieht sich immer im Ich-Du-Verhältnis, sie ist kein Selbstläufer. Die sozialen Beziehungen der Menschen spielen eine große Rolle. Es ist nicht nur wichtig, mit sich, sondern auch mit anderen „klarzukommen".

Bei der Arbeit mit diesen Elementen der bioenergetischen Körperarbeit geht es nicht um Wettbewerb oder Leistung, sondern um *Spüren*.

Die Körperarbeit führt zum Erspüren und zum Wahrnehmen der inneren Vorgänge. Die Übenden können spüren, ob ihre Atmung tief oder flach ist, ob sie ihre Beine als mechanische Stützen benutzen oder tatsächlich Kontakt mit dem Boden herstellen. Der Prozeß des In-Kontakt-mit-sich-selbst-Kommens ist nie abgeschlossen. Mit immer fortschreitender Übung wird der Kontakt zum Körper tiefer und tiefer werden. Ein erstes Gespür und „Verstehen" der bioenergetischen Prinzipien auf körperlicher Ebene kann schon nach etwa 20 Unterrichtsstunden erreicht werden.

Doch was können nun weitere Ziele eines Bioenergetikangebots innerhalb der Gesundheitsbildung sein? Durch die Arbeit mit dem Körper wird das Selbstwertgefühl gestärkt. „Das Selbst ist keine abstrakte Qualität, es ist eher die Gesamtheit und Einheit der eigenen Funktionen. Gelassenheit und innere Ausgeglichenheit sind andere Worte für Selbstwertgefühl, für das feine Zusammenspiel von Gefühl und Handeln, von unwillkürlichen oder spontanen Bewegungen und willkürlichen oder beabsichtigten Bewegungen, von Ich und Körper" (A. Lowen, 1979, S. 46).

Bioenergetische Übungen können auch dazu beitragen, die sexuelle Erlebnisfähigkeit zu stärken. Hierbei geht es darum, das Becken für den Fluß sexueller Gefühle zu öffnen. Mehr Gespür für tiefere Atmung und eine Erhöhung der Beweglichkeit stärken auch die sexuelle Erlebnisfähigkeit. Es gibt eine Vielzahl von Übungen, die dazu dienen, Verspannungen und Fehlhaltungen des Beckens zu mindern.

Verspannungen sind häufig eine Ursache für die Beeinträchtigung der körperlichen und seelischen Gesundheit. Sie können sich zum Beispiel in Kopf- und Rückenschmerzen zeigen. Oftmals sind Verspannungen ein Hinweis auf die Lebensweise und die Verhaltensmuster der Menschen. Wenn sich zum Beispiel jemand sehr zurückhält, die Ereignisse eher passiv an sich herankommen läßt, dazu neigt, zuviel Verantwortung zu übernehmen, hat das Auswirkungen auf das körperliche Wohlbefinden und kann konkret mit Verspannungen im Rücken einhergehen. In der Bioenergetik geht es dann darum, Teilnehmer dabei zu unterstützen, mehr in Kontakt mit ihrem Rücken zu kommen, das heißt diesen wieder besser spüren und wahrnehmen zu lernen und die dabei erlebten Gefühle bewußter zu erleben. „Die Bedeutung des Kontaktes mit dem Rücken kann nicht genug betont werden. Ohne ein Gefühl für den Rücken ist es sehr schwierig, die eigene Haltung zu stützen. Es genügt nicht, ein Rückgrat zu haben (anatomisch gesehen haben wir alle eines). Man muß es auch spüren. Man muß spüren, ob es zu starr und unnachgiebig oder zu weich und biegsam ist. Wenn es zu starr ist, kann man sich nicht leicht beugen und nachgeben, wenn es nötig ist. Ist es zu weich, gibt es einem nicht genug ‚Rückgrat‘, seinen Standpunkt bei Widerständen zu halten. Das weiche Rückgrat wird sich leicht beugen und nachgeben. Übertriebene Starrheit kommt von einer chronischen Anspannung der langen Rückenmuskulatur. Übertriebene Beweglichkeit wird durch Fehlen der Spannung dieser Muskeln, durch krampfhaftes Halten in den kleinen Muskeln, die die Wirbelkörper verbinden, verursacht. In beiden Fällen ist der Rücken nicht lebendig genug, den für das Leben nötigen Antrieb zu gewähren. Der starre Typ hält sich zurück und läßt keine Konfrontation zu, während es dem anderen nicht gelingt, in einer Konfrontation den eigenen Standpunkt einzunehmen" (A. Lowen, 1979, S. 51).

Den Blick für diese Zusammenhänge zu schärfen, kann möglicherweise schon zu einer Verbesserung der Situation führen und der häufig aus Hilflosigkeit erfolgte Griff zur Pillenschachtel oder zu anderen Ersatzlösungen durch ein bewußteres Umgehen mit sich selbst ersetzt werden.

Bioenergetische Körperarbeit will dem medizinischen Bereich keine Konkurrenz machen. Sie sollte eher als Bereicherung betrachtet werden. Es gibt Patienten, bei denen die Ärzte mit den herkömmlichen Behandlungsmethoden nicht weiterkommen. Hier ist eine fruchtbare Zusammenarbeit mit Bioenergetikern wünschenswert und meiner Meinung nach auch praktikabel.

Es kann und soll auch nicht Ziel in der Bioenergetik sein, alle Verspannungen zu lösen und damit alle Erfahrungen aufzuarbeiten, die der Mensch in seinem Leben gemacht hat. Auch ist es kein Ziel, den Menschen völlig schmerz- und beschwerdefrei zu machen.

Aber der Weg der Selbsterfahrung, das heißt, sich selbst in den Übungen mit allen Möglichkeiten und Grenzen zu erleben, kann ein sinnvoller Beitrag zur wachsenden Identität mit allen körperlichen Ausdrucksformen sein. Den Körper nicht als bloße physiologische Organsammlung zu betrachten, die zu funktionieren hat, sondern mehr Gespür für körperliche Vorgänge und Signale zu entwickeln, um zu den Grundlagen des Lebens zurückzukommen, das innere Fühlen zu erschließen und es mit der Welt zu verbinden, ist letztendlich das Ziel in der Bioenergetik.

Die Praxis

Die erste Übungseinheit eines Wochenendseminars oder einer fortlaufenden Gruppe beginnt mit einer kurzen Gesprächsrunde und kann in ihrem Inhalt und Ablauf wie folgt skizziert werden.

Zum Aufwärmen, zur Muskeldehnung und zur Hinführung an die Körperarbeit beginne ich mit spielerischen Bewegungsübungen, die die Kontaktaufnahme der Lernenden zu sich selbst und den anderen unterstützen sollen. Dabei achte ich auf die wesentlichen Elemente der Körperarbeit (Grounding, Atmung, Beweglichkeit, Ausdruck, Kontakt, Spüren) und gebe behutsame Hinweise, zum Beispiel: nicht die Knie durchdrükken, nicht in die flache Atmung kommen, wenn es spannend wird und so weiter. Diese Hinweise sind als Erinnerung und nicht als Kritik gedacht und werden auch so formuliert. Das gemeinsame Lachen ist ein Garant für ein gutes Beginnen.

An die Anfangsphase schließt sich eine der grundlegenden bioenergetischen Übungen, das gemeinsame Grounding, an: Die Füße stehen schulterbreit und parallel, die Fußspitzen zeigen dabei leicht nach innen, dadurch wird die Gesäßmuskulatur entkrampft, die Knie sind leicht gebeugt, und das Becken befindet sich in der Mitte des Körpers, so daß die Energie frei fließen kann. Der Bauch sollte zum tieferen Atmen möglichst locker und entspannt sein. Diese Haltung ist zunächst ungewohnt und verursacht deswegen Unsicherheit. Die Übenden können ausprobieren und spüren, wie nach einer Weile vielleicht schon leichte Vibrationen als Zeichen von Energiefluß den Körper durchströmen. Bei starken Muskelverspannungen kann dabei auch anfänglich Schmerz oder Unbehagen verspürt werden. Mit tieferer Atmung und einem vorsichtigen Ausprobieren werden diese bald von angenehmeren Empfindungen abgelöst. Beim nächsten Versuch ist die Haltung schon vertrauter, die Übenden berichten von positiven Veränderungen in bezug auf ihre anfänglichen Gefühle.

Zu Beginn einer bioenergetischen Übungseinheit ist ein intensives Grounding unerläßlich für einen guten Kontakt mit dem Boden und damit der Realität. Es gibt verschiedene Groundingübungen, die als ein wesentliches Element in der bioenergetischen Körperarbeit in unterschiedlichen Variationen immer wieder in das Programm einfließen. Das kann auch in Partner- oder Dreierübungen geschehen. In den Übungsabläufen beachten wir einen Wechsel zwischen Anspannung und Entspannung. Auf eine Bewegung folgt eine Gegenbewegung. Die Übungen folgen mit unterschiedlichen Akzenten den schon genannten bioenergetischen Schwerpunkten, dazu wechseln wir zwischen Einzel-, Partner- und Gruppenübungen ab. An das Grounding könnten sich zum Beispiel Beckenübungen anschließen, die im Vierfüßlerstand oder im Liegen durchgeführt werden. Als Abschluß einer Einheit empfiehlt sich ein sanfter Ausklang mit Atem- und Entspannungsübungen.

Je nach Art und Intensität der Übungen werden pro Einheit eine oder zwei Reflexionen durchgeführt. Dabei berichten die Übenden möglichst spontan und „ungefiltert" von ihren Erfahrungen. Die Lehrenden erläutern den Sinn und das Ziel der durchgeführten Übungen. Sinnvollerweise geschieht dies im nachhinein, damit die Teilnehmer sich nicht durch alte Muster, Phantasien, Ängste, Vorurteile den Weg zu neuen Erfahrungen verbauen und anstelle des Spürens ins Denken kommen. Die Aussagen der Übenden werden aufgegriffen, gegebenenfalls wird eine Verbindung des Erlebten zu ihren Lebenszusammenhängen hergestellt. Oft lassen sich die Erfahrungen mit einer Entsprechung in der Lebensgeschichte der Übenden verbinden, so daß eine konkrete Umsetzung in den Alltag erfolgen kann.

Dieses Vorgehen ist situationsabhängig und setzt eine entsprechende Fähigkeit der Betroffenen zur Selbstwahrnehmung voraus. Wenn jemand nur schwer Zugang zu seinen eigenen Gefühlen findet oder einen Zusammenhang zwischen den gemachten Erfahrungen und dem Lebenshintergrund nicht konkret nachvollziehen kann, würde ein solches Vorgehen nur Widerstand auslösen und sich nicht mit dem Erlebten verbinden. Wichtig ist bei allen Übungen und Gesprächen eine Atmosphäre des Vertrauens und der Akzeptanz.

Aus meiner Erfahrung als Seminarleiterin innerhalb der Familienbildung kann ich von der Effektivität mancher der Bioenergetik entlehnten Übungen im Rahmen der pädagogischen Arbeit berichten. So zum Beispiel im Bereich Partnerschaft und Sexualität, der ja wohl auf das engste verknüpft ist mit dem persönlichen Wohlbefinden im Sinne einer ganzheitlichen Gesundheit. Wenn ich die Übungen dort themenzentriert einsetze, führt dies zu einem unmittelbaren Kontakt mit den eigenen Bewegungs- und Ausdrucksformen. Das fördert ein Verständnis der eigenen Anteile bei Konflikten im entsprechenden Bereich. Sehr aufschlußreich für den einzelnen ist auch eine sensiblere Wahrnehmung und ein intensiveres Gespür für das Senden körperlicher Signale, für Haltungen, Mimik und Gestik. Der größere und wichtigere Teil unserer Selbstdarstellung geschieht unbewußt, das heißt, die Signale stehen oft im Widerspruch zu unseren verbalen Aussagen. Gerade diese unbewußten Haltungen und Signale werden aber – wiederum unbewußt – vom Gegenüber wahrgenommen und können gegebenenfalls sein Handeln bestimmen. Dies führt oft zu Mißverständnissen und Kommunikationsstörungen, die wiederum mitverantwortlich für das Scheitern oder auch die Unzufriedenheit in vielen Beziehungen sind. Diese komplizierten Zusammenhänge werden in den Übungen ganz einfach und konkret erlebt und können so einen sinnvollen Beitrag zum methodischen Vorgehen in der Familien- und Persönlichkeitsbildung leisten. Der bioenergetische Ansatz stellt sich hier als Bereicherung und Ergänzung dar.

Voraussetzungen für die Teilnahme

Das Angebot richtet sich an jede Altersgruppe. Auf gesundheitliche Einschränkungen muß natürlich entsprechend Rücksicht genommen werden. Beispielsweise können bestimmte Übungen von Menschen mit Bandscheibenschäden nicht gemacht werden, wieder andere Übungen sind bei Gelenkerkrankungen ungeeignet und so weiter.

Ein Ziel der Bioenergetik ist es letztendlich auch, den Menschen dazu zu befähigen, Selbstverantwortung zu übernehmen, auf die eigenen Grenzen zu achten und dementsprechend vielleicht auch einmal eine Übung früher zu beenden als die anderen beziehungsweise gar nicht erst damit zu beginnen. Es ist nicht ratsam, in jedem Fall die Anweisungen der Lehrenden zu befolgen und dabei vielleicht gegen das eigene Gefühl zu handeln. Ein Anliegen der Lehrenden wird es also sein, die Fähigkeit zur Selbstverantwortung der Teilnehmer zu fördern. Das bedeutet nicht, daß eine kleine Ermunterung oder konkretes Nachfragen für bestimmte Menschen nicht pädagogisch sinnvoll wäre. Die Lehrenden sollten ihr Vorgehen so weit wie möglich auf die Persönlichkeit ihrer einzelnen Teilnehmer abstimmen. Was für den einen richtig ist, muß für den anderen noch lange nicht gelten.

Grundsätzlich nimmt die Bioenergetik an, daß Bewegung nie schaden kann. Die Art und Form der Bewegung läßt sich ja der persönlichen Befindlichkeit anpassen. Für die Übungen sind keinerlei Vorerfahrungen nötig, eine Altersgrenze nach oben gibt es ebenfalls nicht. Natürlich werden die Menschen mit zunehmendem Alter unbeweglicher. Es ist möglich, daß dann die Entspannung der Muskeln und damit die Phase bis zum Auftreten von Vibrationen länger dauern als bei jüngeren Menschen. Aber Beweglichkeit und Bereitschaft zu möglichen Veränderungen hängen nicht vom Alter, sondern von den Lebenserfahrungen und Einstellungen eines Menschen ab. In diesem Zusammenhang denke ich mit Freude an eine fünfundsechzigjährige Teilnehmerin eines Wochenendes, die zum ersten Mal „etwas für sich tun" wollte und völlig unerfahren zur Bioenergetik kam. Sie fühlte sich sehr wohl und konnte die neuen Erfahrungen für sich als Veränderungsmöglichkeit und Handlungsperspektive betrachten. Mir haben der Mut und die Bereitschaft dieser Frau sehr imponiert.

Qualifikation der Lehrenden

Ein guter Kursleiter sollte selbst Spaß an den Übungen haben und sie auch für seine eigene Entwicklung praktizieren. Die persönliche Ausstrahlung der Lehrenden und ihre Lust an den Übungen wirken sich auf die Teilnehmer aus. Ein großes Interesse für menschliche und gesellschaftliche Veränderungsprozesse sowie ein gewisses Maß an Einfühlungsvermögen sollten ihn ebenfalls auszeichnen. Verständnis, Toleranz und die Fähigkeit, einen Menschen aus seiner Lebensgeschichte heraus zu begreifen und eine dementsprechende Atmosphäre des Angenommenseins zu schaffen, ist wohl eine Grundvoraussetzung für diese Art von Arbeit.

Eine Ausbildung, die nach den entsprechenden Ausbildungsrichtlinien eine mindestens vierjährige Auseinandersetzung mit den Prinzipien der Bioenergetik und der eigenen Persönlichkeit umfaßt, halte ich für unerläßlich. Es genügt nicht, einige Workshops gemacht zu haben.

Ein qualifizierter Lehrender muß seine eigene Lebensgeschichte und damit seine Persönlichkeit ein Stück erhellen, um mit möglichen Übertragungs- und Gegenübertragungsreaktionen verantwortungsvoll umgehen zu können. Dazu verhelfen entsprechende Selbsterfahrungs- und Supervisionsangebote in der Ausbildung. Meiner Meinung nach ist Entwicklung nie als abgeschlossen zu betrachten. Ich verstehe mich als „lernende Lehrende", deren persönlicher Wachstumsprozeß sich eben auch mit „Höhen und Tiefen" vollzieht. Dazu gehört auch, daß ich Fehler mache. Wichtig ist, sich selbst gegenüber kritisch zu sein, Fehler zu erkennen und sich entsprechend zu verhalten.

Auf der theoretischen Ebene sind ein Grundlagenwissen der bioenergetischen Arbeit und eine entsprechende Kenntnis der Charakterstrukturen notwendig, damit der Lehrende die Teilnehmer in ihrem Prozeß begleiten und auf emotional stark besetzte Situationen gelassen und flexibel reagieren kann. Die Lehrenden sollten den Zweck und den Sinn jeder Übung anschaulich darlegen können. Sie sollten natürlich auch jede vorgestellte Übung selbst öfter durchgeführt haben. Das ist wichtig, damit sie die unterschiedliche Wirkung von Übungen auf unterschiedliche Persönlichkeiten kennen und in diesem Sinne handeln sowie die Übungen möglichen gesundheitlichen Einschränkungen der Lernenden anpassen.

Folgende Bioenergetik-Institute bieten zum Beispiel Ausbildungen an:

Gesellschaft für Bioenergetische Analyse, c/o Dr. Angela Klopstech, Regerstr. 12, 33604 Bielefeld,

Norddeutsches Institut für Bioenergetische Analyse, Hessenland 13, 32602 Vlotho, Telefon 05733/18429,

Jugendhof Vlotho, c/o Ansgar Rank, Oeynhausener Str. 1, 32602 Vlotho,

Institut für Bioenergetische Analyse Rheinland e. V., c/o Jürgen Mucher, Weststr. 68, 52134 Herzogenrath.

Literaturhinweise

Lowen, Alexander: Bioenergetik. Therapie der Seele durch Arbeit mit dem Körper, Reinbek 1979.

Lowen, Alexander: Körperausdruck und Persönlichkeit. Grundlagen und Praxis der Bioenergetik, München 1982.

Lowen, Alexander/Lowen, Leslie: Bioenergetik für jeden. Das vollständige Übungshandbuch, München 1979.

Lowen, Alexander: Der Verrat am Körper, Reinbek 1982.

Lowen, Alexander: Angst vor dem Leben. Über den Ursprung seelischen Leidens und den Weg zu einem reicheren Dasein, München 1981.

Lowen, Alexander: Narzißmus. Die Verleugnung des wahren Selbst, München 1986.

Lowen, Alexander: Liebe, Sex und dein Herz, München 1989.

Rank, Ansgar: Text im Bildungsplan des Jugendhof Vlotho 1988.

Detlef Eichhorn/Christa Krawitz

Eutonie Gerda Alexander

Ein Weg zum harmonischen Ausgleich zwischen Anspannung und Entspannung

Einführung

Die Eutonie nach Gerda Alexander versucht den Menschen zu befähigen, zwischen Anspannung und Entspannung einen harmonischen Ausgleich zu erreichen. Im Unterschied zu anderen bekannten Methoden sucht sie nicht nur Entspannung, sondern vielmehr die der jeweiligen Tätigkeit angepaßte Spannung.

Selbsterfahrung und intensive körperliche Wahrnehmung sind für die Eutonie die wichtigste Grundlage. Die Teilnehmer lernen, die Empfindungs- und Ausdrucksmöglichkeiten ihres Körpers aufmerksamer zu erleben. Dabei ist es wichtig, daß das Erlebte tatsächlich erspürt wird und sich nicht aus Vorstellungen und Einbildungen heraus aufbaut. Schon die Bewußtwerdung des eigenen Körpers kann ein Auflösen von Fehlspannungen bewirken. Dadurch werden seelische und geistige Kräfte frei, die bis dahin in Fehlhaltungen gebunden waren. Auf diese Weise erfahren die Teilnehmer ihre Haltung, die sich im Sitzen, Stehen und Gehen zeigt, von innen her.

Gerda Alexanders Eutoniepädagogik „beruht auf der Freilegung des persönlichen Rhythmus jedes Schülers, durch Aufgabenstellungen, die von ihm eigene Lösungen ohne Vorbild verlangen. Die ‚Präsenz‘ und der permanente Kontakt mit der Umwelt, ein wesentlicher Aspekt der Eutonie, entwickeln sich im Laufe der Arbeit" (Gerda Alexander, 1986, S. 8).

Durch Erweiterung des Körperbewußtseins und Öffnung nach innen und außen können sich Selbstverständnis und Haltung verändern.

Kultureller Hintergrund

Die Eutonie wurde von Gerda Alexander (geb. 1908 in Wuppertal) in ihrer Schule in Kopenhagen entwickelt. Sie studierte zunächst Rhythmikerziehung nach E. Jacques-Dalcroze. Aus dieser Arbeit sowie aus der Bewegungserziehung und Theaterarbeit entwickelte sie ihre eigene Methode mit dem besonderen Anliegen, die spontane individuelle Bewegung jedes einzelnen Schülers zu fördern. Seit 1940 leitete sie die Lehrerausbildung an ihrer Schule. 1959 stellte sie ihre Methode unter dem Namen „Eutonie" auf einem internationalen Kongreß über Körpertherapien in Kopenhagen vor. Da der Name „Eutonie" rechtlich nicht zu schützen ist und um einem Mißbrauch vorzubeugen, lautet heute die offizielle Bezeichnung „Eutonie Gerda Alexander".

Gerda Alexander hat die Eutonie im wesentlichen aus eigenen Erfahrungen und aus Beobachtungen an ihren Schülern und Patienten entwickelt. Sie versteht sie als „westlichen Weg" der Körpererfahrung, das heißt als eine Methode, die den Menschen des westlichen Kulturkreises angemessen ist. Sie läßt sich keiner bestimmten Weltanschauung oder Religion zuordnen, noch folgt sie einem festgelegten Menschenbild. „Ein bestimmtes Menschenbild hatte ich aber nicht, weil ich immer gefunden habe, daß jeder Mensch etwas Einmaliges ist. Jeder hat natürlich dasselbe Gerüst, nach außen ist es ungefähr dasselbe, aber er ist doch ganz er selbst mit seiner Herkunft und seinen Erlebnissen, er hat seine eigenen Gesetze" (Gerda Alexander in: Hassada K. Moscovici, 1989, S. 56). Natürlich wird jeder Eutonie-Lehrer eigene Welt- und Lebensauffassungen haben, die in die Arbeit einfließen, doch darf dadurch der einzelne Schüler in seinem ganz individuellen Weg nicht behindert werden.

Gerda Alexander hat verschiedene körperorientierte Schulen kennengelernt und hat diese vielfältigen Erfahrungen in die eigene Arbeit mit einbezogen. Kontakt und Austausch gab es unter anderem mit der Schlaffhorst-Andersen-Schule und mit Moshé Feldenkrais. Ebenso hatten die Arbeiten von Elsa Gindler und Heinrich Jacoby großen Einfluß auf die Eutonie. Deren Grundsätze über die Bedeutung des Spürens, die Ablehnung mechanischen Übens, die Betonung des ganzen Menschen gegenüber der Beschäftigung mit „reparaturbedürftigen" einzelnen Körperteilen und die Vermeidung von gezielten äußeren Beeinflussungen bestimmen auch die Grundsätze der Eutonie. Der Mensch kann sich in der Eutonie als Einheit von Körper, Seele und Geist erleben.

Was ist Eutonie?

Dem Versuch, Eutonie mündlich oder gar schriftlich zu erklären, sind enge Grenzen gesetzt. Im Gespräch ist es immerhin noch möglich, sich auf irgendwelche Vorerfahrungen des Gesprächspartners zu beziehen. Aber um wirklich einen Eindruck zu bekommen, ist die praktische Erfahrung unumgänglich. Eine schriftliche Darstellung kann nur Ideen vermitteln und neugierig machen. Im folgenden werden wir in drei verschiedenen Erklärungsansätzen versuchen, dem Leser eine oder mehrere Ideen davon zu vermitteln, was Eutonie ist.

Erster Erklärungsversuch

Das Wort „Eutonie" ist aus dem griechischen abgeleitet und bedeutet gute Spannung, Wohlspannung. Gemeint ist eine Körperspannung, die der jeweiligen Situation angemessen ist: Beim Treppensteigen zum Beispiel ist eine andere Spannung gefordert als beim Einschlafen. In dem deutschen Begriff „Wohlspannung" klingt aber auch an, daß das subjektive Wohlbefinden von entscheidender Bedeutung ist.

Der Tonus (= die Spannung) läßt sich wohl am ehesten vergleichen mit der Spannung der Saite eines Musikinstruments. Der Ton, der entsteht, ist abhängig von der Länge und Dicke der Saite, dem Material, aus dem sie besteht, den Spannungskräften, die auf sie wirken, dem Resonanzkörper und der Art und Weise, wie die Saite angeschlagen oder gestrichen wird. Der Klangeindruck, der beim Spieler und Zuhörer entsteht, ist abhängig von diesen objektiven Faktoren und gleichzeitig völlig subjektiv abhängig von der Gestimmtheit des Hörenden und Spielenden. In diesem Sinne – um einen bildhaften Vergleich heranzuziehen – ist der menschliche Leib ein Instrument, ein Instrument mit einer bestimmten Grundstimmung und Spannung.

Diese Grundspannung (= der Grundtonus) eines jeden Menschen ist gleichsam seine individuelle, körperliche Antwort auf das Leben; sie hängt eng mit seiner psychischen Grundverfassung zusammen und variiert je nach den unterschiedlichen Stimmungslagen und der jeweiligen Umwelt. Im normalen Sprachgebrauch wird der Begriff „Tonus" meist eingeengt auf den Tonus der Muskulatur; dieser ist der Beobachtung am leichtesten zugänglich. In der Eutonie wird darüber hinaus auch der Tonus der Bänder, der Haut und der Gefäße mit angesprochen.

Aus der Sicht der Eutonie ist die Fähigkeit der meisten Menschen, ihr Inneres lebendig zum Ausdruck zu bringen und offen und flexibel mit ihrer Umwelt in Beziehung zu treten, verlorengegangen. Dieser Verlust kann Tonusfixierungen zur Folge haben. Sie kommen zum Ausdruck in einem kräftezehrenden, unökonomischen Gebrauch des Körpers, in ungleichmäßiger Tonuslage in verschiedenen Körperteilen, in der Beschränkung auf eine sehr kleine Tonusmittellage, die kaum verlassen werden kann. Ein erstes Anliegen der Eutonie ist es, diesen Ist-Zustand bewußt wahrzunehmen. Längerfristig zielt die Eutonie darauf ab, die Bandbreite der Spannungslagen, die den Teilnehmern zur Verfügung stehen, zu erweitern, so daß sich die Körperspannung unterschiedlichen Situationen flexibel anpassen kann. Eutonie hat zum Ziel, daß im ganzen Körper eine ausgewogene Spannung erarbeitet wird, daß überflüssige Spannungen losgelassen werden können, so daß sich eine fließende, geschmeidige und ökonomische Bewegung ergibt.

Die Eutonie arbeitet mit Körperübungen, wohl wissend, daß sie es immer mit dem ganzen Menschen zu tun hat. Selbstverständlich finden sich Entsprechungen für Tonusfixierungen auf seelischem und geistigem Gebiet: psychische Störungen, festgefahrene Einstellungen und Denkgewohnheiten. Im Laufe der Eutonie-Arbeit mit dem Körper bahnen sich auch auf seelischer und geistiger Ebene Veränderungen an. Die einzelnen Teilnehmer entscheiden (teils bewußt, teils unbewußt), in welchem Maße und Umfang sie Veränderungen zulassen wollen. Der Eutonie-Pädagoge wird von sich aus niemals irgendeine Veränderung forcieren, sondern den Teilnehmern Raum für Veränderung und die Entwicklung anbieten.

Aus dem bisher Gesagten ist deutlich geworden, daß Eutonie kein Entspannungsverfahren ist. Das Lösen von Verspannungen und die Entwicklung einer eutonen Spannung gehen in dieser Arbeit Hand in Hand.

Zweiter Erklärungsversuch

In der Wissenschaft (Medizin und Psychologie) gibt es das Konzept des „Körperbildes". Die Grundlagen für dieses Konzept wurden von dem österreichischen Arzt Paul Schilder in den zwanziger und dreißiger Jahren entwickelt. Es spielt bis heute in Neurologie, Psychiatrie und Psychologie eine wichtige Rolle. Im wesentlichen geht dieses Konzept davon aus, daß es im Zentralnervensystem (Gehirn und Rückenmark) des Menschen eine Instanz gibt, in der alle Sinnesinformationen, die der Körper über sich selbst erhält, verarbeitet und zu einem „Bild" geformt werden. Diese Sinnesinformationen entstammen der gesamten Haut, den Muskeln, den Gelenken und dem Gleichgewichtsorgan; die Bedeutung der Information über die Augen ist wissenschaftlich umstritten. Nach unserer Erfahrung hat der optische Sinn für die Entwicklung des Körperbildes untergeordnete Bedeutung. Die Augen werden hierfür vor allem dann gebraucht, wenn die anderen Sinne irgendwie in ihrer Funktion gestört sind oder nicht genutzt werden. Über die genannten Sinne und Organe „weiß" der Mensch bewußt oder unbewußt um seine Körpergrenzen, um seine Stellung im Raum und um die Lage der einzelnen Körperteile zueinander.

Die Erfahrungen, die in der Wissenschaft zum Körperbildkonzept führten, wurden an schwer geschädigten Patienten gewonnen. Diese hatten entweder Glieder verloren, waren von Geburt an geschädigt oder hatten schwere Hirndefekte. Allgemein bekannt ist das Phänomen des Phantomgliedes: Ein amputiertes Glied wird noch lange nach der Operation ganz real empfunden, denn im Körperbild ist es noch vorhanden. Andererseits zeigen Patienten mit bestimmten Hirnschäden auffällige Ausfallerscheinungen. Insbesondere sind sie nicht zur Orientierung gegenüber dem eigenen Körper in der Lage oder empfinden bestimmte Körperteile als nicht zu ihrem Körper gehörig. Derartige Phänomene werden als Störung des Körperbildes erklärt.

Das Körperbild ist also die zentrale Instanz, die die verschiedenen Sinnesinformationen koordiniert und zu früheren Informationen in Beziehung setzt. Nur wenn die jeweilige Körperregion in das Körperbild integriert ist, kann ich diese empfinden und beherrschen.

Das Körperbildkonzept in der Medizin entstand aus der Forschung mit schwerkranken Patienten. Gerda Alexander hat nun in ihrer Arbeit herausgefunden, daß auch das Körperbild des sogenannten Gesunden in der Regel unzulänglich ist. Unterhalb der Schwelle offensichtlicher Leistungsausfälle gibt es auch beim „Gesunden" erhebliche Beeinträchtigungen des Körperbildes. Die Folgen sind vielfältig, aber zunächst oft unauffällig: zum Beispiel schlechte Durchblutung in einzelnen Körperteilen; Fehlhaltungen und -bewegungen, die erst später zu Verschleißerscheinungen führen; körperliche Ungeschicklichkeiten.

Die Eutonie schult Körperwahrnehmung und Körperbewußtsein. Durch feine Spürarbeit entwickeln und verfeinern wir die Sensibilität von der Haut bis zu den Knochen. Diese Arbeit ist nie ein mechanisches Üben, sondern wird immer mit voller Aufmerksamkeit und Achtsamkeit durchgeführt. Durch Lenkung des Bewußtseins auf den Körper und seine Beziehung zur Umwelt werden Verspannungen aufgelöst, kann sich der Tonus regulieren, und der entsprechende Körperbereich kann in das Körperbild integriert werden. So ist es möglich, „Bild" und Realität des Körpers in Einklang zu bringen.

Eine Nachbemerkung scheint an dieser Stelle notwendig: Die Eutonie, wie sie von Gerda Alexander entwickelt wurde, beruht auf ihren Erfahrungen aus der Arbeit mit sich selbst und mit ihren Teilnehmern. Anregungen kamen auch aus der Zusammenarbeit mit anderen körperorientierten Richtungen. Das Wissen der Eutonie um den menschlichen Körper ist also in erster Linie Erfahrungswissen, das sich alle Eutoniepädagogen während ihrer Ausbildung am eigenen Leibe erarbeiten müssen.

Nur ein geringer Teil der Erfahrungen, die in der Eutonie gemacht werden, läßt sich wissenschaftlich befriedigend erklären. Die Medizin, die sich als Wissenschaft mit dem menschlichen Körper befaßt, geht nur selten von den Fragestellungen aus, die für die Eutonie bedeutsam sind. Körperliche Selbsterfahrung ist etwas prinzipiell anderes als die funktionelle Betrachtung des Körpers in der medizinischen Forschung. Dennoch können Erkenntnisse aus medizinischen Fächern wie Anatomie, Physiologie, Neurologie und Psychosomatik und auch aus anderen Humanwissenschaften die in der Eutonie zu beobachtenden Phänomene erhellen.

Dritter Erklärungsversuch

Manchmal ist es klärend, etwas Unbekanntes im Vergleich mit etwas Bekanntem zu beschreiben. Einige Mißverständnisse können so vielleicht vermieden werden. Wir wollen deshalb im folgenden kurz charakterisieren, worin sich die Eutonie von anderen bekannten Richtungen, die auch mit dem Körper arbeiten, unterscheidet. Dabei werden wir diesen Richtungen sicherlich nicht gerecht; es geht uns hier nur um eine pointierte Herausarbeitung der Besonderheiten der Eutonie.

Wer bereits die Arbeit von Schülern von Elsa Gindler kennengelernt hat (zum Beispiel „Konzentrative Bewegungstherapie" oder „Sensory Awareness"), wird in der Eutonie viele Ähnlichkeiten entdecken. Auch die Feldenkrais-Arbeit (Bewußtheit durch Bewegung) hat einige Ähnlichkeiten mit der Eutonie. Durch die zeitweise Zusammenarbeit von Moshé Feldenkrais und Gerda Alexander sind jeweils Elemente der einen Richtung in die andere eingedrungen. Vielleicht ist folgende Charakterisierung vertretbar: Feldenkrais legt sein Hauptaugenmerk auf die Bewegungsentwicklung und die Wiederherstellung beeinträchtigter Bewegungsfunktionen. Für die Eutonie ist dies auch ein wichtiger Aspekt; sie ordnet ihn aber ein unter der Wahrnehmungs- und Bewußtseinsschulung des ganzen Menschen.

Vom Namen her wird die „Eutonie Gerda Alexander" häufig mit der „Alexander-Technik" verwechselt. Diese wurde um die Jahrhundertwende von dem australischen Schauspieler F.M. Alexander entwickelt, dessen Pionierleistung darin besteht, die wichtige Bedeutung der Stellung von Hals und Kopf für die gesamte Haltung und Bewegung herausgestellt zu haben. Die Eutonie hat die Erkenntnisse F.M. Alexanders weitgehend in ihre Arbeit integriert.

Aufgrund derselben Vorsilbe „Eu" assoziieren viele Menschen, die erstmals den Namen Eutonie hören, diese mit der anthroposophischen „Eurhythmie" Rudolf Steiners. Die Eurhythmie versteht sich als Bewegungskunst, in der die Elemente von Sprache und Musik in entsprechenden Bewegungsformen sichtbar gemacht werden. Weder geschichtlich noch in der praktischen Arbeit hat die Eutonie etwas mit der Eurhythmie zu tun. Jedoch zielen beide Ansätze auf eine Harmonisierung von Körper, Seele und Geist.

Auch zwischen dem „Autogenen Training" und der Eutonie wurden häufig Vergleiche angestellt. Das Ziel des Autogenen Trainings ist Entspannung. Wer Zugang zu diesem Verfahren findet, hat eine Möglichkeit, sich schnell in einer Ruheposition tief zu entspannen. Ziel der Eutonie ist ein dynamisches Gleichgewicht von Spannung und Lösung. Das Autogene Training ist ein autosuggestives Verfahren. Dem Körper werden suggestive „Befehle" erteilt, zum Beispiel schwer, warm und so weiter zu werden. Folge dieser körperlichen Veränderungen ist Entspannung. Im Gegensatz dazu sind Eutoniepädagogen in ihrer Arbeit darum bemüht, Suggestion zu vermeiden. Sie geben ihren Teilnehmern keine Vorstellungen eines „idealen" Zieles vor, sondern vielmehr Anregungen zur intensiven Wahrnehmung der eigenen Körperempfindungen. Die Teilnehmer lernen, vorurteilsfrei und offen wahrzunehmen. Ihre Erfahrungen werden nicht bewertet; vielmehr werden die Teilnehmer ermutigt, zu ihren eigenen Erfahrungen zu stehen, die sich oft von den Erfahrungen anderer unterscheiden. So ruft es beispielsweise immer wieder Erstaunen hervor, wenn nach der gleichen Arbeit der eine Teilnehmer seinen gelösten Arm als schwer, ein anderer ihn aber als leicht erlebt. „Ich begriff also, daß das erste, was man lernen muß, ist, aufmerksam auf sich selber zu werden. Lernen, in der Realität gegenwärtig zu sein. Lernen, die Realität des eigenen Seins in der Umgebung, im Kontakt mit anderen zu erfahren. Lernen, kein Schema zu haben, denn ein Schema isoliert von der Umwelt. Das ist das, was ich Körperbewußtsein nenne: die aktive Sensibilität des ganzen Organismus" (Gerda Alexander, in: Hassada K. Moscovici, 1989, S. 53).

Zum Schluß dieser Vergleiche mit anderen Richtungen sei noch auf folgendes hingewiesen: Alle diese verschiedenen Richtungen, Schulen und Methoden (natürlich auch weitere, wie etwa Yoga oder Atem-Schulen) werden, soweit sie sich ernsthaft mit dem menschlichen Körper beschäftigen, auf bestimmte Gesetzmäßigkeiten des Körpers stoßen. Deshalb lassen sich auch immer wieder punktuelle Ähnlichkeiten zwischen den Richtungen finden. Diese Gesetzmäßigkeiten werden zwar immer individuell unterschiedlich erlebt, sind aber die Basis für die Integration neuer Entdeckungen, Anregungen und Ideen anderer Richtungen in die Eutonie.

„Weil die Eutonie keineswegs ein Sondersystem neben der Praxis des alltäglichen Lebens darstellt, betrifft sie den Gesunden ebenso wie den Kranken, den Sportler wie den Tänzer, den geistig wie den körperlich Arbeitenden" (Gerda Alexander, 1986, S. 7).

Aufgabe der Eutonie-Lehrenden ist es, ihre Arbeit den Fähigkeiten und Möglichkeiten ihrer Teilnehmer anzupassen und sie in Lernsituationen zu führen, in denen sie neue Erfahrungen mit sich machen können. Die Lehrenden unterstützen dabei die Teilnehmer, ihren eigenen Rhythmus zu finden und im weiteren Verlauf Tempo und Ausmaß von Veränderungen selbst zu bestimmen.

Viele Menschen kommen mit ganz speziellen (körperlichen oder seelischen) Problemen zur Eutonie. Manchmal steht auch das Bedürfnis nach Selbsterfahrung im Vordergrund oder der Wunsch, besonderen beruflichen Anforderungen besser gerecht zu werden.

Die Eutonie aktiviert die Selbstheilungskräfte im menschlichen Organismus. Kranke Menschen machen dabei die Erfahrung, daß in vielen Fällen ein Heilungsprozeß angeregt und unterstützt wird und daß ein besserer Umgang mit der Krankheit und ihren Folgen möglich wird. Diese Menschen können erleben, daß sich mit Hilfe der Eutonie ihr Kreislauf, ihre Atmung und ihr Nervensystem regulieren; sie können Unterstützung erfahren bei der Bewältigung und Linderung ihrer Beschwerden und chronischen Schmerzzustände.

Viele Künstler (Musiker, Schauspieler, Tänzer) integrieren Eutonie in ihre berufliche Aus- und Weiterbildung. Besonders für sie ist es wichtig, die Ausdrucksmöglichkeiten ihres Körpers so zu entwickeln und einzusetzen, daß sie dadurch in einen unmittelbaren Kontakt zu ihren Zuschauern und Zuhörern treten können.

Wenn die Eutonie auch bei den verschiedenen konkreten Problemen Hilfestellung geben kann, so ist ihr eigentliches Anliegen doch weiter gesteckt. Sie kann und will umfassend in den Alltag integriert werden. Die Unterrichtsstunden sind nur Vorbereitung und Begleitung für das tägliche Leben.

In diesem Zusammenhang ist es auch bedeutsam, daß die Eutonie keine „Übungen" im Sinne regelmäßig zu wiederholender Stellungen oder Bewegungsabläufe kennt. Das zunehmend verfeinerte und geschulte Körperbewußtsein bewährt und entwickelt sich im Alltag weiter. Jeder einzelne Teilnehmer muß dabei für sich herausfinden, wie er mit der Eutonie zu Hause arbeitet. Die einen nehmen sich vor, täglich eine Viertelstunde gezielt zu arbeiten, andere beziehen Eutonie in ihre alltäglichen Verrichtungen ein, wiederum andere nutzen sie nach spontanen Einfällen. So kann im Alltag allmählich eine neue Lebenshaltung wachsen, die einen sinnvolleren Umgang mit sich selbst und der Umwelt ermöglicht.

Die Praxis

In der Eutonie wird in Gruppen und einzeln gearbeitet. In der Einzelarbeit wird gezielt auf individuelle, seelische und körperliche Probleme eingegangen. Darüber hinaus kann die Einzelarbeit auch auf die Arbeit in der Gruppe vorbereiten.

Eutoniepädagogen bieten Tages- oder Wochenendkurse, manchmal auch Wochenkurse an. Regelmäßige Teilnahme ist in fortlaufenden Kursen möglich, die über längere Zeit einmal wöchentlich stattfinden. Zum Kennenlernen der Eutonie ist es sinnvoll, mit einem Tages- oder Wochenendkurs zu beginnen.

Ein Fallbeispiel

Auf dem Weg in den Übungsraum beobachtete ich einige Teilnehmer beim Treppensteigen. Ich sah die Anstrengung und daß sie zum Teil das Geländer benutzten, um sich von Stufe zu Stufe „hochzuziehen". Zunächst ließ ich sie nochmals die Treppe hinaufsteigen und lenkte dabei ihre Aufmerksamkeit auf die Füße, die Druckverteilung, die Druckrichtung des „Standbeins" gegen die Treppenstufe und die Veränderungen in Fuß-, Knie- und Hüftgelenk. In bequemer Rückenlage wurden dann durch sanfte (leichte) Bewegungen die Gelenke und Muskeln erspürt und gelockert. Durch die Arbeit mit verschiedenen Materialien (zum Beispiel mit Bällen, Holzstäben und anderen) erlebten die Teilnehmer die knöcherne Struktur ihres Skeletts. Der Druck der Wirbelsäule gegen Boden und Wand verhalf zur Erfahrung, daß und wie dieser Druck in den Körper zurücklaufen kann und den Körper von der festen Unterlage wegstreckt. Dieser „Transportreflex" wurde zunächst in Bodenlage ohne den normalen Einfluß der Schwerkraft erarbeitet, später im Stehen und Gehen. Die Schüler erfuhren, daß sie sich nicht mehr „halten" müssen, sondern daß sie gegen die Schwerkraft aufgerichtet werden. Beim Treppensteigen war die Veränderung offensichtlich für alle erlebbar. Die mühsame Anstrengung war weitgehend verschwunden, leichten Schrittes stiegen sie hinauf, das Geländer wurde gar nicht mehr benutzt oder nur noch leicht zur Unterstützung des Gleichgewichts berührt.

Fallbeispiele wirken leicht verführerisch. Veränderungen und „Erfolge" brauchen in der Wirklichkeit meist viel längere Zeit, als es im Beispiel erscheint. Die Eutonie verzichtet bewußt darauf, Suggestion einzusetzen oder irgend etwas „richtig" vorzumachen. Die Teilnehmer lernen, ihren eigenen Weg zu finden. „Fehler" werden dabei nicht vermieden, sondern sie sind vielmehr notwendige Lernschritte. Diese Art zu lernen erfordert, besonders am Anfang, längere Zeit. Was der Körper so wirklich erfahren hat, steht ihm jederzeit zur Verfügung – nicht nur unter den Bedingungen der Unterrichtsstunde. Wer sich eine Vorstellung davon machen möchte, wie in der Eutonie gelernt wird, sollte einmal beobachten, wie ein Säugling neue Bewegungsformen lernt.

Voraussetzungen für die Teilnahme

Für Teilnehmer an Eutoniekursen gelten grundsätzlich keine Einschränkungen. Die Eutonie ermöglicht jedem Menschen, unabhängig von seiner körperlichen Befindlichkeit, individuelle Entfaltung und vielfältige Bereicherung. Jeder Teilnehmer muß sich dabei selbst in Erfahrungen mit Methode und Lehrer erproben.

Qualifikation der Lehrenden

Kursleiter, die „Eutonie Gerda Alexander" unterrichten, sind durch eine mehrjährige Vollzeitausbildung an einer der Gerda-Alexander-Schulen qualifiziert. Diese lange und intensive Ausbildung erstreckt sich vor allem auf die Erfahrung mit dem eigenen Körper. Nur Eutoniepädagogen, die in ihrem eigenen Körper zu Hause sind, können andere Menschen in der Erfahrung ihres Körpers verantwortlich begleiten.

Eine Liste mit den aktuellen Adressen der Eutoniepädagogen in Deutschland ist bei Detlef Eichhorn, Deutsche Eutonie-Gesellschaft Gerda Alexander e.V., Posthornstr. 29, 30559 Hannover, zu erhalten.

Literaturhinweise

Alexander, Gerda: Eutonie. Ein Weg der körperlichen Selbsterfahrungen, 6. Aufl. München 1986.

Kjellrup, Mariann: Bewußt mit dem Körper leben. Spannungsausgleich durch Eutonie, München 1980.

Moscovici, Hassada K.: Vor Freude tanzen – vor Jammer halb in Stücke gehen, Frankfurt 1989.

Windels, Jenny: Eutonie mit Kindern, München 1984.

Peter Schulz

Die Feldenkrais-Methode

Bewußtheit durch Bewegung

> *„Feldenkrais plädiert für unser aller unausge-*
> *schöpfte Begabung, ja Genialität, zu deren Ent-*
> *wicklung nur eines not tut: Aufmerksamkeit, de-*
> *ren anderer Name Geduld lautet, und ohne wel-*
> *che Klugheit nicht so zu heißen verdient."*
>
> Friedhelm Kemp

Einführung

Die Feldenkrais-Methode ist eine Lernmethode, die sich der Bewegung auf zweierlei Art bedient, um einen individuellen Wachstumsprozeß in Gang zu setzen. Die eine Art und Weise, Feldenkrais zu lehren, heißt *„Bewußtheit durch Bewegung".* Die Lehrenden geben hier detaillierte Anweisungen für Bewegungsabfolgen, die die Teilnehmer, zumeist auf dem Boden liegend, ausführen. Dabei sollen sie über die Bewegungen, zu denen sie angeleitet wurden, verschiedene Erfahrungen mit sich und ihrem Umgang mit ihnen machen.

Die zweite Art und Weise, die Feldenkrais-Methode zu unterrichten, wird *„Funktionale Integration"* genannt und ist eine Einzelarbeit. Hierbei gehen die Lehrenden ganz gezielt auf Wünsche und Bedürfnisse der Schüler ein und benutzen dabei auch ihre Hände, indem sie die Schüler behutsam bei ihren Bewegungen führen.

Bei beiden Arten steht das Lernen der sich neu gestaltenden Bewegungsmuster im Vordergrund. Aber es geht auch darum, durch das bewußte Lernen neuer Bewegungsmuster die eigene

Lernfähigkeit beziehungsweise die eigenen Möglichkeiten zur Veränderung zu erfahren. Die Feldenkrais-Methode ist kaum vergleichbar mit irgendeiner Form von Gymnastik oder Sport und ist auch keine Therapiemethode. Die durchaus häufigen, manchmal herausragenden therapeutischen Erfolge sind als Nebeneffekte des persönlichen Lernprozesses zu verstehen.

Durch die verbesserte Beweglichkeit entsteht, ganz allgemein, ein körperliches Wohlgefühl. Wichtiger ist allerdings, daß sich das Selbstbild der Studierenden wandelt und damit Veränderungen jedweder Art der Boden geebnet wird. Es kann so, durch zunächst scheinbar banales Bewegungstraining, ein ganzheitlicher Wachstumsprozeß eingeleitet werden.

Kultureller Hintergrund

Begründer dieser Lernmethode ist Dr. Moshé Feldenkrais (1904–1984). Sein Lebenslauf ist so interessant wie seine Arbeit. Als Fünfzehnjähriger ging er von Slawuta in Weißrußland nach Palästina. Später studierte er in Paris Physik und arbeitete dort auch mit Marie Joliot-Curie an den ersten Kernspaltungen. Schon seit jungen Jahren studierte er eifrigst Judo. Er verfaßte eine Reihe Judo-Lehrbücher und gründete den französischen Judoverband.

Als junger Mann zog er sich beim Fußballspiel eine Knieverletzung zu, die ihm im Laufe der Jahre mehr und mehr Beschwerden verursachte. Die damalige Medizin konnte ihm nicht weiterhelfen, und so fing er an, sich selbst damit zu beschäftigen, wie er seine Kniebeschwerden lindern könnte. Dies und sein allgemeines Interesse an menschlichem Verhalten führte ihn zu intensiven Studien in Physiologie, Anatomie, Neurophysiologie, Neurologie, Psychologie und manchem mehr.

Eine der interessantesten Entdeckungen bei seinen Selbststudien im Hinblick auf sein krankes Knie war die Erkenntnis, daß seine Kniebeschwerden mit ganz bestimmten automatisierten Bewegungsmustern einhergingen. Änderte er diese Muster beziehungsweise ersetzte er sie durch neu erlernte Alternativen, konnte er sich ohne nennenswerte Einschränkungen seiner Beweglichkeit schmerzfrei bewegen. Er hatte also nichts weiter getan, als sein Lernvermögen zu nutzen, um ein Problem zu lösen, das medizinisch aussichtslos schien.

Als naturwissenschaftlich geschulter Denker fragte sich Feldenkrais, inwieweit dieser so einfach erscheinende Prozeß allgemein nutzbar gemacht werden könnte. Bei weiteren Experimenten mit sich und einer wachsenden Zahl von Freunden und anderen interessierten Personen zeigte sich, daß es nicht nur darum ging, eine Palette von Bewegungsmustern für diese oder jene Problematik zu entwickeln, sondern vielmehr auch darum, den Prozeß des Lernens als solchen wieder aufzunehmen. Er gelangte zu der Ansicht, daß die meisten Menschen aufhören, ihr Repertoire an Bewegungs- und damit auch Verhaltensweisen zu erweitern, sobald sie als junge Erwachsene für alle gängigen Situationen bestimmte Bewegungs- und Verhaltensmuster erlernt haben.

Um dies zu verdeutlichen, möchte ich Sie zu folgendem Versuch auffordern: Legen Sie zunächst das Buch aus der Hand und falten beziehungsweise verschränken Sie Ihre Finger in der Ihnen gewohnten Weise. Betrachten Sie genau, wie Ihre Finger jetzt sind. Sie werden finden, daß der kleine Finger der einen und der Daumen der anderen Hand sich außen befinden. Schließen Sie nun die Augen und ändern alle Finger so, daß der jeweils andere kleine Finger und Daumen außen sind. Achten Sie aber darauf, daß Sie alle Finger um eine Position versetzt und nicht nur Daumen und kleine Finger vertauscht haben. Das damit verbundene Gefühl wird Ihnen vermutlich recht fremdartig sein. Für einige von Ihnen wird es vermutlich gar nicht ohne weiteres möglich sein, die Finger so andersherum zu verschränken, ohne die Augen zu Hilfe zu nehmen und Finger für Finger an seinen neuen Platz zu bringen.

Lösen Sie jetzt ihre Finger voneinander, und lehnen Sie sich auf Ihrem Sitz zurück. Verschränken Sie die Arme auf der Brust, und schauen Sie sich genau an, wie dies aussieht. Dann verschränken Sie bitte ihre Arme genau andersherum, so daß also der rechte Arm jetzt genauso liegt wie vorher der Linke und umgekehrt. Viele von Ihnen werden jetzt einige Male mit den Armen in der Luft fuchteln, um dann doch festzustellen, daß die Arme wieder so sind wie vorher. Wenn Sie es dann bewerkstelligt haben, daß die Arme wirklich andersherum sind, werden Sie wieder zunächst ein recht befremdliches Gefühl haben.

Nach einigen Wiederholungen hin und her wird bei beiden Experimenten das fremde Gefühl bei den neuen Bewegungen immer mehr verschwinden, und nach einiger Zeit können Sie beides gleichermaßen sicher tun.

Diese kleinen Experimente zeigen, wie sehr wir uns auf eine einmal erschlossene Bewegungsart fixieren. Natürlich ist es nicht besonders wertvoll, die Hände so oder so herum falten zu können. Beim Gehen auf Eis aber oder beim Straucheln oder Stolpern kann Ihnen ein erweitertes Repertoire an Bewegungsweisen unter Umständen einen längeren Krankenhausaufenthalt ersparen. Ein Seiltänzer, der auf einer Bananenschale ausrutscht, wird, wie Sie sich leicht vorstellen können, nicht so leicht stürzen wie ein durchschnittlich trainierter Spaziergänger. Ja, der Seiltänzer wird vielleicht nicht einmal den Faden der Unterhaltung verlieren, weil sein Nervensystem automatisch das Richtige tut, da es über genügend Möglichkeiten verfügt.

Feldenkrais wollte mit seiner Methode Menschen ermutigen und dabei unterstützen, neue Bewegungsmöglichkeiten für sich zu erkennen, damit sie eingeschliffene Bewegungsmuster aufgeben können. Bei der Arbeit mit seiner Methode sollten sie die Erfahrung machen, daß ihnen viel mehr Möglichkeiten der Bewegung zur Verfügung stehen, als ihnen vorher bewußt war. So erfand er für seine Schüler immer neue Bewegungsabfolgen. Obwohl diese Bewegungen für sie oftmals zunächst kein erkennbares Ziel hatten, wurde es für sie im Verlaufe des Übens immer mehr möglich, sie in aller Ruhe auszuprobieren. Die Schüler konnten sich ganz auf die Wahrnehmung dessen, was sie taten, beschränken und anhand dieser Wahrnehmung beurteilen, welche Bewegungen ihnen angenehm waren und welche weniger. Außerdem gab es für jeden eine Fülle von unzweckmäßigen, hinderlichen, sogenannten parasitären Anstrengungen in den Bewegungen zu entdecken und abzubauen. In der Feldenkrais-Methode geht es also auch darum, das Gespür für den eigenen Kraftaufwand bei Bewegungen zu schärfen. Dabei wird häufig deutlich, daß sich Menschen bei vielen Bewegungen viel mehr anstrengen, als es dafür erforderlich ist.

Wurde durch dieses weitgehend anstrengungsfreie Lernen ein Bewegungsablauf, der zunächst recht kompliziert und oft gar nicht machbar erschien, auf das Wesentliche beschränkt, erschien er den Schülern in der Regel leicht, effektiv, elegant und kraftvoll zugleich. Diese Erfahrung, eine Bewegung leicht und anmutig ausüben zu können, obwohl die Schüler vor nur 20 bis 30 Minuten vielleicht noch überzeugt waren, dies würde ihnen nie gelingen, bescherte ihnen oft ein Hochgefühl.

Die wiederholt gewonnene Erfahrung, mehr zu vermögen, als man bisher zu glauben geneigt war, vermag wie kaum sonst etwas unser Selbstwertgefühl zu stärken und unser Selbstbild erheblich zu verändern.

Feldenkrais erkannte, daß sich in den Bewegungen der Menschen ihre Befindlichkeiten wie etwa Freude, Angst und Trauer, ihr Verhalten sich selbst und anderen gegenüber und die Art, wie sie davon Gebrauch machen, äußern. Er ging davon aus, daß sich in den Bewegungsmustern von Menschen ihre äußere und innere Haltung zeigt.

Ihm wurde deutlich, daß die Art, in der Menschen ihre Bewegungen ausführen, erkennbar macht, wie sie ihr Leben organisieren. Aus dieser Erkenntnis schloß er, daß das Auflösen gewohnter Bewegungsmuster auch dazu führen kann, erlernte und gewohnte Verhaltensmuster aufzugeben und neue in das eigene Leben zu integrieren.

Die Freiheit der Wahl, nämlich alle Bewegungs- und Verhaltensmuster aufgeben zu können und neue zu wählen, kann seines Erachtens dazu beitragen, daß Menschen ihre Persönlichkeit verändern und neue, andersartige, für sie geeignetere Wege finden, um ihr Leben zu gestalten.

Diese Erkenntnis wurde ein wesentlicher Ausgangspunkt für seine Arbeit und macht deutlich, daß er Körper und Seele als ein untrennbares Ganzes begreift und von einem engen Wechselspiel zwischen körperlichem und psychischem Geschehen ausgeht.

Ziele in der Gesundheitsbildung

In der Feldenkrais-Methode geht es zunächst darum, sich der eigenen Bewegungsgewohnheiten bewußt zu werden, um neue Möglichkeiten der Bewegung entdecken zu können. Dazu unterstützen die Lehrenden die Teilnehmer dabei,
– ein Gespür für die eigenen Bewegungsabläufe zu entwickeln,
– ihre Bewegungen und Bewegungsmuster mit Aufmerksamkeit zu erleben und zu erspüren und
– die bei den Bewegungen auftretenden Erfahrungen und Empfindungen wahrzunehmen und zu beobachten.

Sie leiten die Teilnehmer an, schrittweise neue Bewegungsmöglichkeiten zu erlernen.

Durch Erkennen und Ausschalten von sogenannten parasitären Anstrengungen auf körperlicher Ebene kann zum Beispiel die Geschmeidigkeit und Leichtigkeit in den alltäglichen Bewegungen deutlich verbessert werden. Parasitäre Anstrengungen sind jene Muskeltätigkeiten, die nicht für die auszuführende Handlung nützlich sind, ja diese gar hindern. Man könnte auch sagen, unbewußt ablaufende „schlechte Angewohnheiten".

Die Erfahrung, diese Geschmeidigkeit und Leichtigkeit selbst gefunden zu haben, also selbst dafür verantwortlich zu sein und nicht irgend jemand sonst, stärkt natürlich den Glauben an die eigene Fähigkeit. Selbstwertgefühl und Selbstsicherheit können dadurch beträchtlich gestärkt werden. Man lernt wieder, mehr sich selbst zu vertrauen.

Die Feldenkrais-Methode will also Menschen für die Erfahrung sensibilisieren, daß ihnen viel mehr Möglichkeiten der Bewegung zur Verfügung stehen, sie also viel mehr Ausdrucksmöglichkeiten ihres Selbst haben, als sie bisher dachten. Die Studierenden können auf der Basis der sich ändernden körperlichen Selbstwahrnehmung lernen, sich selbst mit anderen Augen zu sehen. Ein so sich erweiterndes Selbstbild (das Bild, das wir von uns und unseren Eigenschaften und Fähigkeiten haben) führt zu mehr Wahlmöglichkeiten bei unseren Bewegungen und Handlungen und damit zur Erweiterung unserer Grenzen. Mehr Freiheit der Wahl bedeutet aber schlicht: mehr Freiheit.

Die Praxis

Wie schon betont, legen wir uns im Laufe unserer persönlichen Entwicklung eine Reihe von Verhaltens- und damit Bewegungsmustern zu, die nur zum geringen Teil klar motiviert und damit effektiv sind. Um diese Muster erkennbar zu machen, werden die Feldenkrais-Lehrenden bei der Gruppenarbeit mit *Bewußtheit durch Bewegung* die Teilnehmer durch verbale Bewegungsanweisungen in Situationen führen, in denen diese bisherigen, oft nachteiligen Strategien nicht funktionieren. Die Lehrenden machen nichts vor und erzeugen keinerlei Druck, etwas richtig oder gut zu machen. Sich so in streßfreier Atmosphäre mehr und mehr auf sein eigenes Empfinden verlassend, finden die Teilnehmer immer häufiger Wege, die durch ihre Leichtigkeit überraschen. Diese Erfahrungen stärken natürlich ihr Vertrauen in ihre Geschicklichkeit und begünstigen damit bereits die nächsten Erfahrungen dieser Art. Fühlen sich die Teilnehmer anfangs in der Regel dadurch, daß keine Vorbilder gegeben werden und ihre Strategien nicht funktionieren, vielleicht noch hilflos und orientierungslos, erfahren sie durch das Auffinden neuer Wege, daß sie sich getrost auf sich verlassen können und so ihren besten Weg finden werden.

Das Lernen geschieht also hier aus sich selbst heraus und nicht durch versuchtes Nacheifern im Hinblick auf ein Ideal. Die hiermit einhergehenden Gefühle von Freude, Stolz, Erleichterung und Stärke können bewirken, daß die Studierenden ihr Verhalten bei Problemlösungen generell ändern. Das heißt, sie werden bei auftauchenden Problemen, zum Beispiel im Beruf oder im sozialen Verhalten, nicht mehr so schnell annehmen, diese seien unlösbar, sondern sich vielmehr von der Gewißheit leiten lassen, die Lösung zwar jetzt noch nicht zu kennen, aber sie herausfinden zu können. Sie werden sich Fehler verzeihen und sich nicht davon demoralisieren lassen, im Wissen, daß diese Teil des Lernens und damit Teil der Lösungsfindung sind.

Die Bewegungsexperimente werden überwiegend auf dem Boden liegend ausgeführt, weil so das Nervensystem von der Aufgabe, den Körper im Schwerkraftfeld aufzurichten, befreit ist. Die latent vorhandene Angst vor dem Fallen macht dem Gefühl von Sicherheit und Geborgenheit Platz. Die Gruppenteilnehmer können sich so bequem und streßfrei mit Funktionen wie Gehen und Stehen beschäftigen, ohne sich zunächst gewahr zu sein, daß sie an diesen Funktionen arbeiten. Die Verblüffung über die veränderten Empfindungen nach dem Aufstehen ist dann oft groß.

Häufig bieten die in einem solchen Kurs gemachten Erfahrungen genug Anreiz, sich für einige Zeit selbständig der Entwicklung der eigenen Möglichkeiten zu widmen. In der Regel ist es jedoch zweckmäßig, sich in gewissen Abständen der Lernatmosphäre, wie sie eine solche Feldenkrais-Gruppe bietet, auszusetzen, da es hier leichter fällt, sich auf die Schliche zu kommen, als im alltäglichen Trott.

Häufigkeit und Dauer des Praktizierens wird sehr unterschiedlich sein und sich nach den Interessen und Bedürfnissen des einzelnen richten. Es gilt ja nicht, ein bestimmtes Pensum zu vermitteln, sondern Anstöße für persönliches Wachstum und Entwicklung zu liefern, und diese mögen durchaus unbegrenzt sein.

Bei der *Funktionalen Integration* genannten Einzelarbeit werden die Feldenkrais-Lehrer ganz gezielt auf die Bedürfnisse der Lernenden eingehen. Die Vorgehensweise ist insofern direkter, als die Vermittlung überwiegend nonverbal geschieht. Das heißt, das Nervensystem der Lernenden macht seine Erfahrungen durch geführte Bewegungen und das direkte kinästhetische Empfinden funktionaler Zusammenhänge durch die manuellen Hinweise der Lehrenden.

Der Einzelunterricht mit geführten Bewegungen ist besonders geeignet für Menschen mit erheblichen funktionellen Einschränkungen wie Spastiken, Schlaganfallsfolgen, Schmerzzuständen und so weiter, da auf diese Weise die Selbstbehinderung der Klienten im Sinne von „Das kann ich doch nicht mehr" verhindert wird. Die Selbstbehinderung würde leicht immer dann einsetzen, wenn ein Bewegungsziel verbal formuliert und so erkennbar wird. Bei der nonverbalen Vorgehensweise merken die Lernenden hingegen häufig erst nach der Vollendung, daß sie etwas vollbracht haben, was als unmöglich galt. Etablierte funktionelle Blockaden können so aufgelöst werden und der Erschließung neuer Wege Platz machen.

Über Anzahl und Abstand der Stunden gilt im wesentlichen das bei der Gruppenarbeit Gesagte. Die Lernenden werden dies nach einiger Praxis am besten selbst entscheiden können.

Voraussetzungen für die Teilnahme am Gruppenunterricht

Für die Teilnahme an den Gruppenkursen braucht man keine besonderen Voraussetzungen. Die Übungen sind durchweg so gehalten, daß jeder, der aus eigener Kraft zum Kurs kommen kann, sie durchführen kann. Körperliche Anstrengung ist weder erwünscht noch zweckmäßig.

Grundsätzlich läßt sich sagen, daß die Feldenkrais-Methode allen Menschen großen Gewinn bringen kann. Sei es, um verschiedenste Tätigkeiten – wie Gehen, Stehen, Sitzen, Musizieren, Reiten oder was immer sonst man noch tun kann – zu verbessern, oder sei es, um Rücken- und Gelenkbeschwerden, Kopfschmerz oder ähnliches – zu lindern. Auch um die Folgebeschwerden von Krankheiten wie Multipler Sklerose, Parkinson, Schlaganfällen oder auch Unfällen zu lindern, hat sich die Methode bewährt.

Nicht zuletzt ist die Arbeit nach der Feldenkrais-Methode ein beliebter, weil leichter und angenehmer Weg, gegen Verspannungen jedweder Art anzugehen.

Qualifikation der Lehrenden

Die Begriffe „Feldenkrais-Methode", „Bewußtheit durch Bewegung" und „Funktionale Integration" sind geschützt und dürfen nur von Lehrerinnen und Lehrern mit einer abgeschlossenen und vom Berufsverband anerkannten Ausbildung benutzt werden. Diese Ausbildungen erstrecken sich über vier Jahre und umfassen jeweils acht Wochen praktischen Unterricht pro Jahr. Nach Abschluß der Ausbildung erhalten die Teilnehmer ein Diplom.

Die deutsche Feldenkrais-Gilde e.V. als Berufsverband der Feldenkraislehrer versendet gern ein Verzeichnis der ihr angeschlossenen Lehrer und gibt auch Auskunft über Ausbildungsmöglichkeiten.

Die Anschrift:

Feldenkrais-Gilde e.V., Theresienstr. 102, 80333 München.
Tel.: 089/5234174; Telefax 089/527556

Literaturhinweise

Feldenkrais, Moshé: Bewußtheit durch Bewegung, Frankfurt a.M. 1968.

Feldenkrais, Moshé: Abenteuer im Dschungel des Gehirns, Frankfurt a.M. 1977.

Feldenkrais, Moshé: Die Entdeckung des Selbstverständlichen, Frankfurt a.M. 1985.

Feldenkrais, Moshé: Das starke Selbst, Frankfurt a.M. 1989.

Feldenkrais, Moshé: Die Feldenkraismethode in Aktion, Paderborn 1990.

Triebel-Thome, Anna: Feldenkrais: Bewegung – ein Weg zum Selbst, München 1989.

Ulrich Holzapfel

Hakomi

Ein Weg zur inneren Achtsamkeit

Einführung

Die Hakomi-Methode ist eine körperzentrierte Psychotherapie und orientiert sich an der fernöstlichen Kunst der Selbstbeobachtung. Im Rahmen der Erwachsenenbildung werden viele Elemente dieser Methode für die Selbsterfahrung nutzbar gemacht.

In der Hakomi-Arbeit geht es darum, Menschen bei der Beobachtung und Erkenntnis zu unterstützen, wie sie ihre Wirklichkeit organisiert haben und wie sie diese verändern können. Dabei steht die Frage nach der Organisation der eigenen Erfahrungen im Mittelpunkt.

Ausgangspunkt ist, daß jeder Mensch in seiner Kindheit Grundanschauungen über sich selbst, andere Menschen und das Leben entwickelt, die auf seine aktuelle Lebensgestaltung und die Art und Weise, wie er seine Erfahrungen macht, einen prägenden Einfluß haben. Diese Grundanschauungen bewußtzumachen und sie als Basis des Selbstkonzepts, der eigenen Gefühle und der Erwartungen an sich selbst und an die Welt zu erkennen, ist das Kernstück der Hakomi-Arbeit.

Das Wort „Hakomi"

„Hakomi ist ein Wort der Hopi-Indianer mit einer modernen und einer archaischen Bedeutung. Modern läßt es sich als Frage ‚Wer bist du?‘ und als Aussage ‚Der, der du bist‘ übersetzen. Und genau dieser Übergang von der Frage zur Feststellung ist

Gegenstand wachstumsorientierter Psychotherapie. Die fortschreitende (Wieder-)Entdeckung des Selbst ist die Aufgabe einer Therapie.

Die archaische Bedeutung von Hakomi ist: ‚Wie stehst du in Beziehung zu diesen vielen Bereichen?‘ Das kann man auch so übersetzen: ‚Welchen Standpunkt nimmst du gegenüber den einzelnen Aspekten des Lebens ein?‘ Wie stehst du zum Beispiel zum spirituellen Bereich, zum materiellen Bereich, zu den großen Lebensthemen? Wie zum Beispiel stehst du zu Freundschaft und Liebe? Was ist deine Einstellung Gott und den Menschen gegenüber, zu Freiheit und Verantwortlichkeit? Wie stehst du bezüglich all dieser Bereiche?

Nun, entweder weißt du, wie du stehst, oder du weißt es nicht. Höchstwahrscheinlich weißt du es nicht, wenn du nicht schon eine lange und tiefschürfende Suche hinter dir hast. Therapie bedeutet, etwas herauszufinden. Therapie dreht sich in erster Linie um Entdeckung. Sie dreht sich um die Frage, wer du bist, und um deine tiefsten emotionalen Einstellungen. Es geht nicht nur darum, wer du glaubst zu sein. Es geht nicht um etwas, das du nur intellektuell begreifen kannst. Es geht darum, wer du im tiefsten Grund deines Herzens bist" (Ron Kurtz, 1989, S. 7).

Theoretischer und kultureller Hintergrund

Die Hakomi-Methode wurde in den siebziger Jahren von dem amerikanischen Psychologen Ron Kurtz entwickelt. Sie geht im wesentlichen auf die Einflüsse aus drei Bereichen zurück:
- Erfahrungen mit körperzentrierter Psychotherapie (wie zum Beispiel Bioenergetik) und der Charaktertheorie, die in ihrer ursprünglichen Form von Wilhelm Reich und Alexander Lowen stammt, beeinflußten seine Arbeit besonders stark.
- Vom Buddhismus und Taoismus ausgehend, hat er die Prinzipien „Innere Achtsamkeit" und „Gewaltlosigkeit" übernommen. Die östliche Philosophie durchdringt seine Arbeit und strukturiert den allgemeinen Prozeß und alle Techniken. Der gesamte Geist der Arbeit beruht auf dieser Grundlage.

– Der dritte Pfeiler seiner Arbeit ist die Systemtheorie, die die Verbundenheit und gegenseitige Beeinflussung aller Phänomene voraussetzt und den Menschen als eine integrierte Ganzheit begreift.

Die Hakomi-Methode basiert auf der Tatsache, daß jeder Mensch „grundlegende, organisierende und Entscheidungen treffende Strukturen" besitzt, die „Grundlagen des menschlichen Verhaltens und Erlebens" bilden (vgl. Halko Weiss/Dyrian Benz, 1989, S. 71). Es sind „Anschauungen" oder „Überzeugungssysteme", die Menschen über die Welt und sich selbst bilden und die ihr Erleben, Verhalten und Handeln bestimmen.

Solche „Anschauungen" oder „Überzeugungssysteme" können zum Beispiel folgende sein:

„Die Welt ist sicher und unterstützt mich,"

„Mein Wert wird durch das bestimmt, was ich leiste,"

„Ich kann mich nicht frei entscheiden,"

„Ich bin unwichtig,"

„Ich bin häßlich,"

oder

„Ich darf keinen Lärm machen" (Halko Weiss/Dyrian Benz, 1989, S. 72).

Die Anschauungen, die ein Mensch zumeist schon in der frühen Kindheit entwickelt, tragen dazu bei, daß er eine spezifische und besondere Lebensweise entwickelt, also eine Art und Weise, sein Leben zu gestalten. Sie sind in der Regel dem Alltagsbewußtsein nicht zugänglich und werden häufig in Gefühlen, Bildern, Erinnerungen und im Körper bewahrt (vgl. Halko Weiss/Dyrian Benz, 1989, S. 73).

Ziel der Hakomi-Methode ist es nun, Menschen dabei zu unterstützen, ihre alles durchdringenden, unbewußten Anschauungen aufzuspüren und zu erkennen, wie diese ihre individuelle Umgangsweise mit dem Leben formen und prägen. Dabei geht es also um einen Zuwachs an Bewußtheit über sich selbst.

Vergleichbar damit ist die Feldenkrais-Arbeit (vgl. S. 154 ff.). Hier ist es das Ziel, daß Menschen sich über die Art und Weise ihrer Bewegungen und Bewegungsmuster bewußter werden und erkennen, wie sie diese organisieren.

In der Hakomi-Arbeit geht es darum, zu erkennen und bewußtzumachen, wie Menschen ihren Körper, ihre Erfahrung und ihr Denken organisieren, das heißt, welche Grundanschauungen sie dazu bringen, (immer wieder) bestimmte Erfahrungen zu machen.

Da sich manche Anschauungen, die ein Mensch erworben hat, für seine Lebensbewältigung und -gestaltung als hinderlich erweisen, will die Hakomi-Methode Menschen unterstützen, Anschauungen zu verändern und damit neue Möglichkeiten entwickeln zu können, die dazu beitragen, das Leben besser und effektiver zu gestalten. Somit will die Hakomi-Arbeit persönliches Wachstum fördern.

Dabei wollen Therapeuten oder Lehrende in der Hakomi-Arbeit einen Menschen nicht verändern, sondern nur Bedingungen für mögliche Veränderungen herstellen.

Hakomi-Therapeuten und -Gruppenleiter vertrauen darauf, daß ein organisches Ganzes, wie zum Beispiel der Mensch, sich in einem fortlaufenden Entwicklungsprozeß befindet und sich so verändert – indem es etwa neue adäquatere Anschauungen für sein Leben annimmt –, daß es neue Lebensanforderungen bewältigen oder die Qualität seiner Beziehung zu Lebensthemen erhöhen kann, die zum Beispiel mit dem Festhalten an alten, erworbenen Anschauungen zusammenhängen.

Die Hakomi-Methode basiert auf der Tatsache, daß sich die Anschauungen nicht nur im Denken und Sprechen, Verhalten und Handeln eines Menschen äußern, sondern auch durch körperliche Ausdrucksformen wie die Körperhaltung, die Bewegungen, die Art und Weise des Sprechens. Geist und Körper reflektieren also die zentralen Anschauungen vom Menschen. Somit wird die gesamte Person einschließlich ihrer körperlichen Erfahrungen und Ausdrucksformen bei der Hakomi-Arbeit in Therapie und Selbsterfahrung einbezogen.

Geist und Körper werden also als eine verbundene Einheit gesehen. Es wird das permanente Wechselspiel von körperlichen und mentalen Zuständen berücksichtigt und dabei betont, daß Gefühle sich immer auch in körperlichen Reaktionen und Mustern zeigen.

Der Grundsatz der „Körper-Geist-Einheit" hat für die Hakomi-Arbeit zur Folge, daß fortwährend an den „Schnittstellen" von Geist und Körper gearbeitet wird, gleich, ob man, vom Körper ausgehend, zu tieferen Erfahrungen, Erinnerungen und Bedeutungen gelangt oder ob man, von den Anschauungen herkommend, deren Wirkungen auf die Körperorganisation untersucht.

Auch der Buddhismus und Taoismus haben die Hakomi-Arbeit stark beeinflußt. Die Nähe zum Taoismus zeigt sich im Grundsatz der „Gewaltlosigkeit". In der Therapie und der Bildungsarbeit gewaltlos vorzugehen, heißt zunächst einmal, „sich mit dem Strom zu bewegen", mit dem zu gehen, was natürlich, was einfach, leicht und effektiv ist. Hakomi-Therapeuten und -Gruppenleiter mischen sich möglichst wenig mit eigenen Vorstellungen, Vorlieben und Absichten ein und üben auf ihre Klienten und Teilnehmer auch keinen Druck aus, sich in eine von ihnen gewünschte Richtung zu verändern. Sie sehen ihre Aufgabe darin, Bedingungen herzustellen, die es Menschen ermöglichen, sich mit sich selbst auseinanderzusetzen, zu beobachten und zu erkennen, wie sie ihre Wirklichkeit organisiert haben und verändern können. Dabei unterstützen sie sie, ihre Wahrnehmung nach innen zu richten, um die Aufmerksamkeit auf ihr inneres Erleben zu konzentrieren. Bei dieser inneren Beobachtung lenken sie sie nicht in eine bestimmte Richtung und fordern sie nicht auf, nach etwas Bestimmtem zu suchen, sondern bitten sie, zu beobachten, was von selbst geschieht, folgen ihnen bei ihren Entdeckungen und unterstützen sie dabei, diese noch konkreter und bewußter wahrzunehmen.

Ziele in der Gesundheitsbildung

In der Bildungsarbeit steht körperorientierte Selbsterfahrung, beruhend auf den Hakomi-Grundsätzen, im Vordergrund.
  Die wichtigsten Ziele sind folgende:
– Sensibilisierung der Wahrnehmung,
– Schulung wertfreien Beobachtens,

- Wahrnehmung und Anerkennung eigener Stärken und Begrenzungen,
- detailliertes Selbststudium der Art und Weise, wie man seine Erfahrungen selbst organisiert,
- Kennenlernen und Bewußtwerden automatischer Gewohnheiten,
- Erweiterung von Wahlmöglichkeiten,
- Stärkung des Vertrauens in die inneren Selbstheilungskräfte,
- Erwerb von mehr Gelassenheit und Frieden im Umgang mit sich selbst und anderen.

Die Praxis

In der Hakomi-Arbeit sollen Menschen dabei unterstützt werden, ihre Grundanschauungen zu erleben und zu erkennen, welche die Art und Weise ihrer Lebensgestaltung und -bewältigung prägen und beeinflussen. Da diese Anschauungen in der Regel nicht bewußt sind, wählt die Hakomi-Methode einen besonderen Weg, damit Menschen mit ihnen in Kontakt kommen können. An der Hakomi-Arbeit Teilnehmende werden dabei unterstützt, einen Bewußtseinszustand zu erlangen, der „Innere Achtsamkeit" genannt wird. „Er eröffnet ein breites Feld von Erfahrungen zwischen meditativer Aufmerksamkeit und tiefer Trance" (Halko Weiss/Dyrian Benz, 1989, S. 46).

Im Grundsatz der „Inneren Achtsamkeit" wird Gebrauch von einer angeborenen Fähigkeit des Menschen gemacht, die im Fernen Osten schon seit Jahrtausenden (Konzept der „rechten Achtsamkeit" – „sattipathana" im Buddhismus), in der westlichen Kultur nur selten gefördert und genutzt wurde: die Fähigkeit zur Selbstreflexion, die Fähigkeit der Körper/Geist-Intelligenz, sich selbst zu beobachten. In „Innerer Achtsamkeit" kann eine Person anfangen, ihre Selbstorganisation zu untersuchen und so die Möglichkeit erlangen, neue Freiheiten im Fühlen, Denken und Handeln zu gewinnen. In diesem Bewußtseinszustand wird die Wahrnehmung nach innen gerichtet, wo die Aufmerksamkeit sich auf das innere Erleben richten kann, auf das, was im Moment und jetzt passiert. Gefühle, Empfindungen, Bilder und aufkommende Gedanken werden aufmerksam wahrgenommen. Auch wenn es sich um Erfahrungen aus der Vergangenheit handelt, werden vorrangig die Emotionen und Reaktionen beobachtet, die jetzt, in der Gegenwart, erlebt werden. Bei dieser Wahrnehmung ist es in der Hakomi-Arbeit wichtig, „passiv zu sein", „nur zu beobachten, was von selbst geschieht" (Halko Weiss/Dyrian Benz, 1989, S. 54).

Wenn Teilnehmer über Erlebnisse sprechen, können sie, ohne etwas Bestimmtes zu tun, zu wollen oder zu suchen, aufmerksam wahrnehmen, welche Gefühle und Erinnerungen aufsteigen, welche Gedanken kommen und so weiter. Dieses Nach-Innen-Gehen in einer passiven Haltung ermöglicht es, Signale wahrzunehmen und zu verfolgen, die im Alltagsbewußtsein normalerweise nicht auftauchen. „Je länger eine Person im Zustand innerer Achtsamkeit verweilt und passiv die Signale beobachtet, desto stärker wird sich das Bewußtsein einem tranceähnlichen Zustand annähern. Dann ist die Person nicht mehr mit ihrer Umwelt verbunden, sondern mit einem inneren Prozeß beschäftigt, der sie tiefer in Gefühle, Bilder und Erinnerungen bringt" (Halko Weiss/Dyrian Benz, 1989, S. 56). Diese Trance wird in der Regel aber nur in der Therapie angestrebt, nicht aber in der Bildungsarbeit.

Ein großer Teil der Arbeit der Hakomi-Gruppenleiter in der Bildungsarbeit besteht darin, die Teilnehmer bei der Erhöhung ihrer Sensibilität und Selbstwahrnehmung sowohl in Einzel- als auch in Gruppenarbeit zu unterstützen. Hierzu werden verschiedene Übungen angeboten. Inhalte sind häufig typische Begebenheiten des Alltags, die sich im Zustande „Innerer Achtsamkeit" als reiche Quelle feinster, automatischer Reaktionen offenbaren, die nur bemerkbar sind, wenn unsere Beobachtung nach innen gerichtet ist.

Hier ein kleines Experiment zum Thema „Distanz–Nähe":

E = Erfahrender, B = Begleiter oder Helfer

E nimmt eine Position im Stehen ein und befindet sich im Zustand „Innerer Achtsamkeit".

B steht etwa drei bis vier Meter entfernt und bewegt sich in extremem Zeitlupentempo auf E zu.

E kann jederzeit die Bewegung von B stoppen, wenn kleinste oder auch größere Veränderungen seine Neugierde entfachen.

E hat generell die Kontrolle über den Ablauf des Experiments zum Beispiel über das Tempo, die Pausen, die Entfernung und so weiter. E hat genug Zeit und Raum, seine Selbstorganisation zu diesem Thema mit Hilfe des Experiments zu untersuchen.

Für den Erfahrenden ist es nicht notwendig, irgend etwas Bestimmtes zu tun, zu wollen oder zu suchen oder auf etwas Bestimmtes zu warten; er soll nur beobachten, was von selbst geschieht (passiv sein). Zum Beispiel: Die Atmung kann an bestimmten Punkten schneller, langsamer, angestrengter werden. Körperreaktionen treten auf, wie: Der Magen zieht sich zusammen, das Herz schlägt schneller, die Beinmuskulatur spannt sich an. Gefühle, wie Angst, Traurigkeit, Freude, Sehnsucht treten auf, Bilder, Erinnerungen tauchen auf, Gedanken kommen, wie: „Nichts wie weg", „Komm doch schneller", „Was will der von mir?"

Der Erfahrende lernt, Teile seines Erlebens präzise wahrzunehmen, sich ungewohnter Signale bewußt zu werden und ihnen zu folgen. Schließlich entwickelt er Vertrauen in diese inneren Signale und ihre Bedeutung.

Da in der Hakomi-Methode die Tatsache berücksichtigt wird, daß sich die Anschauungen eines Individuums in seinem Körperausdruck und seiner Körperstruktur zeigen, ist es Aufgabe des Hakomi-Therapeuten oder -Gruppenleiters, sorgfältig auf die körperlichen Reaktionen (zum Beispiel Atem, Hautfarbe, Tonlage, Mimik) derjenigen zu achten, die sich im Zustand der „Inneren Achtsamkeit" befinden (Spurenlesen). Ferner unterstützt er die Teilnehmer dabei, solche körperlichen Reaktionen sensibler wahrzunehmen, also ihre Sensibilität für Körperäußerungen zu erhöhen.

In der Therapie und Erwachsenenbildung wird auch oft mit „Sonden" gearbeitet. Es sind kurze Sätze, die das Unbewußte ansprechen und Informationen aus ihm hervorrufen sollen. Sie geben den Teilnehmern die Gelegenheit, die Entfaltung ihrer inneren Erfahrung auf bestimmte Worte hin zu untersuchen und durch Beobachtung ihrer Reaktion zu mehr Selbsterkenntnis und Verständnis ihrer selbst zu kommen.

Hier einige Beispiele für die Form und den Inhalt von „Sonden": „Du bist hier willkommen", „Du brauchst dich nicht zu beweisen", „Du bist akzeptiert so, wie du bist" (vgl. Halko Weiss/Dyrian Benz, 1989, S. 129).

Solche Sonden werden von Teilnehmern im Zustand „Innerer Achtsamkeit" gesagt. Deren Aufgabe ist es dann, ihre Reaktion auf die Sonden sorgfältig zu beobachten. Es können körperliche Reaktionen sein (zum Beispiel Anspannung bestimmter Körperteile), aufsteigende Erinnerungen, Gefühle und Gedanken. Im anschließenden Gespräch, nachdem die Teilnehmer den Zustand der „Inneren Achtsamkeit" wieder verlassen haben, kann dann entweder in der Gesamtgruppe oder in kleinen Gruppen über das Erleben mit den Sonden gesprochen und reflektiert werden.

Voraussetzungen für die Teilnahme

Das Angebot erfordert weder Vorkenntnisse noch besondere Voraussetzungen außer der Neugierde auf sich selbst.

Qualifikation der Lehrenden

Da der Name ‚Hakomi' international geschützt ist, müssen die Gruppenleiter ausgebildete Hakomi-Therapeuten mit Zertifikat sein. Das heißt: Sie haben die Ausbildung (zur Zeit etwa zwei Jahre) und die Zertifizierungsphase erfolgreich absolviert und besitzen somit die Anerkennung des Hakomi Institute of Europe e.V. sowie des Hakomi Institute Inc. in Boulder, Colorado, wobei Erfahrungen in Einzel- und Gruppenarbeit eingeschlossen sind.

Adressen:

Hakomi-Institute, P.O. Box 1873, Boulder, CO 80306, U.S.A.,

Hakomi Institute of Europe, Friedrich-Ebert-Anlage 9, 69117 Heidelberg, Tel.: 06221/166560

Literaturhinweise

Anderson, Walt: Das offene Geheimnis. Der tibetische Buddhismus als Religion und Psychologie, München 1981.

Hayward, Jeremy W.: Die Erforschung der Innenwelt, München 1990.

Johanson, Greg/Kurtz, Ron: Grace unfolding – Psychotherapy in the spirit of the Tao-teching, New York 1991.

Kurtz, Ron: Körperzentrierte Psychotherapie – die Hakomi-Methode, Essen 1985.

Nyanaponika: Geistestraining durch Achtsamkeit, Konstanz 1989.

Peat, F. David: Synchronizität, München 1989.

Varela, Franciso/Thompson, Evan: Der mittlere Weg der Erkenntnis, Bern 1991.

Weiss, Halko/Benz, Dyrian: Auf den Körper hören – Hakomi Psychotherapie, München 1989.

Wilber, Ken: Wege zum Selbst, München 1991.

Friederike Platen

Zilgrei

Ein Weg zur Überwindung ungünstiger Haltungs- und Bewegungsmuster

Einführung

Zilgrei ist eine wirkungsvolle Selbstbehandlungsmethode für unterschiedliche Beschwerden, bei der eine besondere Atemtechnik mit Körperstellungen oder -bewegungen koordiniert wird. Ziel ist es, Verkrampfungen oder Blockaden zu lösen und Haltungsfehler zu korrigieren. Die Zilgrei-Methode strebt durch das Ausgleichen des Muskeltonus der paarigen Muskeln beider Körperhälften die Beseitigung von Schmerzen an.

Dabei wird eine besondere Atemtechnik angewandt, die sogenannte dynamogene Zilgrei-Atmung, eine Bauchatmung, die bewußt das Zwerchfell mit einbezieht.

Während des normalen Atmens verändert das Rückgrat seine Form. Dieser Vorgang verstärkt sich bei der dynamogenen Atmung, das heißt, die natürliche Krümmung der Lordosen und Kyphosen nimmt beim Einatmen noch zu, beim Ausatmen streckt sich die Wirbelsäule wieder. Die hierdurch ausgelösten Bewegungen und Mikrobewegungen mobilisieren und entspannen das Rückgrat (zum Rückgrat gehören unter anderem Sehnen, Bänder, Wirbelkörper, Gelenke, Muskeln, Bandscheiben).

Ergänzt man die dynamogene Atmung durch gezielte Körperstellungen oder -bewegungen, so entsteht ein leichter Streckungs- und Dehnungseffekt, der Blockaden im Knochen-, Nerven- und Muskelbereich lösen kann.

Man geht von der Annahme aus, daß die fehlerhafte Funktion eines Körperteils direkt oder indirekt auch den gesamten Organismus belastet. So werden etwa Haltung, Gangart, Greifen nach einem Gegenstand, Aufstehen aus dem Liegen in die Selbstbehandlung mit einbezogen.

Große Bedeutung wird auch der Behandlung des Monolateralismus beigemessen. Man versteht darunter die einseitige Beanspruchung der Muskulatur, zum Beispiel durch Überbelastung des rechten Arms bei sich wiederholenden Tätigkeiten.

Beobachtungen und Untersuchungen scheinen zu bestätigen, daß die bei Zilgrei angewendeten, ausschließlich natürlichen Mechanismen (Atemtechnik, Körperstellungen und -bewegungen) unsere angeborenen biokybernetischen Kräfte unterstützen und anregen. Gemeint sind die Selbstheilungskräfte der Natur, das, was unseren Organismus aufrechterhält. Sie sind in jeder Zelle vorhanden und bewirken die Heilung von Wunden, das Zusammenwachsen gebrochener Knochen und so weiter.

Entstehung der Zilgrei-Methode

Zilgrei ist ein Kunstwort und setzt sich zusammen aus den Anfangsbuchstaben der Nachnamen der Gründer dieser Methode: Zillo und Greissing.

Die Italienerin Adriana Zillo, eine Yoga-Lehrerin, hatte wegen schwerster therapieresistenter Rückenschmerzen über Jahre hinweg viele Heilmethoden ausprobiert. Ihr Zustand verbesserte sich immer nur vorübergehend, und schon bald kehrten die alten Schmerzen zurück. Die einzigen Behandlungsmaßnahmen, die ihr anhaltende Linderung verschafften, waren Yoga-Übungen und chiropraktische Eingriffe, wie sie Hans Greissing an ihr vornahm. Er ist ein international anerkannter Chiropraktiker und Orthopäde aus den USA, der in Mailand lebt und praktiziert.

Durch Zufall entdeckte Adriana Zillo, daß sie Schmerzfreiheit erreichte, wenn sie Körperstellungen beziehungsweise -bewegungen, die vorher Hans Greissing als chiropraktische Manipulation an ihr vorgenommen hatte, mit der Yoga-Atmung koordinierte.

Hans Greissing hat an vielen seiner Patienten ihre Erkenntnisse überprüft und weiterentwickelt. Seit 1978 arbeiten Adriana Zillo und Hans Greissing zusammen. Sie entwickelten Tests zur Selbstuntersuchung, über 3500 Zilgrei-Übungen für die Selbstbehandlung und veröffentlichten ihre theoretischen Annahmen und praktischen Erfahrungen (vgl. Literaturhinweise).

Ziele in der Gesundheitsbildung

Im Zuge der neuen Körperbewußtheit wollen immer mehr Menschen selbst etwas für sich und ihre Gesundheit tun, Folgen von Streß und einseitiger Körperbelastung abbauen oder auch lernen, besser mit ihnen umzugehen.

Zilgrei-Übungen, richtig eingesetzt, können Symptomen des nahenden Alters wie Steifheit und Verminderung des Bewegungsradius aller Gelenke vorbeugen. Einschränkungen betreffen die Beweglichkeit der Wirbelsäule, weil sich das Rückgrat mit der Zeit immer weniger dreht, biegt und dehnt.

Gelingt es, mit Zilgrei Steifheit zu beheben beziehungsweise zu verhindern, so kann man annehmen, daß dadurch eine heilsame Wirkung auf den gesamten Körper ausgeübt wird und sich der Alterungsprozeß verlangsamt. Selbst die Gehirnfunktion kann sich verbessern, weil die Zirkulation der Hirn-Rückenmark-Flüssigkeit beeinflußt wird. Die körpereigene Endorphin-Produktion kann darüber hinaus angeregt werden.

Die Zilgrei-Methode kann unter anderem wirksam sein bei rheumatischen Beschwerden, Arthritis und Arthrose. Sie kann bei Kopfschmerzen, Migräne, Schmerzen im Bereich von Nacken, Schultern, Rücken, Becken und Gelenken Linderung verschaffen. Auch bei Ischias wurde sie schon erfolgreich angewendet und sogar bei Verstopfung. Hebammen berichten von weitgehend schmerzfreien Entbindungen durch Anwendung einer bestimmten Atem- und Muskeltechnik.

Zilgrei schult außerdem die Selbstwahrnehmung und Selbstorientierung. Viele Menschen wissen nicht, daß es eine Haltung des Wohlbefindens gibt, aber sie kennen die Haltung, die den

Schmerz verstärkt. Die Zilgrei-Übungen zeigen ihnen Haltungen, mit denen sich Wohlbefinden erreichen läßt, und Möglichkeiten, wie die Betroffenen ihre bisherigen ungünstigen Haltungs- und Bewegungsmuster lösen können.

Die Praxis

Zilgrei ist eine Form der Selbstbehandlung und assistierten Selbstbehandlung (paarweise ausgeführte Übungen, wobei die Hände eines Partners die Wirkung verstärken können), bei der die dynamogene Atmung und die entsprechenden Atempausen mit Körperstellungen und/oder -bewegungen koordiniert werden; Ziel ist die Normalisierung des Körpers und der Körperteile.

Zilgrei benutzt die drei Bewegungsebenen des Körpers: sagittal (beugen, strecken), horizontal (drehen), frontal (neigen), die sich aus der Bewegungsspanne der Gelenke ergeben.

Jeder Selbstbehandlung muß ein entsprechender Test (Selbstuntersuchung) vorangehen. Sinn des Tests ist es festzustellen, welche Bewegungsrichtung die symptomauslösende und welche die angenehmere Richtung ist, von der neutralen Stellung (Stellung des Körpers in der Ausgangsposition) ausgehend. Dabei soll herausgefunden werden, auf welcher Bewegungsebene Symptome (zum Beispiel Schmerzen) auftreten. Nach jeder Selbstbehandlung wird ihre Wirkung durch eine Nachuntersuchung überprüft. Wichtig ist die Schmerzvermeidung beim Ausführen der Übung.

Die Atmung spielt eine wesentliche Rolle bei dieser Selbstbehandlung. Die meisten Menschen müssen wieder lernen, richtig zu atmen, die Atmung einfach an sich geschehen lassen. Der heutige Mensch orientiert sich eher am Nehmen als am Geben, daher wird das Einatmen wohl so forciert. Indessen wäre das Ausatmen viel wichtiger, weil der Körper bei jedem Ausatmen über die Lunge entgiftet wird. Schon die alten Chinesen meinten, jeder Mensch habe nur eine bestimmte Anzahl von Atemzügen in seinem Leben zur Verfügung. Wer also achtlos mit seiner Atmung umgeht, hat sein Reservoir schneller verbraucht, als nötig wäre.

Richtiges Atmen ist nicht nur für den allgemeinen Gesundheitszustand wichtig, sondern auch Voraussetzung für das Erlernen der Zilgrei-Selbstbehandlung. Die Hauptaufgabe bei der Atmung kommt dem Zwerchfell zu, denn die Lunge folgt nur passiv den Bewegungen des Zwerchfells. Beim Einatmen senkt sich das Zwerchfell nach unten auf die Bauchorgane, dadurch findet ständig eine Massage von Leber, Darm, Niere und so weiter statt. Beim Ausatmen bewirkt das Emporsteigen des Zwerchfells, daß die Lunge die verbrauchte Luft ausstößt. Hier hilft das Einziehen des Bauchs, die Wölbung des Zwerchfells gegen die Lunge zu drücken.

Beispiel für die Zilgrei-Standard-Atmung

Durch die Nase wird langsam eingeatmet. Die eingeatmete Luft strömt erst in den unteren Teil, dann in den mittleren und zuletzt in den oberen Teil der Lunge. Dabei wölbt sich der Bauch leicht vor. Die eingeatmete Luft wird fünf Sekunden lang angehalten, dann wird langsam durch den Mund ausgeatmet, während der Bauch eingezogen wird. Eine Atempause von fünf Sekunden wird bei entleerter Lunge und eingezogenem Bauch eingehalten.

Eine Selbstbehandlung besteht aus fünf Atemzyklen (ein Atemzyklus = je eine Einatmungsphase und eine Ausatmungsphase) zuzüglich der jeweiligen fünf Sekunden Pause. Die Atemzyklen werden koordiniert mit Körperbewegungen oder -stellungen.

Beispiel einer Übung für den Kopf-/Halswirbelsäulenbereich

Vor der Selbstbehandlung wird der Test in korrekter Sitzhaltung durchgeführt. Untersucht wird auf den drei oben genannten Bewegungsebenen. Bezugspunkt am Kopf ist die Nase, das heißt, die Bewegungsrichtung wird durch die Richtung angezeigt, in der sich der Bezugspunkt (also die Nase) von der neutralen Stellung (Kopf geradeaus) aus bewegt.

1. Untersuchung des Kopfes auf horizontaler Ebene = drehen (Kopf nach links und rechts drehen),
2. Untersuchung des Kopfes auf sagittaler Ebene = beugen, strecken, (Kopf nach vorn beugen und hinten strecken),
3. Untersuchung des Kopfes auf frontaler Ebene = neigen (Kopf nach links und rechts zur Schulter neigen).

Wir nehmen in diesem Beispiel an, daß Symptome (zum Beispiel Schmerzen oder Bewegungseinschränkungen) auf der horizontalen Ebene auftreten. Hat die Selbstuntersuchung ergeben, daß die Bewegung zur linken Seite hin die angenehmere ist, so ist dies auch die entscheidende Richtung für die Selbstbehandlung. Unter Einsatz der dynamogenen Atmung beginnt nun die Übung.

In der neutralen Stellung wird eingeatmet, es folgen fünf Sekunden Pause. Während des Atmungsvorgangs (= koordinierte Atmung und Bewegung) wird der Kopf zur linken Schulter hin gedreht. Der Bauch wird dabei eingezogen. Wieder schließen sich fünf Sekunden Pause an. Nun folgen noch fünf Atemzüge in dieser Position, und beim sechsten Einatmen wird der Kopf langsam in die neutrale Stellung zurückgeführt. Nach weiteren fünf Sekunden Pause wird ausgeatmet. Nun folgt die Nachuntersuchung. Wurde die Selbstbehandlung korrekt ausgeführt, so sind nach der ersten Übung die Schmerzen oft schon gemindert, wenn man jetzt den Kopf zur rechten Seite hin bewegt – also in die Richtung, in der Symptome auftraten.

Diese Beschreibung ist die Variante „spezifisch-statisch" der Selbstbehandlung „Schwan". Es gibt bei jeder Zilgrei-Übung vier Variationsmöglichkeiten: „spezifisch-statisch", „allgemein-statisch", „spezifisch-dynamisch" und „allgemein-dynamisch". Bei den Varianten „dynamisch" wird die Bewegung bei jedem Atemzyklus mit der dynamogenen Atmung koordiniert. Jeweils dem Beschwerdebild entsprechend werden die Varianten „statisch" oder „dynamisch" eingesetzt.

Die Koordination von Atmung und Bewegung ist leicht erlernbar. Es ist wichtig, daß die Selbstbehandlung richtig begonnen und korrekt abgeschlossen wird, damit die Übung zum Erfolg führt.

Bei akuten Schmerzzuständen führt man drei Selbstbehandlungen pro Tag durch. Sind mehrere verschiedene Beschwerden vorhanden, versucht man immer zuerst gegen die geringeren, dann erst gegen die stärkeren Beschwerden anzugehen.

Die Zilgrei-Methode erfordert für jede Übung nur 90 Sekunden, ein Aufwand an Zeit, den wohl jeder für seine Gesundheit übrig hat.

In jedem Kurs wird ein Test mit den Teilnehmern durchgeführt, der zeigen soll, ob eine „erworbene" Beinlängen-Differenz vorliegt. Ist dies der Fall, haben sich zwei Übungen zur Selbstkorrektur des verschobenen Darmbeingelenks besonders bewährt. Wird die Beinlängen-Differenz nicht behoben, so sind die meisten anderen Selbstbehandlungen wirkungslos. Eine angeborene Beinlängendifferenz ist durch Zilgrei-Übungen nicht behebbar.

Zilgrei benutzt für die Übungen überwiegend Vogelnamen, die für die Übenden eine Erinnerungsstütze sind.

Schon nach Ablauf eines Kurses, der gewöhnlich zehn Doppelstunden umfaßt, verfügen die Lernenden über ausreichende Kenntnisse, um die Selbstbehandlung durchführen zu können. Sie haben so die Möglichkeit, bei Auftreten von Beschwerden oder auch zur Vorbeugung selbst etwas für sich zu tun. Als Vorteil hat es sich erwiesen, die Zilgrei-Methode in Gruppen zu erarbeiten, denn der Erfahrungsaustausch über die positiven Ergebnisse der Selbstbehandlung motiviert die Übenden, die Zilgrei-Methode weiter zu erlernen und anzuwenden. Wichtig dafür ist, das Übungsprogramm zu Hause regelmäßig durchzuführen.

Voraussetzungen für die Teilnahme

Die Zilgrei-Methode kann mit sehr wenigen Ausnahmen von allen Menschen, gleich welchen Alters, angewendet werden, vorausgesetzt, der Mensch will Selbstverantwortung für seine Gesundheit übernehmen.

Menschen mit schweren Bewegungs- und Haltungsstörungen sollten nicht an einem Zilgrei-Kurs in der Gesundheitsbildung teilnehmen. Für sie kann es empfehlenswert sein, eine Einzeltherapie nach der Zilgrei-Methode durchzuführen, wenn ein Facharzt dies für sinnvoll erachtet.

Qualifikation der Lehrenden

Zilgrei-Kurse werden im Baukastensystem abgehalten. Sie führen zum Erwerb:

a) von Grundlagenkenntnissen, die notwendig sind, wenn man Zilgrei bei sich selbst anwenden will;

b) einer Lehrer-Befähigung, wenn man Zilgrei-Wissen weitergeben will und

c) eines Therapeuten-Zertifikats, wenn man mit Zilgrei therapieren will (für Angehörige der Heilberufe).

Lehrende in der Gesundheitsbildung sollten zumindest die Lehrer-Befähigung besitzen.

Sitz der Zilgrei-Gesellschaft e. V.: Savignystr. 80, 60325 Frankfurt a. M.

Bei der Zilgrei-Gesellschaft kann eine Therapeuten-Liste angefordert werden.

Literaturhinweise

Zillo, Adriana/Greissing, Hans: Neue Hoffnung: Zilgrei, München 1983.

Zillo, Adriana/Greissing, Hans: Zilgrei gegen Rückenschmerzen, München 1991.

Zillo, Adriana/Greissing, Hans: Zilgrei gegen Kopf- und Nackenschmerzen, München 1991.

4. Massage

Gerd Ohmstede

Akupressur

Massage durch Druck auf bestimmte Körperpunkte

Einführung

Die Akupressur ist eine Form der Massage, welche die Lebensenergie, die zentrale Kraft im Menschen unmittelbar beeinflussen soll. Sie ist ein Teil der traditionellen chinesischen Medizin, die ein vollkommen eigenes Medizinsystem darstellt.

Eigentlich ist der Begriff Akupressur für diese Art und Weise der Massage nicht ganz treffend. Er leitet sich ab von dem Wort Akupunktur, das aus dem Lateinischen „acus" für Nadel und „pungere" für stechen gebildet wird. So hieße Akupressur wörtlich übersetzt „Nadelpressen", was bei der Akupressur aber nicht geschieht. Hier wird der Körper durch Druck auf bestimmte Körperpunkte behandelt. Im Französischen ist man auf die Idee gekommen, diese Behandlung Mikromassage zu nennen, da sie auf kleinen, festliegenden Körperstellen, den Akupunkten, angewendet wird. Die Chinesen haben die einfachste Lösung gewählt und diese Massage nach ihren grundlegenden Techniken benannt: „An Mo". „An" bedeutet „drükken" und „Mo" „reiben". Sie wird auch „Tui Na" genannt, wobei „Tui" mit „Schieben" und „Na" mit „Greifen" übersetzt werden kann. Tui Na bezeichnet eher den Teil der Massagetechniken, die mehr in Richtung Chiropraktik (Gelenkjustierung) gehen.

Den Begriff Akupressur gibt es nunmehr seit 25 Jahren im Westen, und er hat sich im Sprachgebrauch mit seinem „neuen", tatsächlichen Inhalt gefüllt, nämlich dem der Punktmassage.

Kultureller Hintergrund und Theorie

Die Akupressur ist ein Heilverfahren, das im Rahmen der traditionellen chinesischen Medizin entstanden ist. Sie hat heute in der Volksrepublik China ihren festen Platz und wird in allen Krankenhäusern praktiziert, in denen traditionelle chinesische Medizin angewendet wird. Gerade im Bereich der Kinderheilkunde findet sie ihre besondere Anerkennung.

Die Geschichte der Akupressur ist schon sehr alt: Das älteste Lehrbuch, das in aller Genauigkeit die Phänomene der Lebensenergie und deren Behandlung beschreibt, ist etwa 400 Jahre vor unserer Zeitrechnung veröffentlicht worden. Damit ist gesagt, daß der Beginn der Entwicklung der traditionellen chinesischen Medizin noch weiter zurückreicht. Dieses Lehrbuch ist heute noch wichtiger Bestandteil der Ausbildung chinesischer Ärzte für Massage. Trotz der einheitlichen Theorie hat sich in dem Riesenreich China im Laufe der Jahrhunderte eine Vielzahl von Massagetechniken entwickelt.

Die traditionelle chinesische Medizin nimmt an, daß ohne Qi (ausgesprochen Tschi), die Lebensenergie, Leben nicht sein kann. Mit Qi werden die aktiven energetischen Prozesse des Menschen, also sein nichtstofflicher Anteil, bezeichnet. Qi ist der notwendige Energielieferant für alle Auf- und Abbauvorgänge des lebendigen Organismus (zum Begriff „Qi" siehe auch S. 60).

Qi, die Lebensenergie, fließt zum größten Teil in genau beschriebenen Bahnen innerhalb des Körpers von Organ zu Organ und außerhalb an der Körperoberfläche, in der Haut und den Muskeln. Diese Bahnen werden auch *Meridiane oder Leitbahnen* genannt. Sie stellen im menschlichen Organismus ein großes, komplexes Netzwerk dar, das alle Regionen erfaßt und diese mit Energie versorgt, so daß alle notwendigen Funktionen aufrechterhalten werden. So gibt es keinen Ort im Körper, wo diese Energie nicht hinkäme und ihre lebens- und kraftspendende Wirkung nicht entfalten könnte. Wer schon einmal eine Abbildung dieses Netzwerkes gesehen hat, war sicher erstaunt, wie lückenlos dieses verzweigte Leitungssystem ist. So kann man auch verstehen, warum die Chinesen, die das System vor etwa 3000 Jahren nach und nach entdeckten, zu der Auffassung kamen, daß alle Körperteile und Organe sowie deren Funktionen miteinander verbunden und zum Teil direkt voneinander abhängig sein müssen.

Man kann sich dieses Leitbahnensystem wie ein Leitungssystem eines Kanalnetzes vorstellen, vielleicht wie das der Grachten in Amsterdam, wo jede Gracht mit der nächsten, nur durch Schleusen unterbrochen, verbunden ist. Die Schleusen dienen dazu, den Wasserpegel in den Kanälen gleichmäßig hoch zu halten, um sowohl ein Austrocknen als auch ein Überlaufen zu verhindern. Die Entsprechung der Schleusen, auf den Organismus übertragen, sind nun die Akupressurpunkte, kleine, zum Teil fingernagelgroße Stellen, die man durch bestimmte massierende Bewegungen entweder schließen oder öffnen kann, um den Strom der Lebensenergie entweder zu erhöhen oder zu verringern.

Eine Entzündung im Körper stellt zum Beispiel eine Situation dar, die ein Übermaß (die Stelle ist heiß, rot und schmerzt) von Qi, von Lebensenergie entwickelt hat. Um dieses Übermaß zu verringern, ist es möglich, einen bestimmten Punkt zu drücken, der den Zufluß von Energie in diesem Bereich mindert. Die Schleuse wird also zugesperrt, damit nicht mehr so viel Wasser/Energie nachfließen kann.

Es ist aber auch möglich, einen anderen Punkt zu drücken, zu massieren, der dafür sorgt, daß die gestaute, blockierte Energie gelöst wird und wieder besser abfließen kann.

Bei chronischen Entzündungen hingegen handelt es sich oft um einen energetischen Leerezustand eines Organs oder einer Region, und der Organismus ist nicht in der Lage, die Abwehrkraft aufzubringen, diese Störungen zu überwinden. Werden in diesem Fall die richtigen Punkte, das heißt diejenigen, die dort

Energie zuführen, ausgewählt und massiert, so kann eine ausgeglichene, gesunde Situation wiederhergestellt werden.

Akupressur wirkt also durch die Massage bestimmter Körperpunkte (Energiepunkte) auf die Verteilung der Lebensenergie.

Die Leitbahnen sind fast alle bestimmten Organen zugeordnet. Es gibt auf jeder Körperseite zwölf Leitbahnen, die mit Organen oder bestimmten Funktionen (Herzbeutel) zusammenhängen. Es sind dies eine Lungenleitbahn, übergehend in die Dickdarmleitbahn, die dann in die Magenleitbahn fließt. Daran schließen sich die Milz-, die Herz-, die Dünndarm-, die Blasen-, die Nieren-, die Herzbeutel-, die Dreifacher-Erwärmer- und die Gallenblasenleitbahnen an, wobei letztere wiederum in die Leberleitbahn einfließt, die in die Lungenleitbahn mündet. So bildet sich ein großer Kreislauf der Lebensenergie, in dem die eine Leitbahn von der anderen abhängig ist. Jede hat einen inneren und einen äußeren Verlauf; über den inneren ist sie mit dem Organ verbunden, was die Möglichkeit erklärt, direkt auf die Organfunktion einzuwirken.

Zusätzlich zu den Leitbahnen, die bestimmten Organen zugeordnet sind, gibt es noch zwei weitere, die jeweils vorn und hinten genau auf der Körpermittellinie verlaufen, die vorn vor allem die Bauch- und Brustfunktion und hinten die Funktionen der Rückenmuskulatur unterstützen.

Die *Akupressurpunkte* sind relativ einfach zu finden, da sie oft nah am Knochen zwischen Muskeln oder in Hautfalten gut faßbar liegen. Mit ein wenig Erfahrung lernt man schnell die Vertiefungen, die die Punkte charakterisieren, zu ertasten. Sie sind übrigens identisch mit den Akupunkturpunkten.

Die Praxis

Woher weiß man nun, welche Punkte in einem bestimmten Krankheitsfall für die Behandlung zu massieren oder zu drücken sind? Wer in Akupressur ausgebildet ist, kann mit einer gründlichen Diagnose des Körperenergieflusses eine Störung aufspüren und so die entsprechenden Punkte auswählen. Für ihre Auswahl ist entscheidend, ob die festgestellte Störung mit einer Leere an Qi (Lebensenergie) oder einer Fülle (Übermaß) an Qi zusammenhängt.

Da Akupressur eine ganzheitliche Behandlungsform ist, betrachtet man bei der Diagnose den ganzen Menschen: ob er schwitzt oder nicht, wie der Stuhl beschaffen ist (ist er weich, deutet das auf Leere, ist er hart und trocken, auf Fülle hin), wie der Appetit ist, ob der Schlaf schlecht (hier handelt es sich meistens um Fülle) oder das Schlafbedürfnis übergroß ist (Leere), ob die Zunge weißlich (Leere) oder gelblich (Fülle) belegt ist, ob die Gesichtsfarbe blaß oder rot ist, um nur einige Beispiele zu nennen. Die Pulstastung ist auch wichtig. Jedoch zählt man hier nicht nur die Pulsschläge, sondern man achtet an verschiedenen Stellen am Handgelenk, die jeweils unterschiedlichen Bereichen zugeordnet sind, auf welche Art der Puls schlägt: Ist er dünn und weich, so deutet dies auf Leere hin. Ist er voll und kräftig, so entspricht das einer Füllesituation. Insgesamt gibt es 28 verschiedene Pulsqualitäten, die man nach einer gründlichen Ausbildung unterscheiden kann. Mit den Mitteln der Befragung, der Tastung und des genauen Hinsehens kann man also eine „Chinesische Diagnose" stellen, um einige der 364 Akupunkte auszuwählen, die dann mit der entsprechenden Massage behandelt werden.

Wer über Kenntnisse der Diagnose im Sinne der traditionellen chinesischen Medizin nicht verfügt, kann sich von einem Kundigen beraten lassen oder in einem Akupressur-Buch nachschlagen, welche Punkte für die entsprechende Störung, die er behandeln möchte, in Frage kommen. Natürlich ist die Behandlung aufgrund einer fachkundigen Diagnose, die individuell auf einen Menschen und seine Krankheit zugeschnitten ist, sehr viel treffsicherer und erfolgreicher. Aber wenn sich eben eine solche Möglichkeit nicht ergibt, kann man sich mit Hilfe des Buches selbst helfen. So gibt es eine ganze Reihe von Akupunkten, deren Massage bei fast allen Menschen die gleiche Wirkung zeigt. Bei fast allen Formen von Zahnweh hilft zum Beispiel die Massage typischer Zahnschmerzpunkte wie etwa die des vierten Punktes auf der Dickdarmleitbahn, der in dem Muskel zwischen Daumen und Zeigefinger liegt. Sollten die Zahnschmerzen allerdings andauern oder immer wieder auftreten, kann die Selbstbehandlung sicherlich Linderung verschaffen, jedoch die wahren Ursachen nicht beseitigen. Dafür ist ein Arzt- beziehungsweise Zahnarztbesuch erforderlich.

Eine solche Akupunktmassage ist eine symptomatische Behandlung, da sie direkt auf die Beseitigung der Beschwerde (in diesem Fall der Schmerzen) gerichtet ist. Für den Heilungsprozeß selbst ist es aber wichtig, auch den ganzheitlichen Zusammenhang zu berücksichtigen, das heißt, den ganzen Menschen zu betrachten und die geeigneten Schritte zur Beseitigung der Ursachen der Beschwerden einzuleiten.

Die Akupunktmassage, die der Laie mit Hilfe eines Buches selbst durchführt, kann eine wichtige und die Heilung fördernde Handlung sein. Sie ist ein Schritt, sich mit sich selbst auseinanderzusetzen, sensibler für den eigenen Körper zu werden, und eröffnet die Möglichkeit, die eigene gestaute Energie wieder in Fluß zu bringen.

Ich habe selbst erlebt, daß es ein wunderbares Gefühl war, als ich nach drei bis vier Wochen kontinuierlicher Akupressur meine ständig entzündeten Nebenhöhlen zur Abschwellung und zur Schmerzfreiheit gebracht hatte – natürlich nicht ohne eine bange Phase durchlebt zu haben, in der ich meinte, daß etwas falsch gelaufen sei. Nach einigen Tagen war ein starker Schleimfluß entstanden, und auch die Schmerzen tauchten plötzlich wieder auf, aber in etwas anderer Form. Diese „Reaktion" gehört zu den Situationen, die in der Naturheilkunde im allgemeinen zu den schwierigsten gehören, weil sie jeden, der sie selbst erleben muß, in der Regel verunsichern – auch wenn er vorher eingehend über sie gelesen hat. Es handelt sich hierbei um ein Verarbeiten der alten, gestauten Situation; die Bewegung, die durch die Akupressur eingeleitet wird, „wirbelt eben erst einmal Staub auf", um dann durch gleichmäßigen Fluß der Energie eine nachhaltige Reinigung und damit eine reaktionsbereitere Abwehrkraft zu entwickeln.

Akupressur kann in der Praxis die Massage einer Vielzahl von Energiepunkten umfassen, um den Energiefluß ganz allgemein zu mobilisieren und so das Wohlbefinden zu erhöhen. Sie kann aber auch die Massage bestimmter ausgewählter Druckpunkte bedeuten, um so gezielt Störungen wie etwa Schmerzen, Müdigkeit und Schlaflosigkeit entgegenzuwirken.

Bei der Akupressur wird mit der Daumenkuppe, mit mehreren Fingern oder auch mit der ganzen Hand ein sanfter, aber durchaus fester Druck auf die Energiepunkte ausgeübt. In der Regel beträgt die Dauer des Drucks zwischen fünf und sieben Sekunden. Wie oft und wie stark jeder Punkt gedrückt wird, ist eher dem Spüren des einzelnen überlassen.

Eine grundsätzliche Frage ist, ob Akupressur in unserem Kulturkreis erfolgreich angewendet werden kann – wo wir doch so „anders" sind. Diese Frage läßt sich zunächst aus der Praxis eindeutig beantworten: Es gibt hier nicht mehr und nicht weniger Menschen als in China, die auf diese Behandlung ansprechen. Fast könnte man sagen, daß die Europäer sensibler reagieren. Es gibt unter ihnen etwa fünf Prozent, die nach einer oder mehreren Akupressuren keine Wirkung verspüren, die sozusagen überhaupt nicht auf diese Behandlung ansprechen. Und es gibt etwa dreißig Prozent, die ganz deutlich spüren können, wie diese Leitbahnenenergie durch ihren Körper fließt.

Ziele in der Gesundheitsbildung

In einem Kurs oder in einem Seminar zur Akupressur werden den Teilnehmern Möglichkeiten der Massage zur allgemeinen Energiemobilisierung und zur Linderung und Beseitigung bestimmter Störungen gezeigt.

Das Herausfinden bestimmter Druckpunkte für die Linderung von Störungen kann, wie schon erwähnt, mit Hilfe eines Buches geschehen. Im Kurs ist es aber darüber hinaus möglich, daß die Lehrenden zusätzliche Hilfen bei der Druckpunktsuche geben und zum Beispiel die richtige Massagetechnik zeigen und Fehler bei ihrer Handhabung korrigieren. Hier ist auch ein Erfahrungsaustausch mit anderen möglich, die Akupressur praktizieren.

Die Massagetechniken, die zu Beginn eines Kurses vermittelt werden, sind relativ einfach zu verstehen: Streicht man den Punkt in Richtung des Verlaufs der Leitbahn, so regt man den Energiefluß an, man beschleunigt ihn; streicht man hingegen in Gegenrichtung, so verlangsamt man den Fluß, beruhigt ihn. Dies setzt natürlich voraus, daß man die Richtung, in der die Energie der einzelnen Leitbahnen fließt, genau kennt. Der feste, schnelle, kräftige, leicht schmerzhafte Druck in die Tiefe des Punktes (also in die Muskel hinein) beruhigt, verteilt den Fluß. Der sanfte, gebende, langsame Druck in die Tiefe stärkt die Energie und baut sie auf. Schließlich kann man die Punkte im Uhrzeigersinn zur Mitte hin kreisend massieren (mit mittlerem Druck). So wirkt man stärkend, aufbauend, beschleunigend. Hingegen führt die Massage gegen den Uhrzeigersinn, vom Zentrum des Punktes nach außen hin, zur Verteilung, Verminderung, Auflösung der Energie.

Im Kurs erlernt man auch noch die richtige Atmung und Körperhaltung, die die Massage wirkungsvoll unterstützen können.

Voraussetzungen für die Teilnahme

Besonderer Voraussetzungen für die Teilnahme an einem Akupressur-Kurs bedarf es nicht. Man sollte nur etwas Geduld mitbringen und die Motivation, sich selbst genauer als sonst spüren und wahrnehmen zu wollen. Ob man nun erst ein Buch über Akupressur liest oder gleich einen Kurs mitmacht – es werden sich langsam neue Wahrnehmungen einstellen, die einen erweiterten Blickwinkel auf sich selbst, den eigenen Körper und den Alltag ermöglichen.

Qualifikation der Lehrenden

Für die Lehrenden von Akupressur in der Gesundheitsbildung ist meines Erachtens eine Ausbildung und mehrjährige Erfahrung mit der Praxis der Akupressur unerläßlich.

Ausbildungsmöglichkeiten in Deutschland bietet zum Beispiel die „Arbeitsgemeinschaft für klassische Akupunktur und traditionelle chinesische Medizin e. V." an.

Adressen:

Arbeitskreis Süd: Brigitte Grabler, Allgäuer Str. 1, 81475 München

Sindelfingen: Christine Wolff, Tischnek 2, 78713 Schramberg

Arbeitskreis Ost: Andreas Noll, Drakestr. 40, 12623 Berlin

Bochum: Hans Giesen, Gonellastr. 112, 40668 Meerbusch-Lank

Norddeutschland: Herbert Vater, Badallee 2, 25832 Tönning

Literaturhinweise

Conelly, Dianne M.: Das Gesetz der 5 Elemente, Heidelberg 1987.

Kappstein, Stefan: Akupressur bei Kindern, Stuttgart 1982.

Kappstein, Stefan: Die Chinesische Mikromassage, Freiburg 1981.

Lawson, Dennis/Lawson, J./Wood Joyce: Akupunktur und chinesische Massage, Freiburg 1977.

Pálos, Stephan: Chinesische Heilkunst, München 1963.

Porkert, M.: Die chinesische Medizin, Düsseldorf 1982.

Sun Chengnan: Chinese Massage Therapy, Shantung 1990.

Watts, Alan: Lauf des Wassers, München 1976.

Christiane Leestmans

Do In

Eine meditative Kunst der Selbstmassage

Einführung

Do In ist ein Weg, durch Weckung von Sensibilität und Intuition zu einem gesunden Umgang mit sich selbst zu finden. Der Einsatz körperlicher und geistiger Funktionen wird genutzt, wenn man sich der Selbstmassage mit Elementen wie Druckpunktmassage, Klopf-, Knet- und Streichtechniken, der Atemarbeit und der Meditation bedient. Die Ursprünge dieser Selbstbehandlung sind – für jeden Menschen nachvollziehbar – intuitive Reaktionen, wie Hände auf den Bauch legen oder an die Stirn fassen, um Schmerzen zu lindern. Im Laufe von Jahrhunderten entwickelte sich daraus ein psycho-physisches Übungssystem, das, ohne die Vorstellungen der modernen, an materiellen Strukturen orientierten Medizin zu kennen oder die Sprache der Tiefenpsychologie zu benutzen, vor allem auf dem subjektiven Erleben der Übenden beruht. So ist Do In durch einfaches, selbständiges Üben zu jeder Zeit wieder neu zu entdecken. Ganz von selbst lassen sich die Prinzipien des Do In – Dehnen, Öffnen, Atmen – erfahren, und der Übende erlebt die vitalisierende und harmonisierende Wirkung auf Körper und Seele.

Do In ist Selbstbehandlung. Auch wenn die Selbstheilungskräfte des Menschen angeregt werden, ist es kein Ersatz für eine medizinische Behandlung.

Do In sollte nicht als „Methode" oder „Technik" mißverstanden werden. Do In ist eine Kunst. Und von Künstlern wird Do In auch besonders geschätzt: als Vorbereitung auf das Musizieren, Tanzen, Theaterspielen und die Kampfkunst.

Daß Do In im Westen bekannt wurde, verdanken wir in besonderem Maße dem in den USA lebenden Makrobiotiklehrer Michio Kushi. In Europa haben sich vor allem die Franzosen J. B. Rishi, J. Rofidal und J. de Langre um die Weitergabe des Do In verdient gemacht. Jeder von ihnen hatte die Gelegenheit, in Japan einen persönlichen Lehrer zu finden, durch den er direkt in der Kunst des Do In unterrichtet wurde.

Während unser Wissen vom Do In im wesentlichen aus Japan stammt, liegt doch der Ursprung des Do In selbst in China.

Der Begriff „Do In" soll auf das „Dao" (Tao) der in der Tradition des Weisen Laodse (Lao Tse) lebenden daoistischen Mönche hinweisen. Im Mittelpunkt der daoistischen Lehren steht das Streben, im Einklang mit den Kräften und Gesetzen der Natur zu leben. Es wäre anmaßend, den Begriff „Dao" selbst übersetzen oder beschreiben zu wollen. Denn wie der Weise Dschuang Dse (365–290 v. Chr.) erklärt: „Wenn die Worte ausreichend wären, so könnte man einen ganzen Tag lang reden und das Dao erschöpfend beschreiben. Da die Worte nicht ausreichend sind, so mag man einen ganzen Tag lang reden, und was man beschreiben kann, sind immer nur Dinge. Das Dao ist Grenzbegriff der dinglichen Welt. Reden und Schweigen reicht nicht aus, ihn zu erfassen. Jenseits vom Reden, jenseits vom Schweigen [liegt sein Erleben], denn alles Denken hat Grenzen" (Dschuang Dse, 1986, S. 274).

Ausgangspunkt daoistischer Philosophien war eine genaue Naturbeobachtung. Für die in der Natur vorgefundenen Muster und Regelmäßigkeiten entdeckten die Daoisten Entsprechungen in der Funktion des menschlichen Organismus. Der Mensch empfand sich als Teil in einem Gewebe natürlicher Zusammenhänge und war sich in einem sehr tiefen Sinn bewußt, daß Gesundheit und Krankheit nicht losgelöst von seiner Umwelt zu verstehen sind.

Für den Europäer des 20. Jahrhunderts ist es selbstverständlich, daß seine Existenz nur in einer Atomsphäre mit Sauerstoffgehalt möglich ist. Für den an praktisch nutzbaren Weisheiten interessierten Daoisten war das, was das Leben auf Erden mit Kraft erfüllt, viel mehr als ein chemisch definierbares Molekül „Sauerstoff".

Für die Lebendigkeit eines Wesens mußte etwas verantwortlich sein, das am toten anatomischen Präparat unauffindbar war. Dieses „Etwas" nannten die Chinesen „Qi" (Chi, gesprochen: Tschi; japanisch: KI).

„Der Mensch lebt inmitten von Qi, und Qi erfüllt den Menschen. Von Himmel und Erde bis zu den Zehntausend Wesen, alles bedarf Qi, um zu leben. Wer das Qi zu führen weiß, nährt im Inneren seinen Körper und wehrt nach außen schädigende Einflüsse ab", heißt es in dem chinesischen Klassiker „Baopuzi" aus dem 4. Jahrhundert (zitiert nach Thomas Ots, 1987, S. 46).

Der Begriff „Qi" gibt eine Vorstellung wieder, die in dem kulturellen Zusammenhang, in dem Do In entstanden ist, selbstverständliches Allgemeingut ist. Obwohl wir Europäer ähnliche Begriffe kennen – zum Beispiel „Odem", „Pneuma" –, ist eine korrekte Übersetzung von „Qi" schwierig, wenn nicht unmöglich.

„Chi kommt dem nahe, was unser Ausdruck ‚Energie' besagt. Es kommt ihm nahe, ist aber kein wirkliches Äquivalent. (...) Chi impliziert eine Ausrichtung, eine Bewegung in eine bestimmte Richtung." Mit dieser Erläuterung zum Qi-Begriff zitiert der Atomphysiker Fritjof Capra (1986) den Sinologen und Inhaber des Lehrstuhls für die theoretischen Grundlagen der chinesischen Medizin M. Porkert. In der Diskussion mit M. Porkert versuchte Fritjof Capra diesen Begriff aus dem Verständnis moderner westlicher Systemtheorie zu deuten und kam mit Porkert zu dem Schluß: „(...) ohne Zusammenhänge gäbe es kein Chi, weil Chi nicht leere Luft ist. Chi ist das strukturierte Muster von Zusammenhängen, das in Begriffen einer Ausrichtung definiert ist" (Fritjof Capra, 1986, S. 154 ff.).

Qi ist die zentrale Idee für die traditionelle chinesische Medizin. Ganz besonders wichtig aber ist „Qi" zum Verständnis des

Do In. Jacques de Langre und andere legen nahe, daß sich der Begriff „Do In" vom chinesischen „Dao Inn" ableite (die etymologischen Angaben warten noch auf eine Bestätigung, in der Literatur sind jedenfalls keine Schriftzeichen zu diesem Thema zu finden). Dao Inn wird von diesen Autoren als „mit dem Atem führen" übersetzt. Do In kann man als Übung verstehen, die Energie „Qi" in den Leitbahnen dieser Energie zu lenken.

Wenn durch Do In der Fluß des „Qi" angeregt und geführt werden soll, so geschieht dies in einem physiologisch festgelegten Rahmen von funktionellen Zusammenhängen, bei uns meist „Meridiansystem" genannt.

„Zum Verständnis der Meridian-Theorie ist die Einsicht nötig, daß es sich bei der traditionellen chinesischen Medizin um eine ‚vorkartesianische Medizin' handelt, der die strikte Trennung von Subjektivem und Objektivem, Psychischem und Körperlichem, Funktionellem und Materiellem (...) noch nicht möglich war. (...) [Sie enthält] auch vieles, das nur durch subjektive Empfindungen des Patienten festgelegt werden konnte" (Claus C. Schnorrenberger, 1983, S. 150).

Subjektive Empfindungen, wie Wärmegefühl, Prickeln oder Belebung, können auch beim Do-In-Üben den Meridianverlauf fühlbar werden lassen. Wir brauchen also weder den Meridianverlauf genau zu lernen, noch an die chinesische Medizin zu glauben, um uns von der Wirksamkeit des Do In zu überzeugen. Alles, worauf es beim Do In ankommt, ist die Erfahrung. Und alles, was wichtig am Do In ist, kann durch die Praxis erfahren werden. Äußerlich gesehen, ist es die Selbstmassage, durch die der Fluß der Energie gelenkt wird. Doch wichtiger noch ist die unsichtbare, innere Arbeit der Konzentration und Meditation. Besonders M. Kushi betont diesen Aspekt des Do In, und die von ihm angegebenen Übungen erinnern an die geheimen Atemübungen daoistischer Mönche und das chinesische Qi Gong (vgl. Erich W./Ilse R. Stiefvater, 1980; Josephine Zöller, 1984). Aus psychologischer Sicht läßt sich diese Arbeit mit dem „Qi" als Integration seelischer Energien auffassen.

In der von Jean Rofidal gelehrten Form des Do In wird ein leibseelischer Bereich ganz bevorzugt gestärkt, der von Karlfried Graf Dürckheim „die Erdmitte des Menschen" genannt wird.

„Besonders wichtig sind hier aber zwei Orte: der Raum zwischen den beiden Nieren und der Stelle, die etwa drei Daumenbreiten unterhalb des Nabels liegt" (Erich W./Ilse R. Stiefvater, 1980, S. 48).

Dieser im Bereich der physischen Leibmitte gelegene „seelische Schwerpunkt" des Menschen wird bei den Chinesen „Tantian" (unteres Zinnoberfeld) und bei den Japanern „Hara" genannt. Das Hinspüren und Anwesendwerden im Hara ist ein Aspekt des Reifungsprozesses, der den Menschen seine „Mitte" wiederfinden läßt. Der Sinn dieser Verankerung in der Mitte „ist aber eine andere Bewegung, die den Menschen aus dem Wurzelraum der dunklen Erde emporträgt zum Licht und das Entstehen einer neuen Form ermöglicht" (Karlfried von Dürckheim, 1972, S. 5 und 6).

Ein Schlüssel zum Verständnis der therapeutischen Wirkungen des Do In ist die traditionelle chinesische Medizin mit ihrem sensiblen Einblick in den Haushalt der menschlichen Lebensenergie, der Bedeutung der Polaritäten (Yin-Yang) und der funktionellen Zusammenhänge. Das auch im Westen bekannte Wissen über die Wechselwirkungen zwischen oberflächlichen Haut- und Muskelbereichen einerseits, den inneren Organen und dem seelischen Befinden andererseits wird durch die chinesische Medizin um einen in Jahrtausenden gewachsenen Erfahrungsschatz bereichert. Vor diesem Hintergrund ist es überhaupt nicht spektakulär zu beobachten, wie mit einfachen Do-In-Übungen Blockaden oder Erschöpfungszustände im vitalen Energiehaushalt gelöst beziehungsweise tonisiert werden können.

Das naturphilosophisch orientierte Menschenbild der chinesischen Medizin liegt ebenso wie dem Do In auch anderen Selbstübungs- und Behandlungsverfahren zugrunde, zum Beispiel dem Shiatsu, der Akupressur (An mo), dem Qi Gong, dem Tai Chi Chuan, dem Akido und der koreanischen „Schüttelmassage".

Die Praxis

Die Übungen beginnen in der Regel in der klassischen Kniesitz-
position (Seiza). Sie können aber auch im Yogasitz, auf der
Meditationsbank, auf einem Stuhl oder liegend im Bett praktiziert werden. Die Position sollte nach Möglichkeit aufrecht und
angenehm sein, so daß sich keine zusätzliche Spannung bildet.
Am Anfang steht der „Sonnengruß", eine Atemübung und ritu-
elle Geste. Die Selbstmassage erfolgt mit unseren Händen, daher werden zuerst die Hände gelockert und gewärmt. Mit den
gut vorbereiteten Händen massieren wir die Arme, Kopf, Gesicht, Hals, Nacken, Schulter, Brustkorb, Füße, Beine, Rücken
und zuletzt den Bauch. Diese Reihenfolge bezieht sich auf den
von Jean Rofidal gelehrten Übungsablauf und bringt die Sammlung der leibseelischen Kräfte im Mittelpunkt der Persönlichkeit, im Hara, zum Ausdruck. Gelenke und Muskeln werden
vor jeder Dehnung und Lockerung erwärmt. Druckpunkt-,
Klopf- und andere Selbstmassagetechniken werden in Flußrich-
tung der Meridiane ausgeführt. In den Bewegungsablauf sind
Atem-, Dehn- und Lockerungsübungen integriert. Wichtig sind
dabei Phasen der Entspannung in der Stille, in der die Aufmerksamkeit im Leib gesammelt und die Nachwirkung der Übung
erspürt wird. Je nach Vertrautsein mit den Übungen und der
Zügigkeit oder Ruhe der Ausführung kann ein vollständiger
Übungsablauf 20 bis 60 Minuten dauern. Wünschenswert wäre
ein regelmäßiges Üben, die günstigste Tageszeit ist morgens. In
bestimmten Fällen ist es möglich, Teile des Do-In-Programms
zu erweitern und zu vertiefen, Übungssequenzen für sich allein
zu üben (zum Beispiel nur die Hände und Schultern zu behandeln) oder eine Kurzform zu nutzen.

Ziele in der Gesundheitsbildung

Auch für das Do In hat der Zen-Ausspruch Gültigkeit: „Das Ziel ist der Weg – Der Weg ist das Ziel." Die Einstellung beim Üben sollte frei von Erwartungen sein und von Offenheit und einer Haltung des Akzeptierens getragen sein. Wer die Wirkung des Do In umfassend erfahren möchte, muß sich auf den nicht ganz mühelosen Weg machen, regelmäßig und konzentriert mit Do In zu arbeiten. Auf dem Weg des Do In kann man einen unbefangenen, natürlichen Umgang mit dem eigenen Körper kennenlernen. Man wird aufmerksam für Mitteilungen und Reaktionen des Körpers. Die Anwesenheit im eigenen Leib wird intensiver. Intuition und Konzentrationsfähigkeit entwickeln sich. Verhaltensänderungen wie Änderung von Ernährung, bewegungs- und entspannungsarmer Lebensweise werden möglicherweise leichter fallen, da sie nicht mehr reine Vernunftentscheidungen sind, sondern aus den Bedürfnissen des Körpers selbst heraus wachsen.

Do In ist Gesundheitserziehung ohne Belehrung. Es fordert uns zum selbständigen Üben auf und fördert uns in unserer Selbständigkeit und Freiheit.

Do In als gesundheitsförderndes Selbstübungssystem im Sinne einer psychophysischen Prophylaxe kann einen nonverbalen Weg der Gesundheitsbildung weisen. Es ist nur konsequent, wenn Do In auch über die Weiterbildungseinrichtungen vermittelt wird, da diese bei uns zur Zeit den wesentlichsten Anteil an der Gesundheitsbildung haben. Do In ist aber auch ein Weg der persönlichen Selbstverwirklichung und weist damit über die Ziele einer Gesundheitsbildung im engeren Sinne hinaus. Nicht vergessen werden dürfen aber auch die therapeutischen Möglichkeiten des Do In. Und gerade in diesem Bereich sollten sich Verantwortliche im Gesundheitssystem angesprochen fühlen, bestehende Berührungsängste durch Information und Selbsterfahrung abzubauen. Wahrscheinlich werden es zunächst einmal Heilpraktiker, Ärzte für Naturheilverfahren und Psychotherapeuten bleiben, die die

Zusammenarbeit mit Do-In- und Shiatsu-Therapeuten suchen werden. Doch eine größere Distanz zur offiziellen Hochschulmedizin wird langfristig auch bei uns nicht aufrechtzuerhalten sein.

In Frankreich und in der Schweiz wird Do In bereits in einigen Schulen und Kindergärten angewandt (Monique Calecki/ Monique Thevenet, 1989). In Asien werden die traditionellen Heilmethoden viel weniger als Konkurrenz zur westlich-wissenschaftlichen Medizin verstanden, sondern vielmehr als wertvolle Bereicherung therapeutischer Möglichkeiten gesehen (vgl. Thomas Ots, 1987). Do In und andere Verfahren werden dort im familiären und privaten Bereich als gesundheitsfördernde Übungen und auch als Übungsbehandlung mit therapeutischer Absicht geschätzt (Jacques de Langre, 1981, S. 95). Vielleicht kann Do In auch bei uns eine Quelle von Verständnis und Inspiration sein.

Voraussetzungen für die Teilnahme

Do In erfordert weder Vorkenntnisse noch besondere körperliche Voraussetzungen. Die meisten Übungen können schweigend im Sitzen durchgeführt werden.

Die Übenden werden im Do In neben Bekanntem auch Ungewohntem begegnen, so daß eine gewisse Aufgeschlossenheit und Offenheit von ihnen erwartet werden muß.

Qualifikation der Lehrenden

Eine Ausbildungsordnung oder Abschlußprüfung für Do-In-Lehrer existiert nicht. Abgesehen von einer intensiven Auseinandersetzung mit der Praxis des Do In wird man von einem Do-In-Lehrer Grundkenntnisse der traditionellen chinesischen Medizin, eine Ausbildung im Shiatsu und ein genügendes Vertrautsein mit den Problemen meditativer Gruppenarbeit erwarten können.

Aus- und Weiterbildungen in Do In führt Jean Rofidal durch.
Adresse: Jean Rofidal – Fayère – F 05260 Forest Saint Julien,
Tel.: 0033/92 507 301

Literaturhinweise

Calecki, Monique/Thevenet, Monique: do-in et massage pour enfants, Paris
   1989.
Capra, Fritjof: Das neue Denken, Bern 1987.
Dschuang Dsi: Das wahre Buch vom südlichen Blütenland (übers. von
   R. Wilhelm), Köln 1986.
Dürckheim, Karlfried von: Hara – Die Erdmitte des Menschen, Weilheim/
   Obb. 1972.
Kushi, Michio: Do In Buch. Übungen zur körperlichen und geistigen Ent-
   wicklung, Südergellersen 1980.
Langre, Jacques de: The first book of Do In, Magalia 1971.
Langre, Jacques de: Do In 2, Berlin 1981.
Ots, Thomas: Medizin und Heilung in China, Berlin 1987.
Pálos, Stephan: Atem und Meditation, München 1985.
Rishi, Jean Bernard: Do In. Sagesse de la Chine traditionelle, Paris 1975.
Rofidal, Jean: Do In. Regeneration von Körper und Geist, Altstätten 1989.
Rofidal, Jean: Pour bien comprendre le Do In, Lausanne 1982.
Rofidal, Jean: Ki – Do In – Hara, Lausanne 1984.
Rofidal, Jean: Shiatsu et Yoga. Do In Tome IV, Lausanne 1987.
Schnorrenberger, Claus C.: Lehrbuch der chinesischen Medizin für westli-
   che Ärzte, Stuttgart 1983.
Stiefvater, Erich W./Stiefvater, Ilse R.: Chinesische Atemlehre und Gymna-
   stik, Heidelberg 1980.
Truchot, Clara: Trouver le bien-être. Do In – Shiatsu Techniques de revita-
   lisation, Paris 1980.
Zöller, Josephine: Das Tao der Selbstheilung, Bern 1984.

Anette Benner

Fußreflexzonenmassage

Ein Heilverfahren aus der Naturheilkunde

Einführung

Die Fußreflexzonenmassage ist ein hilfsdiagnostisches und therapeutisches Heilverfahren aus der Naturheilkunde. Sie hat sich im Laufe der Jahrhunderte aus altem Volkswissen zu einer hochdifferenzierten Spezialmassage entwickelt, die zwar ihren Ausgang am Fuß nimmt, jedoch auf den gesamten Organismus vorbeugend und heilend wirken kann. Am Fuß haben alle Organe einen ihnen zugeordneten Bereich – ihre Reflexzonen.

Der menschliche Körper mit all seinen Organen hat auf dem ganzen Fuß und nicht nur auf der Fußsohle seine Entsprechung. Belastungen und Schwächen von Körper und Organen können durch einen gezielten Sicht- und Tastbefund am Fuß entdeckt werden.

Die Fußreflexzonenmassage ist eine durch Erfahrung bestätigte Heilmethode. Dies bedeutet, daß sie zwar tagtäglich in der praktischen Arbeit ihre Wirksamkeit unter Beweis stellt, jedoch wissenschaftlich noch nicht erklärbar ist.

Besonders bewährt hat sie sich als schmerzlinderndes Verfahren, zur Entschlackung und zur Steigerung der körpereigenen Abwehr. Am erfolgreichsten ist sie wohl, wenn es um die Entspannung der Muskulatur geht.

Bei Erkrankungen wie etwa Krebs, Multiple Sklerose oder andere kann die Fußreflexzonenmassage zwar eine hilfreiche Ergänzung der Behandlung sein, aber niemals die Hauptbehandlung ersetzen. Immer sollen solche Erkrankungen von Ärzten behandelt werden.

Theoretischer und historischer Hintergrund

Grundlage der Fußreflexzonenmassage ist die Zonentheorie von Dr. med. William H. Fitzgerald. Fitzgerald arbeitete an verschiedenen amerikanischen und europäischen Kliniken und veröffentlichte 1917 zusammen mit Dr. med. Edwin F. Bowers das Buch „Zonetherapy".

Er teilt den menschlichen Körper aufgrund seiner Beobachtungen in zehn Längszonen ein. Seine Theorie besagt, daß innerhalb einer solchen Zone ein Körperteil von einer bestimmten Körperstelle aus beeinflußt werden kann. Die beiden rechtsseitigen Weisheitszähne zum Beispiel liegen nach dieser Theorie in der gleichen Zone wie der rechte kleine Zeh. Also können die rechten Weisheitszähne durch Druck auf den rechten kleinen Zeh beeinflußt werden. In der Tat ist es so, daß sich bei der Fußreflexzonenmassage schmerzende Weisheitszähne durch langanhaltenden Druck beruhigen lassen. Allerdings ersetzt die Fußreflexzonenmassage keinen Zahnarzt.

Nach der Zonentheorie spiegelt sich der gesamte menschliche Körper an bestimmten Körperteilen (Hände, Füße, Ohren) wider. Bisher gibt es noch keine befriedigende Antwort darauf, wieso dies so ist.

Ist ein Organ funktionell gestört, so zeigen sich an der zugehörigen Reflexzone ebenfalls Symptome wie zum Beispiel Druckschmerzhaftigkeit, Hornhautbildung, Ablagerungen von Kalk und Kristallen im Gewebe oder Störungen im Lymphknotenbereich.

In der Zonentheorie ist man der Überzeugung, daß wirkliche Heilung immer vom Körper selbst ausgeht. Die Fußreflexzonenmassage will die Selbstheilungskräfte des Körpers durch Stimulation der Reflexzonen anregen. Bei einer bestimmten Stimulation der Reflexzonen am Fuß wirkt ein heilender Impuls auf die Organe, die mit der jeweiligen Reflexzone korrespondieren. Allerdings können auch störende Impulse über die Füße an die Organe weitergegeben werden, zum Beispiel durch unsachgemäße Fußreflexzonenmassage, schlechtes Schuhwerk und so weiter.

In Indien und China war schon vor 5000 Jahren eine Druckmassage an den Füßen bekannt, die jedoch wieder in Vergessenheit geriet. Auch im mitteleuropäischen Raum kamen während des Spätmittelalters und danach immer wieder Druckpunktbehandlungen auf, ohne sich letztlich durchzusetzen.

Von einigen Indianerstämmen ist bekannt, daß sie von der Wirkung der Methode Kenntnis hatten und über die Füße manche Krankheiten behandelten. Die Indianer verwendeten neben ihren Händen als Instrumente kleine Hölzer oder Steine, mit denen sie die einzelnen Zonen bearbeiteten.

Um 1930 kam der eigentliche Durchbruch für die Fußreflexzonenmassage. Frau Eunice Ingham stellte während der praktischen Arbeit mit Patienten fest, daß die Füße für die bereits erforschte Zonentherapie am besten geeignet waren. Die Masseurin erstellte zu diesem Zeitpunkt die erste Fußzonenkarte, eine Art Landkarte, die aufzeigte, wo sich die einzelnen Organe am Fuß widerspiegeln. Ihr erstes Buch schrieb sie 1938. Eunice Ingham wird heute als die Begründerin oder besser Entdeckerin der Fußreflexzonenmassage angesehen.

Die Heilpraktikerin Hanne Marquardt erlernte in Amerika bei Eunice Ingham die Fußreflexzonenmassage und brachte sie nach Europa und damit auch nach Deutschland. Heute unterhält sie eine Lehrstätte für Fußreflexzonenmassage in Baden-Württemberg.

Die bisher wohl differenzierteste Anwendungsmöglichkeit dieser Massage ist die Methode des Heilpraktikers Walter Froneberg. Er hat die Reflexzonen des Nervensystems exakt lokalisiert und spezielle Grifftechniken für sie entwickelt.

Die Praxis der Fußreflexzonentherapie

Rahmenbedingungen für die Massage sind ein ruhiger, heller, gutdurchlüfteter Raum sowie eine Massageliege, ein Hocker, eine Wolldecke, eine Nackenrolle und eine Knierolle.

Der zu massierende Klient ruht auf der Liege, der Masseur sitzt auf einem Hocker davor. Die Hände des Behandlers sind das alleinige Werkzeug. Sie sollten angenehm warm und trocken sein. Die Füße des Klienten sind vorher durch ein Fußbad oder eine Waschung gereinigt.

Die Diagnostik

Vor der eigentlichen Behandlung wird der Befund erhoben. Zunächst betrachtet der Behandler beide Füße eingehend. Er beachtet Auffälligkeiten, wie zum Beispiel Deformationen der Fußknochen, Gelenke und Nägel. Dies bezeichnet man als Sichtbefund.

Dann werden beide Füße nacheinander mit gezielten Griffen vollständig durchgearbeitet. Hierbei achtet der Behandler etwa auf Druckschmerzhaftigkeit oder Ablagerungen im Gewebe. Dies ist der Tastbefund.

Aufgrund der Diagnose wird das Behandlungsprogramm erstellt.

Die Behandlung

Zu Beginn der eigentlichen Behandlung erfolgt die Kontaktaufnahme. Durch Streichungen und gegebenenfalls Anwärmung des Fußes machen sich die Hände des Behandlers und die Füße des Patienten miteinander vertraut.

Kern der Behandlung ist die richtige Anwendung der zur Verfügung stehenden Grifftechniken. Man unterscheidet:
a) Arbeitsgriffe,
b) Lockerungs- und Dehnungsgriffe,
c) energetische Griffe.

Die Arbeitsgriffe sind auf die Reflexzonen bezogen und wirken auf den Gesamtorganismus. Es besteht die Möglichkeit, beruhigend oder anregend auf ihn einzuwirken. Lockerungs- und Dehnungsgriffe wirken in erster Linie auf das Fußgewebe selbst und nur sekundär auf die Zonen. Energetische Griffe wirken in erster Linie auf das vegetative Nervensystem des

Menschen, da hierbei meist bestimmte Nervengeflechtszonen, zum Beispiel die Zonen des Solarplexus (Sonnengeflechts), angesprochen werden.

Es hat sich herausgestellt, daß es sich bei den energetischen Griffen empfiehlt, im Atemrhythmus des Patienten zu arbeiten, da sich dadurch die gewünschte Wirkung (zum Beispiel Entspannung) erhöht. Bei den energetischen Griffen werden beide Füße gleichzeitig behandelt, und der ausgeübte Druck ist äußerst sanft.

Eine Fußreflexzonenmassage dauert in der Regel zwischen 30 und 45 Minuten. Nach der Behandlung sollte der Klient noch einige Minuten ruhen und die Massage auf sich wirken lassen. Der Behandler gibt dem Patienten oftmals Verhaltensregeln mit auf den Weg. Dazu gehört zum Beispiel häufig die Empfehlung, vermehrt Flüssigkeit zu sich zu nehmen.

Reaktionen

Häufig tritt als erste Reaktion eine wohltuende Müdigkeit auf. In einigen Fällen berichten Patienten aber auch von großer Lebhaftigkeit. Weitere Reaktionen sind abhängig von den Organsystemen, die durch die Behandlung angesprochen wurden. Die Stärke der Reaktionen ist auch abhängig von der Reaktionsfähigkeit des Klienten.

Am häufigsten sind Reaktionen, die den Selbstreinigungsprozeß anregen und beschleunigen. Durch intensive Behandlung der Reflexzonen des harnableitenden Systems (Niere, Harnleiter, Blase) kommt es meistens zu vermehrter Urinausscheidung. Dabei kann der Urin von stärkerem Geruch und dunklerer Farbe als sonst sein.

Zwischen den Behandlungen sollten jeweils zwei bis drei Tage vergehen. Bei sehr empfindlichen oder reaktionsstarken Menschen reicht sogar eine Behandlung wöchentlich.

Es gibt Gründe, wie zum Beispiel Fieber oder Risikoschwangerschaften, die die Anwendung der Fußreflexzonenmassage verbieten. Sie sollten mit dem behandelnden Arzt oder Heilpraktiker abgeklärt werden.

Die Selbstbehandlung ist grundsätzlich möglich, wenn man die Grifftechniken erlernt hat. Jedoch sollte man folgende Gefahrenpunkte oder Einschränkungen beachten:

– Da die Körperhaltung bei der Eigenbehandlung niemals so entspannt sein kann wie bei einer Fremdbehandlung, fehlt eine wesentliche Voraussetzung für das Einsetzen des Heilungsprozesses. Im Bereich der Zonen des Bewegungsapparates, wie etwa der Rücken- oder Nackenmuskulatur, ist die Selbstbehandlung sogar eher schädlich.

– Der Energieaustausch, der meines Erachtens immer zustande kommt, wenn zwei Menschen durch Körper, Seele oder Geist miteinander kommunizieren, findet nicht statt, somit kann auch der heilende Einfluß des anderen Menschen nicht wirksam werden.

– Die Objektivierung der eigenen Symptome fällt bekanntlich meist schwer.

– „Ein in der Beobachtung von Krankheitsabläufen unerfahrener Mensch kann die Reaktionsphasen nicht exakt bewerten. Er neigt dazu, entweder die erwünschten oder notwendigen Reaktionen überzubewerten, oder er bagatellisiert aus Unkenntnis der Sachlage Krankheitszeichen, die in die Hand des Arztes gehören" (Hanne Marquardt, 1986, S. 86).

Die Eigenbehandlung sollte immer nur zur Vorbeugung von Erkrankungen durchgeführt werden. Beim Anzug einer Grippewelle kann sie zum Beispiel recht hilfreich sein, indem man mittels Fußreflexzonenmassage versucht, sein eigenes Abwehrsystem zu stärken.

Ziele in der Gesundheitsbildung

In der Gesundheitsbildung ist es ein wesentliches Ziel, Menschen mit der Fußreflexzonenmassage ein Heilverfahren vorzustellen, über das sie mit ihrem Körper kommunizieren können und das in leichten Krankheitsfällen (wie etwa bei Kopfschmerzen oder Stuhlverstopfungen) eine Alternative zum Gebrauch von chemischen, meist mit unerwünschten Nebenwirkungen behafteten Medikamenten sein kann. Sie lernen, die verschiedenen Zeichen zu deuten und entsprechend zu reagieren; Fußreflexzonenmassage dient so zur Entschlüsselung eines Teils der Körpersprache und der Körperselbsterfahrung.

Zudem wird beabsichtigt, daß der menschliche Organismus wieder zur Homöostasis, das heißt zu einem Zustand des inneren und äußeren Gleichgewichts findet. Nach meiner Auffassung eignet sich ein Einführungskurs in Fußreflexzonenmassage gut, um bei den Teilnehmern das Bewußtsein für vorbeugendes Gesundheitshandeln zu fördern.

Die Praxis in der Gesundheitsbildung

Ein Einführungskurs besteht immer aus praktischen Übungen und einem theoretischen Teil. Zunächst beginnt der Kurs mit der Beantwortung folgender Fragen:

- Was ist Fußreflexzonenmassage?
- Wie hat sie sich entwickelt?
- Welcher Wirkmechanismus liegt ihr zugrunde?
- Was kann sie bewirken und was nicht?
- Welche Funktion hat eine Fußreflexzonenmassage?
- Welche Ziele verfolgt der Einführungskurs?

Der theoretische Teil des Kurses umfaßt:

- die Vermittlung von Basiskenntnissen über Lage, Funktion und Bedeutung der Organe des menschlichen Körpers (Anatomie und Physiologie),
- die Vermittlung der Zonentheorie nach William H. Fitzgerald und Eunice Ingham,
- Erläuterungen zum Aufbau des menschlichen Fußes,
- die Vermittlung theoretischer Grundlagen für die Diagnostik am Fuß,
- Informationen über Kontraindikationen für die Fußreflexzonenmassage und Symptome, die einen Abbruch der Massage gebieten,
- Erläuterung von Fallbeispielen.

Anhand einer Demonstration der Kursleiter über Diagnostik

und/oder Therapie können sich die Teilnehmer einen Einblick in die Arbeit des Reflexzonentherapeuten verschaffen.

Themen der praktischen Arbeit in einem Einführungskurs sind:

– die Lage der Reflexzonen am Fuß (dabei sollte man sich jedoch auf ein oder maximal zwei Organsysteme nach dem Grundsatz „weniger ist mehr" beschränken),
– die Rahmenbedingungen für eine Massage (zum Beispiel Sitz, Lagerung, Ort),
– die intuitive Fußmassage, um die Teilnehmer mit der Arbeit am Fuß vertraut zu machen,
– die Vermittlung von Grifftechniken, zum Beispiel Grundgriff, Dehnungs- und Lockerungsgriffe,
– Körperübungen zur Steigerung des Wohlbefindens der Teilnehmer.

Voraussetzungen zur Teilnahme

Für den Besuch von Einführungskursen, in denen Interessenten die Fußreflexzonenmassage kennenlernen und Möglichkeiten der Selbstbehandlung erlernen können, sind keine besonderen Voraussetzungen notwendig. Die Teilnehmer sollten aber mit ihrem behandelnden Arzt klären, ob ihrer Teilnahme nichts im Wege steht.

Die Fußreflexzonenmassage ist auch für solche Menschen geeignet, die sich für besonders kitzelig an den Füßen halten. Sie kitzelt nämlich nicht.

Da sie eine Druckmassage und keine Streichelmassage ist, kann es sein, daß sich beim einen oder anderen schmerzhafte Stellen an den Füßen bilden. Allerdings wird die individuelle Schmerzgrenze dabei nicht überschritten, und bei richtiger Dosierung wird dieser Schmerz von den meisten Menschen sogar als wohltuend bezeichnet. Die Bereitschaft, sich auch auf den Schmerz einzulassen, sollte bei den Teilnehmern vorhanden sein.

Die berufsmäßige Ausübung der Fußreflexzonenmassage ist durch den Gesetzgeber an einige Berufsstände wie Heilpraktiker und Ärzte gebunden.

Kursleiter sollten erfahrene Reflexzonentherapeuten sein, die über mehrere Jahre Praxis in der Fußreflexzonenmassage verfügen und Arzt oder Heilpraktiker sind. Sie sollten sich in die Situation von medizinischen Laien einfühlen können.

Vor allem aber ist es wichtig, die Grenzen zu kennen, innerhalb derer man mit unerfahrenen Teilnehmern arbeiten kann. Es muß auf alle Gründe hingewiesen werden, die einer Behandlung mit der Fußreflexzonenmassage entgegenstehen. Ebenso sollten alle möglichen Reaktionen besprochen werden, die als Folge der Fußreflexzonenmassage auftreten können.

Um nicht übersteigerte Erwartungen zu wecken, sollten die Kursleiter auch deutlich auf die Grenzen der Fußreflexzonenmassage zur Behandlung bestimmter Beschwerden und Erkrankungen aufmerksam machen.

Ausbildungen werden zum Beispiel angeboten von:

Walter Froneberg, Heideweg 51, 41844 Wegberg-Dahlheim

Hanne Marquardt, Prof.-Domagk-Weg 15, 78126 Königsfeld/Burgberg

Anette Benner/Helmut Knaack, Moltkestr. 114, 40479 Düsseldorf

Literaturhinweise

Fitzgerald, William H./Bowers, Edwin F.: Zonetherapy, 1917.

Ingham, Eunice: Geschichten, die die Füße erzählen können, Engelberg/Schweiz 1979.

Ingham, Eunice: Geschichten, die die Füße erzählt haben, Engelberg/Schweiz 1979.

Kunz, Barbara und Kevin: Durch die Füße heilen, München 1986.

Marquardt, Hanne: Reflexzonenarbeit am Fuß, Heidelberg 1986.

Mario Lemansky

Shiatsu

Massage durch
Fingerdruck

Einführung

Shiatsu ist eine in Japan weit verbreitete Behandlungsmethode, die dort im öffentlichen Gesundheitssystem eingesetzt wird. Das japanische Gesundheitsministerium definiert Shiatsu folgendermaßen: „Shiatsu-Therapie ist eine Form manueller Behandlung, ausgeführt mit dem Daumen, anderen Fingern und Handflächen, ohne Zuhilfenahme irgendwelcher Instrumente. Durch den Druck auf die menschliche Haut beseitigt sie innere Störungen, fördert und erhält die Gesundheit und behandelt spezielle Beschwerden." Shiatsu ist verwandt mit der Akupunktur und somit ein Teil der traditionellen fernöstlichen Medizin.

Shi-atsu bedeutet ganz einfach Finger-Druck. Wesentliches Merkmal ist, daß dabei auf ganz bestimmte Energiepunkte (japanisch Tsubos) und Bahnen (Meridiane) gedrückt wird, um die Lebensenergie, genannt Qi, anzuregen und zu vitalisieren. Es handelt sich dabei nicht um die Massage der Muskulatur oder des Bindegewebes. Die Existenz der Lebensenergie und das Wissen darum, wie man gezielt Einfluß auf sie nehmen kann, war in früheren Kulturen, vor allem in China und Indien allgemein bekannt. Im Laufe der Jahrtausende wurde dieses Wissen systematisiert und auch niedergeschrieben. Durch Anwendung in der Praxis stellte man fest, daß der Energiefluß im Menschen ganz bestimmten Gesetzmäßigkeiten folgt. Vereinfacht gesagt, verlaufen die Meridiane im menschlichen Körper von einem Ende zum anderen und verteilen sich über den ganzen Körper. Sie stehen in Zusammenhang mit den inneren Organen und Drüsen und versorgen somit den ganzen Organismus mit vitaler Energie. Die Meridiane wurden später nach den Organen benannt, mit denen sie in Verbindung stehen. So gibt es zum Beispiel einen Magen-Meridian, einen Leber-Meridian oder einen Herz-Meridian. Funktionsstörungen der jeweiligen Organe können sich etwa als Schmerz oder Verspannung im Verlauf des Meridians zeigen. Da die Meridiane alle miteinander verbunden sind, versucht man im Shiatsu einfach Energie aus den Bereichen, wo sie im Überfluß vorhanden ist, dorthin fließen zu lassen, wo ein Mangel besteht. Die Absicht ist somit, Blockaden im Fluß dieser Lebensenergie Qi zu lösen und im Organismus ein selbstregulierendes, dynamisches Energiegleichgewicht herzustellen.

Der Unterschied zur Akupunktur liegt darin, daß bei der Shiatsu-Behandlung der Fluß der Lebensenergie nicht durch Nadeln, sondern durch Fingerdruck angeregt wird. Häufig geschieht dies im Rhythmus der Atmung sowie durch sanfte Dehnungen, die die Gelenke lockern. Die Absicht ist, einen nonverbalen Kommunikationsstrom mit dem Empfänger von Shiatsu herzustellen und so dazu beizutragen, dem Menschen seine körperliche, geistige und seelische Gesundheit wiederzugeben beziehungsweise sie zu erhalten. Shiatsu ist eine ganz besondere Erfahrung, welche die Gesundheit und Zufriedenheit des Empfangenden und des Gebenden gleichermaßen fördert.

Kultureller und philosophischer Hintergrund

Shiatsu ist in der Form, wie wir es heute kennen, eine recht neue Behandlungsmethode, die vor etwa 90 Jahren in Japan entstand. Die Wurzeln dieser Methode jedoch fußen auf der traditionellen östlichen Medizin und sind mehrere tausend Jahre alt.

Shiatsu ist zurückzuführen auf alte chinesische Behandlungsformen wie Do In (vgl. S. 191 ff.) und Anma, die ältesten Formen der medizinischen Behandlung im Fernen Osten. Als Mitte des 19. Jahrhunderts eine modernere Behandlungsmethode von China nach Japan kam, wurde diese von Anma-Therapeuten mit der traditionellen japanischen Massage kombiniert und weiterentwickelt. Es ergab sich, daß die verschiedenen Lehrmeister den Behandlungsformen eigene Namen gaben. All diese Techniken wurden dann unter dem Namen Shiatsu zusammengefaßt. Shiatsu wurde in Japan als medizinische Behandlung anerkannt und wird heute an Universitäten gelehrt. Gleichzeitig begannen die offiziellen Behörden Shiatsu als einfach anzuwendende Methode zur Erhaltung der Volksgesundheit zu propagieren. Jeder sollte Shiatsu in der Familie anwenden. So wurde Shiatsu die populärste Gesundheitspflege in der japanischen Gesellschaft. Heutzutage gibt es in jeder japanischen Familie mindestens eine Person, die Shiatsu betreibt.

Professionelle Behandler entwickelten die Shiatsu-Therapie weiter und integrierten in sie verschiedene östliche und westliche Behandlungstechniken. So entstanden viele Schulen, jede mit einem anderen Behandlungsansatz. Wenn wir also von Shiatsu sprechen, bedeutet dies, daß es verschiedene Möglichkeiten gibt, mit dieser Behandlungsmethode zu arbeiten.

Eine der populärsten Methoden im Westen ist derzeit das Shiatsu, das auf den Meridianlinien arbeitet und sich das Wissen der traditionellen chinesischen Medizin zu eigen gemacht hat. Diese Form von Shiatsu geht zurück auf den Meister Shizuto Masunaga (1925–1981). Masunaga selbst nannte seine Methode Iokai Meridian Shiatsu[R]. Er wies die Welt auf die elementaren Grundlagen der traditionellen östlichen Medizin hin. Diese wurden vor etwa 3000 Jahren im „Nei Jing" (Des gelben Kaisers Klassiker der inneren Medizin), dem ältesten Buch der chinesischen Medizin, aufgezeichnet. Dadurch wurde Shiatsu zu einer Therapiemethode, in der sich Fachwissen und Intuition, systematisch präzise Arbeit und ein humanistischer Behandlungsansatz, der den ganzen Menschen in seiner Körper-Geist-Seele-Einheit sieht, miteinander verbinden.

Die Heilkundigen der Frühzeit waren darauf angewiesen, die Natur zu beobachten und die gewonnenen Erkenntnisse zur Anwendung zu bringen, um die Gesundheit der Menschen zu erhalten. Sie erkannten, daß sie sich im Wechselspiel der Kräfte des Himmels (Sonne) und der Erde befanden, welche in Interaktion jegliche Lebewesen hervorbringen (Sonnenenergie und Wachstum). Diese beiden sich ergänzenden Kräfte wurden Yin und Yang genannt, mit jeweils unterschiedlichen Qualitäten wie: heiß – kalt, männlich – weiblich, nach innen gehend – nach außen gerichtet sein, ruhig – bewegt, schöpferisch – zerstörend, Tag – Nacht und so weiter (vgl. auch S. 52 und S. 71 ff.).

Um das Leben zu erhalten, versuchte man daher in Harmonie mit diesen Yin- und Yang-Kräften zu leben beziehungsweise im Falle einer Krankheit den Ausgleich zu schaffen – im Einklang mit den Jahreszeiten, die als natürliche Folge dieses Wechselspiels auftreten. In einfachen Worten ausgedrückt, versucht Shiatsu diese beiden Kräfte, die im Menschen wirken, auszugleichen, und den Menschen zu einem natürlichen Leben zu führen. Dazu gehört, daß krankmachende Angewohnheiten geändert werden. Solche Angewohnheiten können sich in den vier grundlegenden Lebensaktivitäten manifestieren. Dies sind Denken, Bewegung, Ernährung, Atmung. Ziel ist es, alle diese Lebensaktivitäten lebendig zu erhalten und sie zu unserem Wohle und dem Wohl anderer Lebewesen einzusetzen. So gesehen, geht Shiatsu weit über den Bereich einer einfachen Entspannungsmassage hinaus.

Der Shiatsu-Arbeit liegt neben der technischen Durchführung eine Philosophie zugrunde, die stark von den Beobachtungen der taoistischen Weisen in China beeinflußt wurde. Wenn wir die verschiedenen Lebensprozesse in der Natur beobachten, können wir sehen, daß sie grundsätzlich fünf Wandlungsphasen durchlaufen, die denen der Jahreszeiten entsprechen. Jede Wandlungsphase besitzt eine ihr eigentümliche Qualität. Sie wurden von den Chinesen als Baum (Holz), Feuer, Erde, Metall, Wasser bezeichnet und entsprechen den verschiedensten Manifestationen im Leben. Im folgenden eine kurze Auflistung:

Wandlungsphase	Baum	Feuer	Erde	Metall	Wasser
Organe	Leber	Herz	Milz Bauch-speicheldrüse	Lunge	Nieren
Jahreszeit	Frühling	Sommer	Spätsommer	Herbst	Winter
Klima	Wind	Hitze	Feuchte	Trockenheit	Kälte
Farbe	Grün, Blau	Rot	Gelb	Weiß	Schwarz
Stimmausdruck	schreiend	lachend	singend	weinend	stöhnend
Gefühlsausdruck	Wut	Freude	Nachdenken	Trauer	Angst
Geschmack	sauer	bitter	süß	scharf	salzig

Diese fünf Wandlungsphasen wirken in bestimmter Weise aufeinander ein, wobei jede aus der jeweils vorausgegangenen entsteht. Jede Phase sollte die ihr zustehende Entfaltungsmöglichkeit bekommen. Geschieht dies nicht oder zu stark beziehungsweise zu lange andauernd, dann kann sich das schädlich auf den ganzen Organismus auswirken. Wenn zum Beispiel die Hitze im Sommer zu stark ist, können die Pflanzen eingehen, falls kein Regen folgt. Ebenso können Kinder durch zu starke Zuwendung und vermeintliches ihnen Gut-tun-Wollen erdrückt werden oder im Falle von zu wenig Beachtung und echter Anteilnahme traurig werden und sich innerlich zurückziehen. Langanhaltende, unausgedrückte Trauer kann sich zum Beispiel schädlich auf die Lungen auswirken, chronische Lungenprobleme können zu latenter Trauer und Depression führen. Da alle Lebenseinflüsse in Beziehung zueinander stehen, sollten sie daher nicht einseitig behandelt werden.

Ziele in der Gesundheitsbildung

Die Shiatsu-Behandlung in der Gesundheitsbildung strebt eine allgemeine Harmonisierung der Körperenergien an, ohne auf spezifische Probleme einzugehen. Es ist jedoch auch ohne weiteres möglich, einzelne Symptome durch Drücken bestimmter Akupressurpunkte zu behandeln. Die Shiatsu-Behandlung aber kann auch eine tiefgehende ganzheitliche Therapie sein, die in der Regel von professionellen Praktikern ausgeführt wird. Diese ganzheitliche Therapie kann aber nicht im Rahmen einer Veranstaltung der Gesundheitsbildung realisiert werden.

Ob nun jemand Entspannung und Wohlbefinden als Vorbeugung gegen Krankheit sucht oder schon Beschwerden hat und eine gezielte systematische Therapie sucht – Shiatsu hat jedem etwas zu geben. Während eine professionelle Ausbildung in Shiatsu-Therapie mehrere Jahre in Anspruch nimmt, kann Shiatsu jedoch als einfach anzuwendendes „Hausmittel" in der Gesundheitsbildung vermittelt werden. In einem Abend- oder Wochenendkurs ist es möglich, eine Shiatsu-Ganzkörperbehandlung zu erlernen, die unmittelbar in die Praxis umgesetzt werden kann, zum Beispiel zur Linderung von Rückenschmerzen, Streß, Müdigkeit, Verspannungskopfschmerz, Erkältung und so weiter. Im Falle von ernsthaften Krankheiten oder chronischen Beschwerden sollte jedoch ein professioneller Behandler aufgesucht und eine Therapie begonnen werden. Shiatsu kann zwar spontan Erfolg bringen, wo moderne westliche Therapien nicht greifen, ist allerdings auch keine „Wundertherapie", bei der mit zwei Handgriffen wieder alles ins Lot kommt. Die grundlegende Absicht des Shiatsu ist, den Körper regelmäßig zu pflegen und zu behandeln, noch bevor stärkere Störungen in Erscheinung treten – also eine Präventivmethode, die von jedermann ausgeführt werden kann.

Die Praxis

In einem Anfängerkurs erlernen die Kursteilnehmer, noch bevor mit der eigentlichen Shiatsu-Behandlung begonnen wird, einige Körperübungen, die dazu verhelfen, den eigenen Körper besser wahrzunehmen und sich darin allgemein wohler zu fühlen. Dies wird sich deutlich auf die Qualität der Behandlung auswirken. Wenn dieses erste Ziel erreicht ist und der Alltagsstreß bei den Teilnehmern etwas nachläßt, wird der Blick frei für das Eingehen auf einen anderen Menschen, und es kann mit der Partnerarbeit begonnen werden.

Am Anfang der Partnerarbeit steht in der Regel eine Sensibilisierungsübung der Hände, in der auch die grundlegende Arbeitsweise des Shiatsu veranschaulicht wird: So liegt zum Beispiel ein Partner A auf einer Unterlage bäuchlings auf dem Boden, während der gebende Partner B sich seitlich daneben auf die Knie setzt und beide Hände auf den Rücken von A legt – eine Hand zwischen die Schulterblätter, die andere Hand auf die Hüfte. Mit der oberen Hand übt B langsam und behutsam einen Druck auf den Empfangenden A aus, während die andere Hand passiv liegenbleibt. Der Gebende versucht dabei lediglich sein Körpergewicht ohne Kraftaufwendung nach vorn zu verlagern und wartet, bis eine Entspannung beim Empfangenden eintritt. Diese erfolgt im allgemeinen recht schnell. Dann kann er zu einer anderen Stelle entlang der Wirbelsäule überwechseln und sie behandeln. Ein solches Vorgehen spiegelt eines der Grundprinzipien des Shiatsu wider – nicht drücken, nur anlehnen.

Nach jeder Übung können sich die Partner kurz darüber berichten, wie sie die jeweilige Behandlung empfunden haben, ob eine Entspannung eingetreten ist und so weiter. Dadurch lernen die Teilnehmer, den eigenen Erfahrungen zu vertrauen.

Im Laufe des Kurses werden dann die verschiedenen Arbeitsweisen und Übungen von den Lehrenden demonstriert und von den Teilnehmern im Partnerwechsel aneinander ausgeführt. Da die meisten Menschen Rückenprobleme haben, wird in der Regel sehr viel Zeit darauf verwandt, die beiden Meridiane zu behandeln, die seitlich der Wirbelsäule verlaufen. Dies geschieht wie bei allen anderen Behandlungsmethoden mit dem Druck der Handflächen oder der Daumen. Da sämtliche Stränge des vegetativen Nervensystems von der Wirbelsäule aus in den Organismus gelangen, ist eine gesunde Wirbelsäule von entscheidender Bedeutung für die Funktion der inneren Organe. Manche Lehrenden gehen speziell auf die Meridiane ein – andere dagegen konzentrieren sich vielleicht mehr darauf, in jeder Kurseinheit einen bestimmten Körperbereich zu behandeln, wie zum Beispiel den Schulterbereich, den Rücken, die Arme, die Beine, das Gesicht und so weiter. Verschiedene andere Techniken wie Dehnungen, Gelenkrotationen, Schüttelmassage oder das Drücken von einzelnen Akupressurpunkten können in die Behandlungen mit einfließen. Manche Lehrenden konzentrieren sich vielleicht schon am Anfang darauf, möglichst viele Techniken zur Behandlung einzelner Symptome zu vermitteln. Dies trägt jedoch wenig dazu bei, daß die Teilnehmer ein wirkliches Gespür für die Bedürfnisse des Körpers bekommen. Hinter vielen Symptomen liegen tiefergehende Ursachen wie Ängste oder Sorgen. Manchmal können Schmerzen auch organische Probleme aufzeigen und sind ein Warnzeichen dafür, daß etwas im Leben der Betroffenen grundlegend verändert werden muß. Kopfschmerzen können zum Beispiel als Folge von Nackenverspannungen auftreten, aber auch als Folge eines bislang unentdeckten Kopftumors. Es sollte also nicht der Versuch unternommen werden, Schmerzen einfach wegzumassieren, weil sie uns in vielen Fällen Auskunft über unser inneres Geschehen vermitteln können und ein Hinweis dafür sind, daß ein Arztbesuch erforderlich ist. Meiner Meinung nach sollte Shiatsu einen tiefen menschlichen Kontakt zwischen dem Behandler und dem Empfangenden entstehen lassen und eine Basis des Vertrauens herstellen. Nach erfolgtem ersten Schritt und dem Erlernen einer allgemeinen Ganzkörperbehandlung kann dann auf speziellere Techniken eingegangen werden.

Zur Theorie läßt sich sagen, daß für das Erlernen einer Basisbehandlung keine komplizierten theoretischen Ausführungen notwendig sind. Shiatsu ist vor allem eine praktische Arbeit am und mit dem Körper und bedeutet vor allem „Learning by Doing". Kurze einleitende Vorträge zur Arbeitsweise sowie Erläuterungen zum Sinn und Zweck der einzelnen Behandlungen können zum Beispiel vor der Partnerarbeit gegeben werden. Darin sind im allgemeinen auch die Grundkonzepte der östlichen Sichtweise zur Erhaltung der Gesundheit enthalten.

Voraussetzungen für die Teilnahme

Wie anfangs schon erwähnt, hat Shiatsu jedem etwas zu geben, ist somit für Menschen aller Altersstufen oder Gesellschaftsschichten geeignet. Gesundheitliche Einschränkungen sind kein Hindernis, selbst wenn jemand nicht auf dem Bauch oder Rükken liegen kann, ist es möglich, Shiatsu etwa im Sitzen oder in der Seitenlage anzuwenden.

Shiatsu ist leicht zu erlernen. Es werden keine Vorkenntnisse vorausgesetzt. Alles, was man braucht, sind ein warmer Raum, lockere und bequeme Kleidung für Geber und Empfänger und ein Teppichboden mit Decke, auf der man arbeitet. Etwas Hintergrundwissen, Zeit und Eingehen auf die Bedürfnisse des Partners – das ist alles, was nötig ist, um Shiatsu im Freundes- und Familienkreis anwenden zu können.

Qualifikation der Lehrenden

Da wir im Westen bisher noch keine Shiatsu-Tradition haben, gibt es noch keine einheitlichen Ausbildungsrichtlinien. Es bestehen derzeit verschiedene Schulen mit jeweils unterschiedlichen Ansätzen. Von daher werden die Lehrenden jeweils auch einen anderen Erfahrungshintergrund mitbringen. Auf jeden Fall sollten sie eine zwei- bis dreijährige Shiatsu-Ausbildung durchlaufen haben und Shiatsu regelmäßig bei Klienten als Therapie durchführen, ungeachtet der bestehenden Vorkenntnisse in anderen Therapieformen oder Heilberufen.

Erfahrungen im Umgang mit Gruppenprozessen und -konflikten sind günstig, um aufkommende Probleme in der Partnerarbeit aufzufangen und den Teilnehmern einen sicheren, vertrauensvollen Rahmen und die Voraussetzungen dafür zu bieten, „loszulassen, sich zu öffnen und zu entspannen".

Bei folgenden Adressen können Informationen über Shiatsu-Ausbildungen und Seminare im deutschsprachigen Raum angefordert werden:

Iokai Shiatsu Académie d'Europe, c/o:

Kensho Shiatsu Schule, Mario Lemansky, Langemarckstr. 85, 79100 Freiburg, Tel. 07 61/4 09 84 70

Fusako Vonhoegen, Teutoburger Str. 10, 50678 Köln, Tel. 02 21/38 68 90

Mario Lemansky, Langemarckstr. 85, 79100 Freiburg, Tel. 07 61/4 09 84 70

Tilman Gaebler, Postfach 12 03, 71088 Holzgerlingen, Tel. 0 70 31/60 43 41

Literaturhinweise

Conelly Diane: Traditionelle Akupunktur. Die fünf Elemente, Heidelberg 1988.

Dürckheim, Karlfried von: Hara. Die Erdmitte des Menschen, München 1986.

Dürckheim, Karlfried von: Japan und die Kultur der Stille, München 1986.

Gia, Fu Feng/English, Jane: Lao Tse. Tao Te King, München 1978.

Goodman, Saul: Shiatsu, München 1990.

Kaptchuk, Ted J.: Das große Buch der chinesischen Medizin, München 1988.

Kodratoff, Yves/Gaebler, Tilman: Meridian Shiatsu[R] nach Masunaga, Basel 1993.

Lidell, Lucinda, u. a.: Massage (u. a. Shiatsu), München 1985.

Lin, Yutang: Die Weisheit des Laotse, München 1978.

Masunaga, Shizuto: Das große Buch der Heilung durch Shiatsu, München 1985.

Nghi, Nguyen van: Hoang Ti Nei King So Ouenn (Des gelben Kaisers Klassiker der inneren Medizin), Uelzen 1977.

Ohashi, Wataru: Entspannt Mutter werden. Shiatsu zur Geburtsvorbereitung, München 1990.

Ots, Thomas: Medizin und Heilung in China, Berlin 1987.

Serizawa, Kazusuke: Tsubo. Akupressur Handbuch, Schorndorf 1979.

Smith, Fritz Frederick: Innere Brücken, Handbuch der Lebensenergie, Oldenburg 1990.

Yamamoto, Shizuko: Barefoot Shiatsu, Tokio 1979.

5. Atemarbeit

Thorsten-J. Doering

Atmen

Eine Quelle körperlicher, geistiger und seelischer Gesundheit

> Im Atemholen sind zweierlei Gnaden:
> die Luft einziehen, sich ihrer entladen;
> jenes bedrängt, dieses erfrischt;
> so wunderbar ist das Leben gemischt.
> Du danke Gott, wenn er dich preßt,
> und dank ihm, wenn er dich wieder entläßt.
> Johann Wolfgang von Goethe

Einführung

Schon Goethe wies in seinem Gedicht auf die Polarität der Atmung hin: die Luft einatmen und ausatmen. Jeder Mensch, der auf die Welt kommt, streckt sich als erstes und atmet ein, um danach seinen ersten Schrei beim Ausatmen von sich zu geben. Nur der Mensch hat die Möglichkeit, den Ausatemstrom so zu verändern, daß er sprechen kann. Außer durch Sprechen kann er seine seelischen Befindlichkeiten durch Seufzen, Weinen oder Stöhnen ausdrücken. Neben den sehr deutlichen Atemäußerungen gibt es feinere Veränderungen von Atemrhythmus, Atemtiefe und Atemlokalisation (Atemräume), die eine Folge von langfristigen seelischen Belastungen sein können. Die Atmung kann zu einem großen Teil unsere Gefühlswelt widerspiegeln. Da die Atmung mit allen Lebensprozessen des Körpers und der Seele in besonderer Weise in Beziehung

steht, ist die Beeinflussung dieser Lebensprozesse durch Atemschulung und Atemtherapie von großem Gewinn. Es ist möglich, durch Atemschulungen und -behandlungen einen heilen-
den Einfluß auf die Seele und den Körper auszuüben.

Im deutschsprachigen Raum gibt es verschiedene Atemschulen, von denen die wichtigsten im Rahmen dieses Beitrags genannt werden; allerdings können sie nicht im einzelnen vorgestellt werden. Allein auf den „Funktionellen Atem" wird ausführlicher eingegangen.

Kultureller Hintergrund und Theorie

Schon sehr früh wurde der Atem als therapeutisches Medium
entdeckt. Die ersten Hinweise auf Atemgymnastik finden wir
in Schriften der altchinesischen Atemlehre, in denen eine Integration von Leib und Seele angestrebt wird. Versucht man die
Literatur zur altchinesischen Atemlehre nach Erkenntnissen der
heutigen Medizin und Psychologie zu beurteilen, so ist festzustellen, daß die atemgymnastischen Übungen, so wie sie früher
ausgeübt wurden, mit dem langen (gesundheitsschädlichen)
Atemanhalten und dem langen Verharren in bestimmten Kör-
perpositionen für den heutigen europäischen Menschen so nicht
zu empfehlen sind. Jedoch entstanden auch schon weit vor unserer Zeitrechnung gymnastisch-dynamische Atemübungen un-
terschiedlichster Art. In der ägyptischen Mythologie gab es einen Gott des Atems, der die Verbindung der Menschheit zur
Gottheit aufrechterhalten sollte. Hippokrates, der hochbe-
rühmte griechische Philosoph und Arzt, zählte die Atmung neben dem Herzschlag zu den wertvollsten Rhythmen der Erde.
Im indischen Yoga gibt es ein spezielles, jahrhundertealtes At-
mungs-Yoga, in dem nach festgelegten Atemrhythmen Übungen durchgeführt werden.

Zwischen 1940 und 1960 haben im deutschen Sprachraum die
Ärzte Dr. Ludwig Schmitt, Professor Heribert Krauß, Professor Erich Stiefvater und Dr. Julius Parow sich wissenschaftlich
mit der Atmung und deren Behandlungsmöglichkeiten auseinan-

dergesetzt, wobei Dr. Schmitt das umfassendste Grundlagen-
werk zur Atemschulung veröffentlichte.

Atemfunktion und Ablauf

Der Mensch muß atmen, um Sauerstoff für den ständig notwendigen Verbrennungsprozeß zur Verfügung zu haben, ohne den
keine Stoffwechselprozesse ablaufen können. Der größte Atem-
muskel – das Zwerchfell – zieht sich beim Einatmen zusammen,
der Brustraum weitet sich, und somit kann die Luft in die
Atemwege bis hin zu den Lungenbläschen eindringen.

In den Lungenbläschen und den kleinsten Bronchiolen finden
die eigentliche Sauerstoffaufnahme und auch die Abgabe des
Kohlendioxids statt. Da der Mensch viel Sauerstoff benötigt,
aber die Sauerstoffkonzentration der Luft nur etwa 20% beträgt, hat die Natur eine Lösung des Problems gefunden: Durch
die große Oberfläche der Lungenbläschen – insgesamt etwa die
Fläche eines Tennisfeldes – ist es möglich, den Menschen auch
während großer körperlicher Belastungen ausreichend mit Sauerstoff zu versorgen. Zudem besitzt der Blutfarbstoff in den
roten Blutkörperchen eine besondere Bindungsfreudigkeit zum
Sauerstoff. An dem unmittelbaren Atmungsvorgang im Bereich
des Brustraums sind etwa 40 bewegliche Knochen und Muskeln
beteiligt. Der gesamte Atmungsvorgang läuft zum einen völlig
automatisch, das heißt in der Nacht überwiegend unwillkürlich,
autonom ab. Wenn wir wachen, läuft er zum anderen weitgehend willkürlich ab. Man kann sich gut vorstellen, daß ein Organ, das einen so komplexen Organaufbau und Funktionsablauf
besitzt, häufig Störungen unterworfen ist. Diese Störungen
können durch eine direkte Lungenerkrankung oder auch infol-
ge anderer Organerkrankungen auftreten. Am häufigsten kommen Atemstörungen jedoch aufgrund langandauernder seelischer Belastungen vor. Die dadurch entstandenen schädlichen
Atemmuster können zum Beispiel folgende sein:
- das unwillkürliche Atemanhalten,
- das zu schnelle und flache Atmen
- der nicht notwendige Einsatz der Atemhilfsmuskulatur,

- die ausschließliche Mundatmung/falsche Atemführung,
- die verschiedenen Stimm- und Sprechfehler,
- das schädliche Husten,
- das verkehrte Reinigen der Nasen- und Mundwege.

Gesundheitsschädliche Verhaltensmuster, die einen freien Atemablauf in verschiedenen Lebenssituationen nicht zulassen, ergeben sich besonders oft durch Fehlhaltungen des Brustkorbs, der Wirbelsäule und des Beckens.

Bei unserer überwiegend sitzenden, bewegungsarmen und hektischen Lebensweise finden wir bei vielen Menschen nach vorn gezogene Schultern, einen Rundrücken mit einer teilweise überstreckten oder gebeugten Halswirbelsäule, einem zu weit nach vorn gekippten Becken und einem nach unten gerichteten Blick. Bei diesen Menschen sind die vorderen und oberen Atemräume verkümmert, die Atembewegungen sind überwiegend nach unten oder frustran nach oben gerichtet. Ebenso häufig treffen wir Menschen an, die mit ihrer überstreckten Brustwirbelsäule, ihrem überblähten Brustkorb und ihrem steifen Unterleib mit einem nach hinten gekippten Becken wie „Hans guck in die Luft" daherschreiten. Bei besonderer Ausprägung dieser Haltungen kann man auch Hinweise auf den seelischen Zustand dieser Menschen entdecken.

Beiden Gruppen fehlt eine gesunde Mitte zwischen Einatmen und Ausatmen, zwischen Geben und Nehmen. Wenn sie diese Mitte in bezug auf Atemrhythmus, Atemtiefe und Atemführung wiedererlangen, haben sie eine stetige Quelle der Gesundheit in seelischer, körperlicher und geistiger Hinsicht.

Liegt ein stark verändertes Atemmuster vor, so ist es möglich, mit verschiedenen Atemtechniken und den dazugehörigen Übungen einen Gesundungsprozeß einzuleiten.

Die Praxis – Atem-, Sprech- und Stimmschulungen

Im deutschsprachigen Raum gibt es verschiedene Atem-, Sprech- und Stimmschulungen, die sich sowohl der Krankenbehandlung widmen als auch Angebote zur Gesunderhaltung in präventiver Absicht anbieten. Die wichtigsten Schulen nenne ich im folgenden. Da ich selber Atemunterricht nach der Methode des „Funktionellen Atems" anbiete, werde ich auf diese Atemschule etwas ausführlicher eingehen.

Die wichtigsten Atem-, Sprech- und Stimmschulungen:

„Der Funktionelle Atem" nach Dr. Julius Parow, Margot Scheufle-Osenberg, Thorsten J. Doering, Institut für Atemunterricht des „Funktionellen Atems", Bruchstr. 13, 40235 Düsseldorf

„Der Sinnvolle Atem" nach Dr. med. Volkmar Glaser, Lehrinstitut für Atempflege und Atemmassage, Straßburger Str. 29, 72250 Freudenstadt

„Der Erfahrbare Atem" nach Professor Dr. Ilse Middendorf, Ilse-Middendorf-Institut für den Erfahrbaren Atem, Viktoria-Luise-Platz 9, 10777 Berlin

Institut für Atemtherapie, Atemunterricht und ganzheitliches Heilen, Postweg 23, 64743 Beerfelden-Falken-Gesäß

„Die Reflektorische Atemtherapie und Atemgymnastik" nach Lieselotte Brühne, Lieselotte Brühne, Klopstockstr. 8, 80804 München

„Atmungs-Orthopädie" nach Christa Lehnert-Schroth, Sanatorium und Privatkrankenanstalt für Atmungs-Orthopädie, Leinenborner Weg 42–44, 55566 Sobernheim/Nahe

„Atem-, Stimm- und Sprecherziehung" nach Professor Dr. Horst Coblenzer, Max Reinhard Seminar, A-1140 Wien

Kontaktadresse in Deutschland: Gertrud Lüders, Husarenstr. 46, 38104 Braunschweig

„Schule für Atmung und Stimme" nach Schlaffhorst-Andersen, Schule für Atmung und Stimme Schlaffhorst-Andersen, Jugenddorf Bad Nenndorf, im Christlichen Jugenddorfwerk Deutschland e. V., 31542 Bad Nenndorf

Eine vollständige Aufzählung der vom Verband der Pneopäden und der Arbeitsgemeinschaft für Atempflege zugelassenen Schulen und der dazugehörigen Atemlehrer ist zu erfahren über

Arbeitsgemeinschaft für Atempflege e. V., Caroline von Steinaecker, Kaiser-Friedrich-Str. 17, 10585 Berlin

Außerdem kann man sich an die Abteilung für „Physikalische Medizin und Rehabilitation" der Medizinischen Hochschule Hannover (Dr. Doering) wenden, um weitere Adressen qualifizierter Atemschulen zu erhalten.

„Der Funktionelle Atem" nach Dr. Julius Parow, Margot Scheufle-Osenberg, Thorsten J. Doering

Die Methode des „Funktionellen Atems" umfaßt einen Maßnahmenkomplex, der

– die Komplettierung der Atmung in Richtung auf alle Atemräume fördert,
– eine Auffindung der optimalen Atemmittellage und des Atemrhythmus unter Zuhilfenahme der Haltungs-, Stimm- und Sprachschulung ermöglicht,
– Entspannungstechniken zur Förderung eines psychovegetativen Ausgleichs enthält und
– Übungen zur Pflege der oberen Nase-Rachen-Wege anbietet.

Ein Haltungsoptimum des menschlichen Skeletts ist für eine ökonomische Atemarbeit besonders notwendig. Ein Unter- oder Überschreiten dieses Haltungsoptimums führt zu einem Mehraufwand der Muskelarbeit, damit verbunden zu einer Einschränkung der Atemleistung. Besonders das Hohlkreuz im Bereich der Lendenwirbelsäule ist für die Atmung sehr ungünstig. Durch das Hohlkreuz verlagert sich der Körperschwerpunkt nach vorn. Entgegengesetzte Halteleistungen der Wirbelsäulenmuskulatur fördern die Ausbildung eines Rundrückens. Fehlhaltungen der Wirbelsäule können des weiteren Störungen der komplexen Abstimmung von Brustbein, Rippen und Zwerchfell verursachen.

Eine wesentliche Voraussetzung für den funktionellen Atem ist die Pflege der Atemräume. Hier muß der Nasenatmung unbedingt Vorrang vor der Mundatmung gelassen werden, da die Nase der einzuatmenden Luft einen gesunden Widerstand entgegensetzt, die Einatemluft filtert, anfeuchtet und anwärmt und somit der Lunge gut vorbereitete Luft anbietet.

Für Atemübungen ist folgendes eine wichtige Voraussetzung: Nach ausführlicher Pflege der Nasen-Rachen-Wege sollte generell eine individuell angemessene Atempause zwischen Aus- und Einatmung gefunden werden, damit man die Möglichkeit erhält, zu einer Atemmittellage zu kommen. Man sollte mit möglichst wenig Luft so langsam wie möglich einatmen und so drucklos wie möglich wieder ausatmen.

Der gesamte Bauchmuskelschlauch, die Lenden und die Taille sollen beim Atmen weich und nachgebend dehnbar sein, ohne daß die gerade Körperhaltung aufgegeben wird. Die Schultermuskulatur, die gesamte Gesichts-, Schlund- und Zungenmuskulatur sowie der Beckenboden sollten entspannt sein.

Die Tonansatzübung aus dem Funktionellen Atem: Am besten entwickelt sich das korrekte Zusammenspiel aller am Ton beteiligten Muskeln (gleichgültig, ob sie mehr oder weniger willkürlich beeinflußbar sind) mit folgenden Vorstellungen:

1. Den Ton „innen in der Mitte des Kopfes" oberhalb des Gaumens in Augenhöhe hinter der Nasenwurzel ansetzen und

2. diese Stelle unter minimalem Aufwand an Atem und Anspannung zum Klingen bringen;

3. den Klang von dort, dem „Klangkern", aus sich nach oben in den Kopf, besonders zur Stirn und Nasenwurzel, ausdehnen lassen.

4. Gleichzeitig wird auch die Brust zum Mitklingen gebracht.

5. Dieser Klang wird, vom Ohr sicher geleitet, mit dem Mund so schön wie möglich zum Laut ausgeformt und gestaltet.

6. So entspannt wie möglich sein.

7. Der Ton muß bei jedem Sprechen und Singen an dieser Klangstelle ununterbrochen festgehalten und geführt werden, unbeschadet aller Veränderungen in Höhe, Stärke, Klangfärbung und Resonanz.

Voraussetzungen für die Teilnahme

Von den Teilnehmern an Atemübungen werden weder besondere Vorkenntnisse noch besondere körperliche Voraussetzungen gefordert. Der Teilnehmer sollte mit seinem Hausarzt Rücksprache nehmen, ob nicht eventuell doch Gründe vorliegen könnten, einer entsprechenden Veranstaltung fernzubleiben. In manchen Fällen ist es ratsam, daß sich der Lehrende mit dem Hausarzt in Verbindung setzt.

Die Qualifikation der Lehrenden

Kursleiter sollten neben einer Ausbildung an einer der genannten Schulen eine mehrjährige Praxis nachweisen, wenn sie Kurse zum Atmen in Weiterbildungseinrichtungen anbieten wollen.

Literaturhinweise

Brühne, Liselotte: Reflektorische Atemtherapie, Stuttgart 1983.

Derbolowsky, Udo: Haltungsanalytische Atem-, Sprech- und Stimmtherapie, Heidelberg 1978.

Doering, Thorsten J.: Atemgymnastische Übungen in der stationären Asthmaschulung, in: Periodika Hochschulnachrichten Herdecke, 1989.

Gehrke, Axel: Lehrbuch Kneipptherapie, hrsg. von Wolfgang Brüggemann, Berlin 1980.

Glaser, Volkmar: Eutonie. Das Verhaltensmuster des menschlichen Wohlbefindens, Heidelberg 1980.

Krauss, Heribert: Atemtherapie, Berlin 1972.

Middendorf, Ilse: Der Erfahrbare Atem. Eine Atemlehre, Paderborn 1984.

Parow, Julius: Die Heilung der Atmung. Übungstechnik der Atemkorrektur, Stuttgart 1966.

Parow, Julius: Funktionelle Stimmschulung, Stuttgart 1967.

Parow, Julius: Die funktionelle Atemtherapie bei Lungenemphysem und Bronchialasthma, Stuttgart 1971.

Scheufle-Osenberg, Margot: Atemschulung, Düsseldorf 1987.

Schmitt, Johannes Ludwig: Atemheilkunst, Bern 1959.

Stiefvater, Erich und Ilse: Chinesische Atemlehre und Gymnastik, Heidelberg 1962.

Wiesenhütter, Eckart: Lehrbuch der Entspannung, Stuttgart 1979.

Wolf, Klara: Integrale Atemschulung, Bern 1970.

Fremdwörterverzeichnis

Außenrotation – Drehung des Körpers, der Körperglieder von der Körpermitte weg

autogen – selbsttätig, von sich aus bestehend

Automatie – anderer Ausdruck für Automatismus

Alphawellen – Gehirnwellen, die dann auftreten, wenn der Mensch entspannt ist, vor sich hindöst, beim Übergang vom Wachen zum Schlaf

Anatomie – die Lehre vom Bau des menschlichen Körpers. Sie ist die Grundwissenschaft der Medizin. Sie unterrichtet über die Form des menschlichen Körpers, die Lage und Beschaffenheit der Organe und Organsysteme

Arthritis – Gelenkentzündung

Arthrose – Gelenkleiden, meist auf Abnutzung beruhende Gelenkerkrankung

Authentizität – Echtheit, Glaubwürdigkeit

Autorisierung – Bevollmächtigung

Autosuggestion – Selbstbeeinflussung; eine Form der Suggestion, bei der die Beeinflussung im Gegensatz zur Fremdsuggestion (zum Beispiel durch den Arzt) auf eine Person durch selbstbezogene, meist emotional getönte Vorstellungsinhalte erfolgt; durch Autosuggestion können organische Vorgänge über das vegetative Nervensystem beeinflußt werden

bionom – den Lebensgesetzen entsprechend

Biokybernetik – die Wissenschaft von den Steuerungs- und Regelungsvorgängen in Mensch, Tier und Pflanze

Bronchiolen – Verästelungen der Bronchien. Ihre feinsten Zweige enden jeweils blind in mehreren Lungenbläschen, den Alveolen. Über eine Membran ermöglichen sie den Gasaustausch mit dem Blut

Buddhismus – Weltreligion, benannt nach ihrem Stifter Buddha; sie beruht auf dessen Lehre und Ordensgründung

Charakteranalyse – in der bioenergetischen Therapie zum Studium und zur Aufdeckung früher Kindheitserfahrungen verwendete Technik. Notwendige Grundlage zum besseren Verständnis der Persönlichkeit

Chiropraktik – die Lehre vom Einrenken verschobener Wirbelkörper und Bandscheiben mit den Händen und ihre Praxis

chronisch – sich langsam entwickelnd, langsam verlaufend, dauernd, ständig (bei Erkrankungen)

Diagnose – die Erkennung und Beurteilung einer Krankheit aufgrund genauer Beobachtung und Untersuchung. In der Psychologie die Feststellung von Verhaltensweisen und Verhaltensstörungen aufgrund von Beobachtungen und Untersuchungen

Diagnostikum – Erkennungsmerkmal einer Krankheit

Dogma – (Mehrzahl Dogmen) (griechisch „Beschluß, Grundsatz, Lehrsatz"), verbindlicher, fester Lehr- oder Glaubenssatz, vor allem im religiösen Bereich

dynamisch – voller Kraft, triebkräftig, bewegt, schwungvoll

dynamogene Atmung – eine Bauchatmung, die bewußt das Zwerchfell mit einbezieht

energetisch – die Energetik betreffend. Energetik ist die Lehre von der Energie als Wesen und Grundkraft aller Dinge

Endorphine – körpereigene Eiweißstoffe (Hormone), die schmerzstillend wirken

Entlordosierung – die Minderung der natürlichen Vorwölbung der Lendenwirbelsäule, damit eine möglichst gerade Wirbelsäule erreicht wird

etymologisch – die Herkunft, Geschichte und Grundbedeutung von Wörtern betreffend

frustran – vergeblich, irrtümlich

horizontal – waagerecht

Identität – Gleichheit, Wesensgleichheit

Indikationen – Gründe dafür, ein bestimmtes Heilverfahren anzuwenden oder ein bestimmtes Medikament zu verschreiben

Inklination – Neigung, Hang, Vorliebe

Innervierung – Anregung, Reizen von Nerven, Nervenenden

Instabilität – Unbeständigkeit, Veränderlichkeit, Unsicherheit

Intellekt – das Vermögen, durch Denken Erkenntnisse und Einsichten zu erlangen

intuitiv – auf Einfühlung, auf unmittelbarem Erfassen beruhend

Kinästhetik – Lehre von den Bewegungsempfindungen

Körpersensation – Körperempfindung

konstruktiv – auf die Erhaltung des Bestehenden gerichtet; auch im Sinne von aufbauend

konzentrativ – die Konzentration betreffend

Kyphose – Wirbelsäulenverkrümmung nach hinten, Buckel

Lordose – Wirbelsäulenverkrümmung nach vorn

Makrobiotik – die Kunst, das Leben zu verlängern

Mandala (Sanskrit „Kreis") – abstrakte oder bildhafte Darstellung zur Meditationshilfe im Tantrismus. Neben Zeichen oder Bildern von Heiligen können die meist viereckigen Mandalas auch Silbenzeichen enthalten. Die Herstellung des Mandala ist an feste Regeln gebunden. Seine Entstehungsgeschichte ist weitgehend unklar

Mantra – ein religiöser Spruch, eine magische Formel

meditativ – auf Meditation beruhend

Meridian – eine bestimmte Bahn, auf der die Energie im Körper strömt

metabolisch – im Stoffwechselprozeß entstanden

Monolateralismus – die einseitige Beanspruchung der Muskulatur

Muskeltonus – die Grundspannung eines nicht willkürlich aktivierten innervierten Muskels

Neurologie – Fachrichtung der Medizin, die sich mit Aufbau und Funktion sowie mit organischen Erkrankungen des Nervensystems befaßt

Neurophysiologie – der Teil der Physiologie, der die Funktion des Nervensystems untersucht und beschreibt

nonverbal – ohne Worte, nichtsprachlich

organismisch – auf den Körper (Organismus) bezogen

Paradigma – Denkmuster, das das wissenschaftliche Weltbild, die Weltsicht einer Zeit prägt

Physiologie – Wissenschaft und Lehre von den Lebensvorgängen der Pflanzen, Menschen und Tiere

Plexus solaris, Solarplexus – Sonnengeflecht des sympathischen Nervensystems im Oberbauch

Prävention – Vorbeugung zur Verhütung von Krankheiten

progressiv – fortschreitend, sich entwickelnd

Projektionen – die „Hinausverlegung" von Empfindungen, Gefühlen, Wünschen, Interessen oder Erwartungen in die Außenwelt oder andere Personen. In der Psychoanalyse ein Abwehrmechanismus, bei dem eigene verbotene Motive anderen Personen zugeschrieben werden

Prophylaxe – alle Maßnahmen zur Verhütung von Krankheiten

Psychoanalyse – von Sigmund Freud Ende des 19. Jahrhunderts entwickelte Theorie und Technik zur Erkennung und Beeinflussung der seelischen Vorgänge. Weltweit fachlich etabliert

Psychosomatik – (griechisch psyché „Seele" und soma „Körper") (psychosomatische Medizin), Richtung der Medizin, die erkennt, daß zwischen psychischen Vorgängen und körperlichen (somatischen) Erscheinungen ein enger Zusammenhang besteht. Nicht bewältigte psychische Konflikte können zu einer Reihe von Krankheiten führen. Dazu gehören zum Beispiel Magen- und Darmgeschwüre, Durchfall, Verstopfung, Asthma, rheumatische Gelenkentzündung, Kreislaufstörungen (zum Beispiel erhöhter Blutdruck), bestimmte Hautkrankheiten, Menstruationsstörungen und -schmerzen, Migräne, Allergien. Bei der Behandlung sollte dies berücksichtigt, die Maßnahmen sollten psychotherapeutisch unterstützt werden

Psychotherapie – die „Behandlung der Seele". Darunter sind die verschiedenen Methoden zur Behebung psychischer, mitunter auch psychisch bedingter organischer Störungen zu verstehen

Regeneration – Wiederauffrischung, Erneuerung

Regression – Zurückfallen auf frühere Entwicklungsstufen

Regressionstherapie – eine Therapie, bei der Erlebnisweisen aus der frühen Kindheit bearbeitet werden

Regulation – die Fähigkeit lebender Organismen, ihr inneres Gleichgewicht gegen Störungen von außen durch verschiedene Steuerungsmechanismen aufrechtzuerhalten

Rehabilitation – Wiederherstellung, Wiedereingliederung

Rezitation – Vortrag eines Künstlers

Rezitator – jemand, der Dichtkunst vorträgt

sagittal – parallel zur Mittelachse liegend

Simultangeschehen – alles Geschehen, alle Ereignisse, die zugleich stattfinden

spezifisch – kennzeichnend

statisch – stillstehend, ruhend, unbewegt

Suggestion – starke Beeinflussung des Willens, Denkens, Fühlens, Handelns

Supervision – die kritische Reflexion des eigenen beruflichen Handelns, auch als berufsorientierte Selbsterfahrung bezeichnet. In der Supervision geht es darum, die oft emotionalen Blockaden bewußt zu machen, die das eigene berufliche Handeln an seiner vollen Entfaltung hindern

Symbole – Sinnbild-Zeichen, die für etwas nicht Wahrnehmbares stehen

Symptom – Zeichen, Hinweis auf eine Krankheit

Syndrom – eine Reihe verschiedener Symptome, die für eine Krankheit oder einen Zustand charakteristisch sind

Taoismus – eine der Religionen Chinas, die auf Laotse und seinen Schüler Tschuangtse (4. – 3. Jahrhundert v. Chr.) zurückgeht

therapieresistent – durch Behandlung nicht zu beeinflussen, zu heilen

tonisieren – kräftigen

vegetativ – unwillkürlich, unbewußt, vom vegetativen Nervensystem gesteuert

Ventilation – Belüftung, Luftwechsel

Vibration – Zitterbewegung

Visualisation – einen Gedanken, einen Sachverhalt bildlich beziehungsweise optisch darstellen

Zyklus – periodisch ablaufendes Geschehen, Kreislauf von regelmäßig wiederkehrenden Dingen oder Ereignissen

Die Autoren

Christian Auerbach, geb. 1960, Pädagoge M. A. mit Schwerpunkt Erwachsenenbildung, seit Ende 1984 Leitung von Kursen zu Tai Chi Chuan und Qi Gong, seit 1985 Weiterbildung in Themenzentrierter Interaktion (TZI) nach Ruth C. Cohn.

Anette Benner, geb. 1959, Heilpraktikerin mit eigener Praxis, seit elf Jahren Beschäftigung mit der Fußreflexzonenmassage, Weiterbildung in Nervenreflexzonenmassage, Leitung von Jahres-Fortbildungs-Projekten für Fußreflexzonenmassage im rheinischen Raum.

Dr. Thorsten-J. Doering, Studium der Betriebswirtschaft; Arzt für innere Medizin mit den Schwerpunkten Pulmologie, Kardiologie, Onkologie und Allergologie; Arzt für Psychotherapie, Sportmedizin und Naturheilverfahren; seit 1988 ausgebildeter Atemlehrer im Bereich des Funktionellen Atems; zur Zeit Ausübung einer wissenschaftlichen Tätigkeit an der Klinik für Physikalische Therapie und Rehabilitation der Medizinischen Hochschule Hannover unter Leitung von Professor Dr. Axel Gehrke.

Detlef Eichhorn, geb. 1949, Studium der Theologie und Pädagogik, Buchhändler und Antiquar, seit 1990 Eutonie-Pädagoge in Hannover, 1986 – 1992 im Vorstand der Deutschen Eutonie-Gesellschaft Gerda Alexander e. V.

Ulrich Holzapfel, geb. 1948, Kunstpädagoge, Hakomi-Therapeut, seit 1988 Ausbildung in systemischer Familientherapie, seit 1990 Lehrautor für das Hakomi-Institute of Europe, als Hakomi-Therapeut in einer Praxisgemeinschaft tätig, Leitung von Hakomi-Seminaren in verschiedenen Institutionen der Erwachsenenbildung im In- und Ausland.

Bo Johansson-Tadken, geb. 1952, seit 1986 ausgebildeter Lehrer der F. M. Alexander-Technik, seit 1986 Durchführung von Privatunterricht, 1992 Eröffnung einer Ausbildungsschule für zukünftige Lehrer und Lehrerinnen der F. M. Alexander-Technik in Wunstorf gemeinsam mit Elke Johansson-Tadken.

Elke Johansson-Tadken, geb. 1952, seit 1984 ausgebildete Lehrerin der F. M. Alexander-Technik, seit 1984 Durchführung von Privatunterricht, 1992 Eröffnung einer Ausbildungsschule für zukünftige Lehrer und Lehrerinnen in der F. M. Alexander-Technik in Wunstorf gemeinsam mit Bo Johansson-Tadken.

Christa Krawitz, geb. 1948, Diplompsychologin, Ausbildung an der Gerda-Alexander-Schule in Kopenhagen von 1976 bis 1980, seit 1980 als

Eutonie-Pädagogin in Deutschland tätig, seit 1993 Lehrtätigkeit an der Gerda-Alexander-Schule in Deutschland.

Horst Kuhl, pädagogische Grundausbildung, seit über 20 Jahren Ausübung aktiver Kampfkunst, seit etwa 15 Jahren Beschäftigung mit traditionellen chinesischen Bewegungs- und Meditationssystemen, Kursleiter in einem privaten Gesundheitsinstitut in Duisburg für aktive Kampfkunst und chinesische Bewegungs- und Meditationssysteme.

Monika Lange, geb. 1959, Sozialpädagogin, vierjährige Zusatzausbildung in Bioenergetik, seit 1983 Referentin in der Familien- und Persönlichkeitsbildung.

Christiane Leestmans, geb. 1944, Ausbildung in biodynamischer Psychologie und Psychotherapie, seit zehn Jahren Ausübung von Do In, Kenntnisse in den Grundlagen der chinesischen Medizin, seit einigen Jahren Dozentin für Do In an Volkshochschulen und Zusammenarbeit mit niedergelassenen Ärzten.

Mario Lemansky, geb. 1961, sechsjährige Ausbildung in Iokai Meridian-Shiatsu[R] an der Iokai Shiatsu Académie d'Europe, Freiburg, Fortbildung in Integrativer Körperarbeit/Postural Integration und Cranio-Sacral Therapie, Lehrmitglied der Iokai Shiatsu Academie und Leiter der Kensho Shiatsu Schule Freiburg.

Uwe Neeb, geb. 1955, Sozialarbeiter, Freizeitpädagoge in der Altenaktivierung, seit zehn Jahren Ausbildung in Zazen, seit einigen Jahren Durchführung von Kursen in Zen und Tarot, Leitung einer Zen-Meditationsgruppe in einem Altenheim.

Gerd Ohmstede, geb. 1954, Heilpraktiker, Ausbildung zum Bachelor of acupuncture, seit 1983 Arbeit mit Akupunktur und An Mo, 1987 Eröffnung einer Naturheilpraxis in Aachen.

Friederike Platen, Musikpädagogin, Heilpraktikerin für Homöopathie und traditionelle chinesische Medizin, Ausbildung für Zilgrei bei der Deutschen Zilgrei Gesellschaft e.V. in Valsolda, Italien, seit 1988 Durchführung von Kursen für das Autogene Training und Zilgrei.

Elisabeth Risse-Engels, geb. 1955, abgeschlossenes Studium der Sonderpädagogik, vier Jahre Studium der Medizin, seit 1979 Fachbereichsleiterin an der Volkshochschule Köln, Auf- und Ausbau des Fachbereichs „Gesundheit" sowie „Berufliche Abschlüsse".

Wolfgang Sattler, geb. 1939, Internist, Psychotherapeut, leitender Arzt der Funktionsabteilung für Psychosomatik am evangelischen Krankenhaus Hagen-Haspe, seit vielen Jahren Anwendung des Autogenen Trainings in der Psychotherapie, Dozent für Autogenes Training an der Sebastian-Kneipp-Akademie in Bad Wörrishofen.

Inge Schaefer, geb. 1941, Sozialpädagogin, Therapeutin, 1982 Gründung einer privaten Praxis mit folgenden Angeboten: Kurse im Hata-Yoga und im Autogenen Training, Gesprächskreise, seit 1980 Dozentin an der Volkshochschule Köln für Yoga und für Kurse zur Selbsterfahrung, seit 1992 Mitarbeit in einem therapeutisch-pädagogischen Jugendheim.

Angelika Schilke, geb. 1951, Studium der Romanistik, Geschichte und Psychologie, Ausbildung in klientenzentrierter Gesprächspsychotherapie, Fortbildungen in Atemtherapie (Middendorf), Feldenkrais, Katathymes Bilderleben, Entspannungstechniken, seit 1981 als selbständige Dozentin in der Erwachsenenbildung.

Ursula Schneider-Wohlfart, geb. 1954, Diplomsoziologin, Referatsleiterin in der Abteilung Weiterbildung des Landesinstituts für Schule und Weiterbildung, Soest; Arbeitsschwerpunkte: Gesundheitsbildung, Interkulturelles Lernen mit Erwachsenen und Frauenbildungsarbeit; seit 1987 Weiterbildung in Themenzentrierter Interaktion (TZI) nach Ruth C. Cohn.

Peter Schulz, geb. 1953, Studium der Psychologie, vielfältige Erfahrungen mit psychotherapeutischen und körperorientierten Techniken, von 1983 bis 1987 Teilnahme am Ausbildungsprogramm der Feldenkrais Foundation, seit 1987 in freier Praxis als Feldenkrais-Lehrer tätig.

Matthias Steurich, geb. 1947, M. A. (Master of Arts) in Klinischer Psychologie; acht Jahre Studienaufenthalt am Nyingma Institut in Berkeley/USA; unterrichtet Kum Nye seit 1980; Mitarbeiter am Nyingma Zentrum in Münster.

Otto Georg Wack, geb. 1938, Diplompädagoge; Supervisor i. A.; Referatsleiter in der Abteilung Weiterbildung des Landesinstituts für Schule und Weiterbildung, Soest; Arbeitsschwerpunkte Didaktik und Methodik, Weiterbildungsberatung, Gesundheitsbildung und Mitarbeiterfortbildung.

Rainer Wolf, geb. 1955, Gesundheitspädagoge, Mitarbeiter des Instituts für Personalfortbildung der Stadt Duisburg mit dem Schwerpunkt: Durchführung von Seminaren im Bereich der Verhaltensorientierung und der Gesundheitsvorsorge; Training asiatischer Kampfkünste seit dem 18. Lebensjahr, seit 15 Jahren Beschäftigung mit chinesischen und westlichen Gesundheitsverfahren, Kursleiter an verschiedenen Weiterbildungseinrichtungen für Tai Chi Chuan.

Buchanzeigen

Psychologie – Pädagogik bei C.H.Beck

Sandra Scarr
Wenn Mütter arbeiten
Wie Kinder und Beruf sich verbinden lassen
Aus dem Amerikanischen übersetzt von Vivian Weigert.
3., aktualisierte Auflage 1990. 294 Seiten. Paperback
Beck'sche Reihe Band 334

Elisabeth Beck-Gernsheim
Die Kinderfrage
Frauen zwischen Kinderwunsch und Unabhängigkeit
2., Auflage 1989. 193 Seiten. Paperback
Beck'sche Reihe Band 362

Heinz Bonorden
Mann wird Vater
Anmerkungen, Berichte, Nachfragen
1989. 169 Seiten. Paperback
Beck'sche Reihe Band 387

Walter Toman
Psychotherapie im Alltag
Vierzehn Episoden
1991. 181 Seiten. Paperback
Beck'sche Reihe Band 438

Judith Ennew/Brian Milne
Kinder, die nicht Kinder sein dürfen
Leben und Überleben in der Dritten Welt
Mit der UNO-Rede Richard von Weizsäckers
1991. 174 Seiten. Paperback
Beck'sche Reihe Band 443

Barbara Bronnen (Hrsg.)
Kind, ach Kind
Geschichten über Kinder
1991. 250 Seiten. Paperback
Beck'sche Reihe Band 433

Verlag C.H.Beck München

Ratgeber bei C. H. Beck

Beate Besten
Sexueller Mißbrauch und wie man Kinder davor schützt
2., unveränderte Auflage 1992. 122 Seiten. Paperback
Beck'sche Reihe Band 445

Jutta Hartmann
Lautlos und unbemerkt
Der plötzliche Kindstod
1990. 91 Seiten. Paperback
Beck'sche Reihe Band 407

Jutta Hartmann
Zappelphilipp, Störenfried
Hyperaktive Kinder und ihre Therapie
4., überarbeitete und ergänzte Auflage 1991. 121 Seiten. Paperback
Beck'sche Reihe Band 333

Sheila und Celia Kitzinger
Mit Kindern sprechen über Gott und die Welt
1991. 304 Seiten. Paperback
Beck'sche Reihe Band 454

Christiane Grefe
Rühr mich nicht an
Wenn Kinder mit chronischen Hautkrankheiten leben müssen
1991. 112 Seiten. Paperback
Beck'sche Reihe Band 442

Jean Liedloff
Auf der Suche nach dem verlorenen Glück
Gegen die Zerstörung unserer Glücksfähigkeit in der frühen Kindheit
Aus dem Englischen übertragen von Eva Schlottmann
und Rainer Taeni
223.–252. Tsd. Auflage 1991. 220 Seiten. Paperback
Beck'sche Reihe Band 224

Verlag C. H. Beck München